PRIX 7.50

MADAME JANE DIEULAFOY

Aragon & Valence

BARCELONE. SARAGOSSE. SAGONTE. VALENCE.
LES BEAUX-ARTS. LES MOEURS. LES COUTUMES.

PARIS, HACHETTE ET Cie. — 79, BOULEVARD SAINT-GERMAIN. — MCMI.

Aragon & Valence

FAÇADE DE LA CATHÉDRALE DE TARRAGONE. — D'APRÈS UNE PHOTOGRAPHIE.

MADAME JANE DIEULAFOY

Aragon & Valence

BARCELONE. ❋ SARAGOSSE. ❋ SAGONTE. ❋ VALENCE.

❋ LES BEAUX-ARTS. ❋ LES MŒURS. ❋ LES COUTUMES.

PARIS, HACHETTE ET Cie. — 79, BOULEVARD SAINT-GERMAIN. — MCMI.

PRÉFACE

L'ESPAGNE rappelle ces vitraux de couleurs vives dont les fragments réunis et isolés par des plombs épais sont compris dans une armature inébranlable. D'une manière générale, il existe entre chaque province des chaines de montagnes plus ou moins hautes qui les séparent de l'ensemble du royaume comme la Péninsule Ibérique l'est du reste de l'Europe. Il en résulte que le climat, la flore, la race subissent des modifications profondes en rapport avec les différences de latitude, d'altitude et d'orientation. Ces caractères particuliers que fortifièrent les difficultés de communication facilitèrent la constitution de groupes autonomes bien distincts. Le Catalan, entreprenant, longtemps mêlés aux juifs, possesseur de rades sûres, navigue, va chercher fortune au loin, tandis que le Valencien, retenu par la fécondité du sol, travaille péniblement le jardin cultivé par ses pères. Le Galicien, fils d'une terre pauvre, loue d'un bout à l'autre de l'année ses robustes épaules à qui veut les charger. Le montagnard du Guipuzcoa, campé sur la frontière est contrebandier depuis que la douane fait vivre ceux qui la fraudent. Les femmes de Biscaye se montrent vaillantes et fortes devant les rudes travaux des champs. L'Aragonais fier et noble, descendant légitime des soldats qui vainquirent Annibal à la bataille de Cannes a défendu ses privilèges avec acharnement et on le surprend encore à dire à ses rois :

« Nous qui valons autant que toi et qui, ensemble, valons mieux que toi, nous t'avons fait roi pour que tu fasses droit ; sinon, non. »

Vainement de grands monarques ont voulu détruire ces habitudes d'indépendance. Charles-Quint, empereur d'Allemagne, n'obtint pas toujours l'obéissance et ne put arracher à l'Espagne les subsides nécessaires pour combattre le protestantisme flamand. Philippe II ne rencontra pas plus de souplesse chez ses peuples et s'il brisa le Juzticia d'Aragon, ses débiles successeurs ne gardèrent point le pouvoir de destituer un Alcade de Biscaye.

Aujourd'hui encore, par ces temps de centralisation administrative, chaque province conserve son caractère, ses mœurs, ses préférences, ses haines, ses aspirations et ne les sacrifie qu'à la défense de l'honneur national. Devant l'étranger les distinctions de caste s'effacent, les jalousies s'éteignent, les griefs s'oublient. Alors il n'y a plus ni Catalan, ni Aragonais, ni Basque, ni Castillan, ni Valencien ; il n'y a que des héros. Le sol les engendre comme ailleurs, dans les terres promises poussent à l'état sauvages les meilleurs fruits.

A quelle cause doit-on attribuer cette homogénéité politique de la nation acquise en dépit de l'état physique du sol et du particularisme de chaque province? L'Espagne en est redevable à sa lutte obstinée contre l'envahisseur arabe et à la croix qui fut pour elle le signe de ralliement. Dans sa constitution actuelle elle date en effet des guerres entreprises pour rejeter le musulman au delà des mers. A cette époque se créa une sorte de fédération catholique. Les états divisés s'unirent contre l'oppresseur. Pendant des siècles, ils voulurent leur affranchissement, ils eurent confiance en leur Dieu, ils s'aidèrent de tout leur courage pour obtenir l'aide du ciel. A cette école, ils apprirent la persévérance et l'amour de la Patrie. De cette longue épreuve sortit l'Espagne d'Isabelle et de Ferdinand, une Espagne croyante, pleine de défiance envers les hommes, dure, farouche, telle que les pays qui ont souffert. Et depuis le faisceau ne s'est pas rompu, malgré les ferments demeurés dans les provinces qui se souviennent d'avoir été des royaumes.

En même temps que Sobrarbe, Léon, Castille et Aragon s'unissaient et se fondaient en une seule monarchie, ils sortaient de la barbarie et s'élevaient à un état de haute culture intellectuelle. Les guerres heureuses sont des stimulants énergiques, des agents de régénération. L'Egypte après l'expulsion des Hycsos, la Grèce victorieuse des Perses, Rome au lendemain des guerres Puniques, les Arabes tant que dura l'impulsion de la conquête, l'Europe au retour des premières croisades, connurent des périodes de prospérité dues à un effort immense, couronné de succès. Le triomphe de l'Espagne sur les Maures eut une action analogue et prépara une admirable période. On peut dire que les plus belles œuvres de son génie artistique et littéraire furent conçues dans les provinces du Nord qui, les dernières, cédèrent à l'envahisseur, et qui, les premières, l'expulsèrent. Léon, Aragon et Castille luttèrent tous pour la cause de la foi indivisiblement liée à la Patrie. C'est dans la robuste poitrine de leurs fils que palpita toujours un cœur chrétien, c'est de leur sang que furent arrosées les pierres des forteresses musulmanes. Si l'on veut bien comprendre l'Espagne, juger ses mœurs, ses coutumes, ses arts, il faut revivre dans ces contrées où se réfugia la monarchie vaincue. C'est là que s'est formée cette nation vigoureuse dont les maîtres régnèrent sur une partie de l'Europe et dont l'autorité s'étendit jusqu'au Nouveau-Monde. Mais si l'Espagne s'est faite de provinces chrétiennes, elle a grandi trop près des royaumes musulmans pour ne pas en avoir subi l'influence. On verra par la suite combien elle fut profonde et durable sur l'âme, le cœur, l'esprit et l'intelligence de cette héroïque nation.

Ce n'est pas en vain qu'un pays subit une domination de huit siècles.

❧ ❧ ❧

L'ÉCOLE DES TROMPETTES. — DESSIN DE J. LAVÉE.

ARAGON ET VALENCE

CHAPITRE I

Cerbère. - Port-Bou. - La Tramontane. - Le cap de Rosas et l'Ampurdan. - Le dimanche à Figueras, la mantille et le chapeau. - Gérone.

JEUNE FILLE DE FIGUERAS EN MANTILLE. DESSIN DE MIGNON.

Les Pyrénées, que Louis XIV crut avoir abaissées et que Napoléon voulut rendre françaises, font encore à l'Espagne un rempart puissant. A l'exception de sentiers impraticables durant la mauvaise saison, la chaîne n'est guère traversée qu'aux deux points où elle s'abaisse avant de se perdre dans la mer.

La porte de l'Occident évoque de grands souvenirs historiques. Que de conquérants, que de guerriers franchirent la Bidassoa! que de princes, que de courtisans campèrent sur ses rives! Qui oublierait Philippe IV conduisant au roi de France sa fille, l'infante Marie-Thérèse? Aujourd'hui l'ère des conquêtes est close, et il ne saurait être question de mariages princiers. La République n'a pas d'enfants à établir. Autres temps, autres voyageurs. Des artistes, des savants, des touristes arrivent fascinés par la couleur, séduits par la virginité des archives endormies dans les châteaux ou les vieux palais, curieux d'atteindre les rives du Mançanarez, d'apercevoir la silhouette de la Giralda, de rêver dans cette charmante cour des lions, banale à force d'être célébrée.

La porte de l'Orient, ce col du Perthus qui donne accès dans l'ancien royaume d'Aragon ne fut pas moins bien partagé. Pompée et César la franchirent. Puis les Goths la traversèrent pour s'établir dans le pays, auquel ils laissèrent leur nom. Plus tard et durant la période où les pirates musulmans infestaient la mer, de Gibraltar jusqu'au golfe de Rosas, le commerce choisit cette route qui, de Narbonne, amenait vers l'intérieur les marchandises du Nord descendues par le Rhône ou celles qui venaient d'Italie en suivant la voie de terre.

L'Islam a été repoussé, les corsaires ont disparu et la porte de l'Orient a conservé son importance en dépit du temps et de l'amélioration des transports maritimes. Seule la ligne du chemin de fer a été assez puissante pour déplacer le courant et le rapprocher de la mer qu'elle longe.

Aussi bien les voyageurs qui abordent l'Espagne par le Nord-Est, s'inquiètent-ils peu des arts chrétiens ou musulmans, des influences ou des origines ; les points de vue scientifiques les laissent également calmes et de sens rassis. Apollon cède le pas à Mercure.

La gare française de Cerbère enregistre vingt caisses armées de ces coins de cuivre qui caractérisent les bagages des commis voyageurs pour une malle sans caractère appartenant à un touriste. Et encore faudra-t-il chercher ce dernier dans la foule des négociants et des courtiers sans bagages qui vont et viennent entre les deux pays pour échanger les étoffes, les vins, les bestiaux, les lièges, les laines et les fers. Il en résulte que le village de Cerbère, bâti à l'extrême frontière et assis dans le lit d'un torrent, juste à son embouchure dans la mer, faute d'emplacement meilleur, prospère avec une étonnante rapidité et voit sa population s'accroître chaque jour. Les commissionnaires, les douaniers, les agents de police et surtout les contrebandiers y affluent. Ces derniers, plus stables que les fonctionnaires, font bien leurs affaires et en sont reconnaissants à Dieu, ainsi qu'en témoigne une charmante église bâtie aux frais de la population.

Au delà de la gare, le train s'engage dans un long souterrain, et quelques minutes plus tard il entre à Port-Bou, tête de ligne du réseau espagnol. Sur les quais vont et viennent les *guardias civiles*. Avec leur uniforme noir relevé de parements et d'un col rouge, leur bicorne couvert d'une coiffe de toile cirée, leurs passementeries blanches et leur ceinturon jaune, ils donnent une bonne idée de la gendarmerie espagnole.

Les formalités de la douane ? Chacun en connaît le charme ; inutile d'insister. Pourquoi s'impatienter ? L'heure de Madrid retarde sur celle de France, et comme on redevient plus jeune en passant la frontière, on peut gaspiller sans regret un bien si vite acquis. Enfin la cloche sonne :

« *Viajeros, en tren !* »

« GUARDIAS CIVILES ». — DESSIN DE GOTORBE.

Les voitures s'ébranlent sur une voie plus large que la nôtre. C'est une preuve de défiance. Les Espagnols ne veulent pas que le matériel des chemins de fer français puisse porter chez eux une armée d'invasion.

Enfin nous voilà partis. Nous roulons doucement, gentiment. Une bonne petite vitesse qui réconcilierait avec les chemins de fer les personnes désolées de la disparition des pataches. En vérité, la voie tracée en corniche le long du littoral se perd sous de nombreux tunnels qui se succèdent à de courts intervalles. Ce sont des oppositions violentes d'ombre et de lumière ; quand un tableau a disparu, un autre se montre bientôt, et, au beau soleil du midi, s'éclairent les rochers roses sur les flots d'un bleu profond, et le cap Creus saillant comme s'il provoquait la mer. Entre les contreforts s'arrondissent de petites plages couvertes d'un sable presque aussi blanc que l'écume des eaux. De temps à autre, la crique se resserre et se prolonge en un vallon très vert, au fond duquel serpente un ruisseau voilé sous les roseaux et les herbes. Alors, dans ces plis de terrain abrités du vent, exposés à la chaleur, baignés par des eaux limpides, apparaissent les figuiers au feuillage sombre, les grenadiers aux fruits lourds pesant sur la branche flexible et délicate, les cactus aux raquettes piquantes, les aloès aux feuilles acérées, rébarbatives, qui élèvent triomphants leurs quenouilles fleuries. Ces derniers sont exploités pour leurs fibres excellentes dont on fabrique des cordes, des nattes et des chaussures connues sous le nom d'*alpargates*. De toute antiquité, ces vallées étroites où l'on pouvait s'approvisionner d'eau douce furent connues des marins et des pêcheurs. Deux dolmens, visibles de la mer, se dressent comme un signal des sources et un témoignage de leur antiquité.

Si le calme règne dans les criques profondes, la *tramontane* balaye les hauteurs et ne tolère aucun obstacle à ses tourbillons. Ses méfaits sont innombrables. Arrêter les trains en pleine marche ou s'emparer d'un fût de six cents litres posé sur un vagon et le jeter hors de la voie est pour elle petite prouesse. Des gens malintentionnés accuseraient-ils les voleurs d'aider à ces exploits? Quelle erreur! D'abord on ne voyage jamais de nuit sur le réseau, de crainte des bandits et, même le jour, on vit sous la protection de la *guardia civile* dont un détachement escorte chaque train. Quant aux muids, un Catalan ne se dérangerait pas pour les dérober. Le vin est à un prix trop vil; il ne vaut pas de risquer la prison. Donc, quand la tramontane souffle il est sage de rester chez soi, et, si la nécessité oblige à sortir, il faut étiqueter ses membres et recommander son âme à Dieu. Qu'est devant la tourmente un pauvre être humain ? Une plume au vent.

L'INFANTE MARIE-THÉRÈSE, PAR VELASQUEZ (MUSÉE DU PRADO). — D'APRÈS UNE PHOTOGRAPHIE.

Et pourtant, à l'exemple de gens violents, colères, mais, parfois charitables, la tramontane accomplit quelques bonnes actions. Jadis elle chassa la peste du pays, où elle régnait en souveraine. Chaque année, elle favorise la fructification; son souffle évapore l'humidité de l'air marin qui pourrirait le fruit encore enfermé dans les pétales. Sans elle les vergers n'auraient point cette profusion d'abricots veloutés, de pêches juteuses, d'amandes parfumées. D'ailleurs, il semble que les arbres se soient transformés afin de résister au vent. Les troncs s'inclinent, les branches s'allongent dans le sens des grands courants, mais leur bois se déforme sans éclater ni se rompre. Il ne manque à la tramontane qu'une vertu : pousser les trains dans la direction de Barcelone.

De station en station, d'arrêt en arrêt, on s'achemine pourtant et, par surcroît, on apprend la patience et l'on s'exerce à la résignation.

Sur le revers de la montagne, dont les contreforts s'inclinent en pente douce du côté de l'Espagne, commence la plaine de l'Ampurdan, célèbre dans l'antiquité par le marché que les Phocéens y avaient établi. Les Grecs, dont les stations s'égrenaient de la Sicile en Gaule, y étaient arrivés au IVe siècle, puis, de proche en proche, avaient occupé la côte jusqu'au sud de Tarragone. Là, ils s'étaient heurtés aux négociants phéniciens ou carthaginois qui, partis comme eux des rivages orientaux de la Méditerranée, avaient longé l'Afrique et remonté du Sud vers le Nord. Le conflit d'intérêt eût peut-être dégénéré en lutte sanglante, si les Romains n'avaient occupé l'Espagne et mis d'accord les rivaux en substituant à leurs comptoirs, des postes et des villes inexpugnables. Amporia devint ainsi un municipe romain dont l'importance déclina au profit de *Tarraco*, la moderne Tarragone.

Il reste bien peu de traces de ce passé prospère. Le marché phocéen, l'*emporium*, a survécu dans la désignation de la contrée, l'Ampurdan ; les jardins, où les Grecs retrouvaient un souvenir de l'île de Rhodes ou des Roses, ont fourni l'emblème frappé sur les médailles de la colonie et laissé au cap qui les abrite des brises du Nord le nom de la fleur dont ils tiraient orgueil et gloire. Puis on signalerait des monnaies perdues par les Celtibères et les Grecs des colonies voisines, et ce serait tout. Heureusement la beauté du pays a été moins éphémère que le maître apporté par les flots, remporté par la tourmente.

La plaine de l'Ampurdan est encore très fertile. Par sa végétation elle rappelle le Roussillon. C'est la même abondance de jardins fruitiers, ce sont les mêmes oasis de verdure à travers les blés dorés, les mêmes vignes émeraudes. Mais les villages ne se dispersent pas comme en France en des maisons isolées ou en des fermes bâties au milieu des champs. Sur cette terre souvent envahie par l'étranger, les paysans se groupent et s'abritent autour de l'église, à la fois sanctuaire et forteresse. La demeure de Dieu domine celle des hommes et semble écraser de sa tour, de ses mâchicoulis, de ses murs massifs les constructions basses serrées autour d'elle. Tel le pâtre attiré par notre passage s'élève au-dessus de son troupeau et le protège.

Pas plus que l'artisan, le laboureur n'habite loin du hameau. Monté sur un âne portant la charrue en travers du bât, il part le matin au pas de sa bête et rentre bien avant la nuit. Sa présence dans les champs après le coucher du soleil serait un empiètement sur les droits des voleurs et des contrebandiers.

Dès qu'un village comporte plus d'un clocher, il a droit à une station. Le train s'arrête, les voyageurs descendent, causent, achètent un fruit, remplissent une gargoulette d'eau, allument une cigarette et, au signal du départ, remontent paisiblement dans leurs voitures sans s'attirer les malédictions des ouvreurs de portières habitués à ces mouvements perpétuels et à l'encombrement de la gare. Accompagner un ami ou venir en amateur pour voir, pour se montrer, pour se donner la sensation du départ sans en avoir les regrets, est un plaisir dont on n'aime guère à se priver, surtout quand le train passe avant ou après la sieste. A la vue de cette foule on suppute les incroyables bénéfices que doit réaliser une ligne si favorisée. Et quand le train s'ébranle, il n'emporte qu'un hidalgo en guenilles, la mante sur l'épaule, la besace en bandoulière, la gargoulette à la main.

« *Adios.*

— *Adios Pedro... Pedrecito mio...*

— *Pase lo bien...* »

Et le train reprend son allure sage et prudente.

BOHÉMIENS SUR LES GLACIS DE LA FORTERESSE DE FIGUERAS.
DESSIN D'OULEVAY.

Figueras, la première ville au delà des Pyrénées, est fortifiée d'après le système de Vauban. Elle ferme la route du Perthus. Sur une hauteur qui commande l'ensemble des ouvrages s'élève la citadelle. Les Espagnols considèrent cette place comme le boulevard de la Catalogne. Elle n'est plus vierge pourtant et leur appartient... surtout en temps de paix. Sa réputation a même souffert des atteintes si graves qu'elle n'inspirerait guère le respect, n'étaient l'héroïsme et l'opiniâtreté du soldat espagnol dès qu'il défend le moindre parapet.

C'est aujourd'hui dimanche ; les offices sont terminés, les rues et les promenades désertes ne présentent aucun intérêt, nous nous dirigeons vers la citadelle, attirés par sa position dominante et le bruit de l'école des trompettes. On nous arrête à la porte, tandis que des mendiants, des guitaristes et des Bohémiens campés sur le glacis entrent sans aucune formalité, traversent la place d'armes et abrègent ainsi le chemin entre deux quartiers.

Pour répondre à notre requête, un officier nous conduit chez le colonel. Le colonel dort. Respectons son repos. On nous mène chez le lieutenant-colonel. Il déjeune.

En fin de compte, nous sommes autorisés à visiter la place en suivant la crête de la contrescarpe. Les règlements sont formels : si l'on n'est ni mendiant, ni guitariste, ni Bohémien, il faut une permission spéciale du gouverneur de la Catalogne pour traverser le fort San Fernando et monter sur les bastions. Nous n'irons certainement pas nous la faire refuser à Barcelone. Du reste, l'attrait d'un point de vue renommé nous avait seul conduits à la citadelle, et il n'est au pouvoir de personne d'en ternir la splendeur.

La plaine où les chaumes mettent un tapis d'ocre jaune, la montagne des Albères qui cache ses premières assises sous une forêt de chênes-lièges, la baie des Roses dont les sables argentés bordent les eaux bleues de la mer, pareilles à trois déesses, semblent se donner la main. Entre elles l'on voudrait partager la pomme, ce présent dont les princes des âges primitifs payaient la beauté. Tout a bien renchéri depuis la guerre de Troie!

JEUNE FILLE DE FIGUERAS FIGURANT LA VIERGE DANS UNE PROCESSION. DESSIN DE BIGOT-VALENTIN.

Sur le soir la ville se réveille et s'anime, les rues se peuplent. La solennité du dimanche et une procession où figurent en chair et en os le Christ, la Vierge et les apôtres, attire une foule nombreuse. Toute la population est dehors ou aux balcons. A voir les costumes sans caractère des hommes et des femmes, à considérer les citadins et les passants, à les écouter même, on se croirait de l'autre côté des Pyrénées, dans la Catalogne française. Seules, quelques femmes du peuple portent encore la mantille; mais cette fidélité à la coiffure nationale tient à la médiocrité de leur condition. Elles n'osent, comme les bourgeoises, arborer ces chapeaux triomphants, enrubannés, qui tiennent à la fois du verger, du potager et de la boutique d'empailleur. La timidité, la crainte de la raillerie les retiennent, et c'est avec le sentiment douloureux de leur humilité qu'elles montrent à travers la dentelle ou le tulle leurs torsades de beaux cheveux et la forme élégante de la tête. S'il plaît à Dieu, leurs filles s'empanacheront comme des dames ou des corbillards de première classe.

La victoire des chapeaux français remonte au second Empire. La cour en introduisit la mode à Madrid, l'aristocratie l'adopta, et, de la capitale, elle s'étendit en province parmi les élégantes d'une certaine condition. Aujourd'hui le chapeau et la mantille établissent une telle distinction entre les femmes qu'à la promenade deux courants distincts se forment : le courant des chapeaux sous les beaux ombrages de l'allée centrale, et le courant des mantilles dans la contre-allée. Les chapeaux ne connaissent pas les mantilles et rougiraient de les saluer en public. Comment résister à un pareil discrédit? L'orgueil a prononcé contre la coiffure gracieuse et seyante où s'accuse la personnalité de chaque femme. En ces matières, ses décisions sont sans appel. Si l'on ne peut les réformer, on conserve le droit de protester.

Au Sud de Figueras, l'aspect du pays se modifie. Plus de champs, plus de culture de céréales, mais d'immenses vignobles, les uns fort anciens, d'autres plantés d'hier, à mesure que les facilités de communication rendaient possible et lucrative l'exportation du vin. Par grands flots émeraudes, ils montent à l'assaut des collines, gravissent les contreforts escarpés, s'attachent aux montagnes. Leur culture au milieu de ces roches calcinées témoigne de l'endurance et de la ténacité du paysan catalan.

Gigantesque travail, en effet, que celui de diviser des pentes abruptes en une succession de terrasses soutenues par des murs de pierre, que de transporter à dos de mulet la terre végétale où l'on plantera le sarment, que de creuser les rigoles destinées à recueillir les eaux de pluie qui ravineraient le sol constitué au prix de tant d'efforts. Combien de générations d'hommes se sont employées à relever les murs éboulés, à recreuser les fossés emportés, à rebâtir les revêtements, à regarnir de terre les souches déracinées quand même par l'orage!

« Si vous donnez des pierres à un Catalan, dit un proverbe, il en sortira du pain. » Son industrie et sa persévérance ont accompli un bien autre miracle, puisque de ces rochers calcinés il fait couler du vin.

Ce n'est pas d'aujourd'hui que la vie du paysan espagnol se dépense à cette entreprise cyclopéenne. Au temps de la domination romaine, l'Ibérie comptait au nombre de ses charges l'obligation de fournir du froment à la métropole en lui envoyant le vingtième de sa récolte. Sous Domitien, la vigne se développant au détriment des grains, l'Empereur ordonna d'arracher les souches nouvellement plantées; il craignait que la péninsule n'affamât Rome. Le plus beau titre de gloire de Probus est d'avoir émancipé la vigne. Libre d'entraves, elle n'a cessé de prospérer.

En effet, plus heureuse que la France, l'Espagne n'a jamais eu à lutter contre le phylloxera. Les Pyrénées ont arrêté son essor. Préservés de l'invasion, nos voisins ont profité de leurs avantages jusqu'à l'abus. Pendant quinze ans, tandis que le Roussillon et le Languedoc étaient dévastés, ils nous ont inondé de leurs vins et, par surcroît, nous ont empoisonné avec de l'alcool de pommes de terre. Le port de Barcelone le recevait d'Allemagne, et les vignerons le mêlaient au vin afin d'en remonter le degré jusqu'au maximum admis par nos douanes.

PHILIPPE IV, PAR VELASQUEZ (MUSÉE DU PRADO). — D'APRÈS UNE PHOTOGRAPHIE.

Voici Gérone, l'antique cité celtibérienne que visitèrent les Grecs et les Carthaginois, la cinquième étape des légions romaines sur la route de Narbonne à Léon, la fière citadelle, le bouclier de Barcelone placé bien avant Figueras sur la route des invasions. Elle est déchue, et combien encore elle inspire de respect, combien ses nobles blessures ouvertes aux flancs de ses remparts évoquent de souvenirs glorieux et de catastrophes héroïques!

Adossée à une montagne sévère et décharnée, défendue du côté de la plaine par le cours de l'Oña, elle se dresse en amphithéâtre. Les clochers et les nefs de ses églises dominent les masses brunes de ses maisons de briques, tandis qu'un fort, bâti en arrière, sur une hauteur, aussi bien placé pour défendre la ville que pour la réduire, ajoute à la sévérité monacale la rudesse d'une place de guerre.

Mais les habitants de Gérone, probes, laborieux, fidèles à leur roi, bien différents de la population cosmopolite de Barcelone, ne songent ni aux révoltes ni aux émeutes et ne prennent les armes que pour défendre la patrie. Combien de soldats français sont restés au pied de ses courtines démantelées; que de sang fut versé sur les escarpements que couronnent encore des tours en ruine!

FEMMES DU PEUPLE, À GÉRONE. — DESSIN DE BIGOT-VALENTIN.

De quelque côté qu'on approche de Gérone, sa cathédrale attire le regard. Même quand on est dans la ville, on en subit l'attraction. Les grandes voies, les ruelles coupées de paliers et de marches, afin d'en rendre l'ascension moins pénible, y conduisent toutes. On y accède encore par un escalier de belles et grandes proportions aboutissant à la porte principale. Divisé en trois volées que séparent de larges terrasses, limité par une balustrade en pierres que le temps a dorées, bien assis au milieu des hôtels armoriés, il est vraiment grandiose et d'un aspect imposant. Mais l'exiguïté de la place qui le précède nuit à l'effet de l'ordonnance. Faute de reculement, les premiers plans sont grossis d'une façon démesurée aux dépens de la cathédrale, pourtant si massive et si haute.

Cet ouvrage gigantesque fut commencé en 1696 par l'évêque Miguel Partiel sur l'emplacement d'un ancien cimetière, et achevé dix ans plus tard. Sans doute, le prélat avait rêvé de l'escalier du Capitole, oubliant dans son orgueil que Gérone n'a pas les proportions de la ville aux sept collines.

Un placage fâcheux, construit à la même époque que les degrés, habille l'extrémité de la nef gothique. Mais au milieu de la porte d'entrée, lourde de style et molle d'exécution, apparaissent des vantaux revêtus de feuilles de bronze repoussé à miracle. Elles sont fixées au moyen de clous en forme de fleurs très larges qui, par la beauté des lignes, le mouvement et la souplesse, rivalisent avec les œuvres des plus habiles orfèvres de la Renaissance.

Bien des dieux ont été invoqués sur ce coin de terre, bien des prières sont montées vers le ciel, exaucées sans doute si elles naissaient au fond d'âmes simples et croyantes, si elles s'envolaient de cœurs purs. Les archives, d'accord avec les pierres de l'édifice, témoignent que, tour à tour, s'élevèrent ici un temple païen, une basilique chrétienne, une mosquée rendue au culte sous Charlemagne, puis une nouvelle église bâtie en 1015 et enfin la cathédrale actuelle, dont la fondation date du XIVe siècle. Elle eut pour premier architecte Enrique de Narbonne. Jacobo di Favaris continua l'œuvre. Mais, beaucoup plus tard, quand il s'agit de jeter la voûte entre les murs de la nef conçue dans des proportions inusitées, on hésita. Un conseil de douze maîtres choisis parmi les plus fameux de l'Espagne et de la France fut assemblé. Il ne préconisa aucune solution, tout en déclarant le projet réalisable. Sur cet avis, un des membres du conseil, Guillermo Boffy, assuma la responsabilité des travaux et accomplit heureusement l'entreprise. La voûte, malgré les énormes poussées qu'elle développe, a résisté au temps et aux guerres. Les habitants de la ville, réfugiés dans la cathédrale pendant le siège de 1809, y trouvèrent un abri contre les balles.

J'étais arrivée à Gérone par une soirée triste, pluvieuse. L'heure était tardive quand, après avoir gravi l'escalier de l'évêque Miguel, je poussai la porte de bronze de la nef. Presque à tâtons, je descendis les marches intérieures. Les ténèbres régnaient, allégées seulement, tout en haut, par un peu de jour qui filtrait à travers la rosace, tout en bas, par la lumière tremblante d'une petite lampe qui, tour à tour, agonisait ou retrouvait un souffle de vie. A mesure que mes yeux s'accommodaient, les lignes de l'édifice se dessinaient, les saillies des moulures se profilaient sur l'ombre ; les arêtes des voûtes en marquaient la légère ossature, le vaisseau s'élançait grandiose, magnifique, mystérieux, comme infini.

MAISONS BÂTIES SUR L'OÑA, À GÉRONE. — DESSIN DE BOUDIER.

Selon la coutume, l'église devait ainsi rester ouverte — la piété espagnole redouble aux approches de la nuit, — mais, ce soir-là, le temps pluvieux avait paralysé la dévotion. Pas un bruit ne révélait la présence d'un être humain; on n'entendait même pas les sourdes psalmodies d'une pauvresse ou d'un mendiant, gardiens attitrés des églises aux heures où les exigences de la vie les font déserter. Pas un écho ne s'éveillait sous ces hautes voûtes au passage d'un prêtre ou d'un sacristain attardés. Un silence de tombe, une immobilité de crypte. J'étais seule dans ce vaste sanctuaire dont la beauté solennelle semblait grandir d'instant en instant.

CLOÎTRE DE LA CATHÉDRALE DE GÉRONE (PAGE 10).

Et puis ce fut une merveille devinée entre les grilles massives qui le défendent et l'enferment comme une forteresse, ce maître-autel unique que j'admirai sans me lasser au cours de mes autres visites.

Quatre colonnes revêtues d'un placage d'argent repoussé, celles de devant plus hautes que celles de derrière, supportent une voûte d'arête très plate. Comme les colonnes, cette voûte est revêtue de feuilles d'argent où courent des fleurs, où s'enlèvent des ornements, où se suivent des personnages rehaussés d'or. Au-dessous du baldaquin qu'entourent des voiles de pourpre coulissant sur des tringles dorées s'élève le retable. Il est formé de trois étages de bas-reliefs en argent repoussé représentant des scènes du Nouveau Testament. Chaque étage est divisé en une série de tableaux, tandis que l'ensemble est coupé en zones verticales par trois motifs importants couronnés de dais ajourés et surmontés chacun d'une croix. Les deux intervalles laissés entre les croix sont occupés par d'autres tableaux. Dès le premier examen, on reconnaît que cette œuvre a été modifiée, remaniée, agrandie. Primitivement, le retable était constitué par les deux étages de bas-reliefs supérieurs et par les trois dais. Si l'on en croit la tradition, il daterait de 1038 et aurait été offert par la comtesse Ermendis, épouse de Ramon Borel. Mais les figures comme les ornements démentent une origine aussi reculée. Ils remontent à la seconde moitié du XIIIe siècle. Les bas-reliefs inférieurs, signés par deux orfèvres, Peter Bones et Bartholomé, sont plus modernes. Enfin les archives gardent les traces d'une nouvelle adjonction faite en 1538 par l'évêque Bérenger Cruilles. Sans doute c'est à ce moment que furent placés entre les dais deux tableaux empruntés à la couverture d'un missel et que furent scellées les consoles où reposent des reliquaires d'une époque antérieure, gardés jusque-là dans le trésor. Quant aux croix, elles sont également d'âge très différent et n'ont de commun que leur grande beauté. Celle de gauche, de beaucoup la plus ancienne, appartiendrait peut-être au retable offert par la comtesse Ermendis. Je rattacherais les deux dernières, l'une au commencement, l'autre à la fin de la période gothique.

Le retable de la cathédrale de Gérone est donc à sa manière une anthologie de l'orfèvrerie espagnole, et pourtant il ne présente aucun heurt, aucun désaccord qui le dépare. A regarder ces bas-reliefs où la beauté du style s'unit à la perfection du travail, à considérer cette vierge idéale et pure, ces évêques, ces donateurs, ces saints rendus avec une naïveté délicieuse, à détailler les heureux effets que produit le mélange de l'or, de l'argent, des pierres dures et des émaux, on pardonne aux auteurs de cet audacieux assemblage, on s'abandonne à un sentiment d'admiration pour les artistes à qui leur foi autant que leur talent sut inspirer de pareilles œuvres.

Hélas ! il était aussi beau que le retable, l'autel aujourd'hui dépouillé ! La guerre, la terrible guerre est passée, traînant à sa suite la barbarie, obligeant à des sacrifices cruels. Les bas-reliefs d'argent qui entouraient la pierre consacrée furent fondus en 1809 avec plusieurs pièces du trésor de l'église et servirent à payer la contribution de 150 000 francs imposée par le général Suchet après le siège terrible qu'avait dirigé le général Gouvion Saint-Cyr.

Bien que le trésor de l'église se soit appauvri dans ces tristes circonstances, il conserve quelques œuvres hors ligne : un ostensoir, une croix de cristal de roche, une admirable croix de procession d'un style, d'une beauté, d'une richesse et d'une conservation incomparables. Parmi les figures émaillées que protègent les arcs ogivaux ou qui s'appuient aux nervures de la croix, resplendit une vierge tenant entre ses bras l'Enfant divin et lui offrant une fleur de perles. Il est difficile de rendre avec plus de grâce et de simplicité ce groupe exquis et charmant.

Enfin il existe dans la bibliothèque du chapitre une relique rarement offerte à l'admiration des étrangers. C'est une Bible ornée de merveilleuses miniatures. Sans parler du texte, qui semble écrit d'hier, la fraîcheur des tons, la beauté du dessin, la composition des tableaux donnent à ce manuscrit une valeur inappréciable. Son histoire est résumée sur l'une de ses pages :

« Cette Bible est à nous, Charles V^e de notre nom, roi de France, et l'achetâmes de Saint Lucien de Biennez, l'an 1378. »

Acquise à Paris par l'évêque D. Dalmatio de Mur, la Bible de Charles V fut léguée par testament au chapitre de Gérone.

Dans une des salles où s'assemblent les chanoines, on voit encore une tapisserie du XIe siècle représentant la création du monde. Elle servait de tapis de pieds quand un hasard la fit remarquer. Nettoyée, restaurée non sans adresse, placée à bonne portée et dans un jour assez favorable, elle éteint ses voisines, qui, malgré leur jeunesse relative, paraissent bien fades et bien plates auprès de leur vénérable aïeule.

VIEIL HÔTEL À GÉRONE (PAGE 12). — DESSIN DE BOUDIER.

Adossé à la paroi gauche de la nef s'étend le cloître, dont la construction fut commencée en 1117 par l'évêque Raymond Bérenger. En plan il dessine un trapèze dont la forme irrégulière tient sans doute à la disposition de l'enceinte fortifiée où il dut être compris. Le style en est un peu lourd, mais sur les chapiteaux se déroule, en des tableaux bien curieux, l'histoire sacrée du peuple d'Israël. Un jardin touffu, sauvage, qui voile par places les voussures en plein cintre et les piliers massifs des arcatures, jette une ombre mystérieuse dans les galeries solennelles avec leurs sarcophages scellés à la muraille et leurs dalles armoriées étendues comme un tapis funéraire.

Si l'on sort de l'église par la droite, on franchit une porte inachevée, la porte des Apôtres, qui doit son nom aux statues en terre cuite posées entre les colonnettes de l'ébrasement, et l'on débouche sur une place couverte de pierres tombales serties entre des herbes vertes. Ainsi que les dalles du cloître, elles proviennent du cimetière détruit pour y construire l'escalier de l'évêque Miguel. Pourquoi sont-elles restées hors du sanctuaire, pareilles à des néophytes ou à des excommuniés, alors que d'autres ont trouvé place dans l'église ou à l'ombre douce du cloître, auprès des sépultures épiscopales ? C'est que la mort même n'est pas égale pour tous ; elle n'interrompt pas l'injustice du destin et lui laisse encore prononcer des exclusions et témoigner ses préférences.

Le palais de l'évêque confine à la cathédrale. Ses formes lourdes, ses murs massifs n'offrent aucun intérêt. Seules, quelques fenêtres charmantes, percées avec une parfaite insouciance des préjugés de l'équilibre et de la symétrie, retiennent, un instant le regard. L'une d'elles, presque à portée de la main, est défendue par une grille de fer d'une réelle beauté. Les ornements des barreaux et les quatre dragons placés aux angles sont l'œuvre d'un maître ciseleur.

En Espagne, quand on sort d'une église, on se hâte vers une autre église. Ces pèlerinages et ces stations, monotones en tous pays, lassent beaucoup moins ici. Les édifices religieux sont à leur manière des musées. A part les capitales, quelle ville ne s'enorgueillirait de posséder un trésor aussi précieux que celui de la cathédrale! San Felix, la seconde église paroissiale de Gérone, ne le cède sur ce point à aucune autre. Bâtie, elle aussi, sur l'emplacement d'un édifice plus antique, elle fut commencée en 1245 et achevée en 1318. Les chartes nous l'apprennent; l'archéologie le confirme, car les monuments religieux de Gérone relèvent des écoles françaises, ont été construits sous leur influence directe et portent sur chaque membre d'architecture des dates bien connues. Le clocher, que terminait une flèche, différait des clochers à toiture plate de la Catalogne et du Roussillon. Il fut foudroyé en 1581, sans doute en punition de ses tendances françaises et de son désir de se distinguer de ses pairs. La leçon a été comprise, car la flèche n'a jamais été relevée.

CLOÎTRE DU COUVENT DE SAN DOMINGO À GÉRONE (PAGE 12). — D'APRÈS UNE PHOTOGRAPHIE.

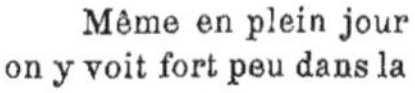

Même en plein jour on y voit fort peu dans la nef de San Felix, dont les fenêtres sont rares et étroites comme des meurtrières. Ce n'est que dans la soirée, quand le soleil, au terme de sa course, vient frapper la rosace, que l'on distingue le retable du maître-autel, remarquable par ses qualités artistiques, inestimable au point de vue archéologique en ce qu'il renseigne sur l'origine et complète l'histoire de ces monuments bien particuliers à l'Espagne et aux pays soumis à sa domination.

Le retable n'est qu'un triptyque conçu dans des proportions de plus en plus vastes, ce triptyque si cher aux chrétiens de Byzance, que les paladins plaçaient sur l'arçon de leur selle et devant lequel, avant de combattre, ils disaient de sauvages oraisons, ce reliquaire que les prêtres et les moines attachés aux troupes de Léon et de Sobrarbe élevaient au-dessus des autels portatifs dans les expéditions contre les Mores. La partie centrale du retable de San Felix est constituée par des niches au fond desquelles se dressent les statues de saints que surmontent des pinacles ouvragés. Les reliefs sont puissants, les creux et les saillies ménagés avec art, rehaussés d'or et d'une polychromie intense. Sur les côtés apparaissent deux ailes enrichies de rinceaux au milieu desquels se détachent les images des prophètes prises, comme les ornements, dans l'épaisseur du bois. La forme des ailes du retable et le soin qu'on a pris de laisser très plate la décoration sont caractéristiques. On y reconnaît les volets du triptyque: il n'est pas jusqu'aux gonds, jusqu'aux détails des serrures, qu'on ne devine et qui n'accusent la fonction primitive de chaque partie et n'aident à remonter au modèle. On comprend ainsi pourquoi, dans les retables anciens, le centre présente des reliefs vigoureux et des creux profonds à l'exclusion des ailes, couvertes parfois de tableaux peints, et pourquoi l'on a polychromé les statues et les bas-reliefs afin de les harmoniser avec les peintures des volets. Plus tard, les ailes du retable furent transformées en une sorte de cadre très riche, très fouillé; du centre, les motifs de sculpture s'étendirent sur les parties latérales et, par degrés, on unifia l'ensemble, on perdit de vue le modèle et l'on s'éloigna de la tradition au point de l'oublier.

En avant du retable et placé sur le maître-autel repose le sarcophage de saint Félix. Il est d'une exécution assez barbare, mais il a droit à cette place, tandis que de chaque côté du sanctuaire on voit avec étonnement des tombeaux romains et deux bas-reliefs de style grec, incrustés dans la muraille. L'un représente le lever de l'aurore, l'autre une chasse au lion. Proviennent-ils du temple qui précéda l'église chrétienne, ou de quelque monument de la ville? A la suite de quelle méprise ces sculptures d'un caractère si profane, si païen, ont-elles été placées dans le voisinage de l'autel?

Communiquant avec le sanctuaire, mais formant une seconde église auprès de la paroisse, s'élève la chapelle de saint Narcis, construite en 1700, à cette époque où l'Espagne, recevant un roi de la main de

Louis XIV, s'ingéniait aussi à copier l'architecture française, y perdait ses traditions et ne produisait plus que des pastiches sans valeur. Je n'en parlerais même pas, n'étaient les sarcophages d'argent massif qui couronnent l'autel et dont la valeur intrinsèque est le moindre des mérites. Ils ont les qualités des belles orfèvreries espagnoles du XVIIIe siècle.

J'ai dit l'intérêt qui s'attache aux monuments religieux de l'Espagne, mais je n'ai parlé que des églises ou des monastères ayant un passé et conservant un présent. Telles sont la cathédrale et San Felix. Mais la description des chapelles et des couvents d'une ville aussi pieuse que Gérone serait une entreprise fastidieuse et décourageante. Pourtant une exception s'impose en faveur de l'ancien couvent de San Domingo. Quelques-unes des constructions encore debout, ont été transformées en caserne, d'autres en usines. Le cloître, en parfait état de conservation, a reçu les collections archéologiques et artistiques de la ville ; la pensée est louable et vaut d'être signalée. Il est à peu près contemporain du cloître de la cathédrale, d'une ornementation moins originale, mais en revanche d'une architecture plus délicate. Comme lui, il rappelle les monuments similaires élevés à la même époque dans la France méridionale.

Sous ses galeries on a placé des souvenirs du passé : des statues, des bustes romains, des fragments de colonnes, des chapiteaux, des bas-reliefs votifs, des urnes, des bornes milliaires, des sarcophages de divers styles. Sur la couverture prismatique de quelques tombeaux en pierre sont gravées des inscriptions hébraïques. Ils proviennent d'un cimetière juif détruit aujourd'hui. La beauté de la matière, la perfection de la taille, la netteté des caractères témoignent de l'importance et de la richesse de la colonie israélite établie jadis à Gérone.

Au-dessus du cloître, une galerie de construction récente contient quelques tableaux sans valeur, des bronzes, des poteries romaines et des armes qui ont servi au siège de 1809. On y conserve aussi la reproduction d'une très belle mosaïque romaine découverte dans une villa des environs et représentant une course de chars. Elle ne nous apprend rien, que je sache, mais le dessin est vigoureux, la composition a grande allure. Un char renversé, dont les chevaux se débattent entre les traits, les timons et les rênes, est traité dans un sentiment particulièrement réaliste. A peine cette mosaïque était-elle découverte que son propriétaire la faisait ensevelir sous la terre où elle gisait depuis des siècles, afin de la préserver sans frais des voleurs et des Anglais. La Belle au bois dormant s'était un moment éveillée ; elle s'est rendormie et attend quelque prince Charmant. Hélas ! ils sont devenus aussi rares que les bonnes fées.

En parcourant les rues tristes de Gérone on remarque, de-ci, de-là, quelques vieux palais tenant de la forteresse ou de la prison ; on aperçoit quelques fenêtres aux fines et délicates colonnes ; en réalité, hors sa cathédrale et San Felix, la ville ne peut guère se glorifier que de sa parure naturelle : les bords charmants de l'Oña. Les maisons bâties comme des murs de quais en bordure sur la rivière, les loggias qui débordent et empiètent sur le vide, les balcons, les miradors voilés de rideaux ou de tentes de couleurs vives, surchargés de femmes, d'enfants, d'oiseaux en cage et de plantes fleuries, évoquent le souvenir de la reine de l'Adriatique. De l'aube jusqu'à la nuit, aux rayons du soleil, tout cela vibre, chante, crie ou pleure. Les gondoles font défaut ; mais quand l'Oña grossit et que, torrentueux, il bouillonne et mugit, si différent de la paisible lagune, on ne regrette pas les boues du Canal Grande.

MÉDAILLES D'AMPORIA ET DE RHODES (PAGE 4). — D'APRÈS UNE PHOTOGRAPHIE.

PLACE DEVANT L'ÉGLISE SANTA MARIA DEL MAR, À BARCELONE (PAGE 16). — DESSIN DE J. LAVÉE.

CHAPITRE II

Barcelone. - Christophe Colomb et les Rois catholiques. - La Rambla. - L'esprit public. - L'attentat de Santa Maria del Mar. - Les revendications féminines. - La presse espagnole. - San Pablo. - Santa Eulalia.

SALUT à toi, Barcelone! Salut à Barcelone que Diego Cervantès appelait « la fleur des belles cités du monde, l'honneur de l'Espagne, la terreur et l'épouvante de ses voisins et de ses haineux ennemis, le régal et les délices de ses habitants, l'asile des étrangers, l'école de la chevalerie, l'exemple de la loyauté, la satisfaction de ceux qui, de voir une fameuse noble et riche cité, forment le souhait discret et curieux ».

Sur le passé de la ville, sur les exploits de ses antiques marins, on ne peut interroger que la légende. Mais au XIe siècle, Barcelone est déjà l'une des reines de la Méditerranée et lutte avec Marseille et Gênes. Le premier code maritime y est élaboré et précède ceux d'Oloron, de Wisby et de la Hanse Teutonique, datés de 1279, 1301 et 1326. Ses habitants élisent des consuls de mer qui jugent les différends commerciaux, et, sous l'heureuse influence des lois maritimes qu'ils ont fait accepter, ils trafiquent avec Majorque, Valence, la Sicile, Malte, puis les conquirent après avoir triomphé des Armadas française et napolitaine de la Maison d'Anjou. Pourtant, Barcelone ne devait pas sa prospérité aux dispositions naturelles de son port. La persévérance et l'esprit aventureux des Catalans en furent les facteurs essentiels. Les nombreuses colonies juives et mores qui, moyennant un droit annuel, trafiquaient en toute liberté avec les pays où habitaient leurs coreligionnaires y contribuèrent aussi pour une large part.

COLONNE TRIOMPHALE DE CHRISTOPHE COLOMB À BARCELONE (PAGE 14). — DESSIN DE BOUDIER.

Dès 1430, le mouvement commercial y était devenu si actif que la rade n'offrait plus aux navires une protection suffisante. L'ayuntamiento imposa un droit d'ancrage, le premier dont il soit question dans l'histoire maritime de Barcelone, et affecta cet impôt à la construction d'un môle. L'ouvrage ayant été emporté, on se préoccupa de trouver un maître versé dans l'art des travaux hydrauliques. On le fit chercher vainement à Candie, à Rhodes et à Syracuse. En 1474, on adopta le plan d'un ingénieur d'Alexandrie. Mais les prévisions de dépense étaient si élevées qu'il fallut demander des subsides aux particuliers. Le pape, sollicité, accorda des indulgences à ceux qui participeraient à l'exécution du môle et assimila du même coup cet ouvrage à une œuvre pie. Enfin, après bien des vicissitudes, la première pierre de la digue de mer fut immergée en grande pompe. Telle est l'origine du port actuel.

La grande puissance maritime de Barcelone correspond aux années qui précèdent les découvertes du cap de Bonne-Espérance et du Nouveau Monde. A partir de cette époque, son commerce souffrit des privilèges octroyés à Séville et à Cadix. Cependant, la « fleur de la Méditerranée » n'a pas su mauvais gré au célèbre amiral du tort involontaire qu'il lui a fait. A considérer son orgueil, on croirait qu'elle seule aida Christophe Colomb dans sa découverte, tandis que les autres villes d'Espagne s'employèrent à le perdre. Cette fierté s'est accrue à l'occasion du centenaire où fut célébrée la gloire du héros. On a renversé des remparts pour créer sur leurs ruines la belle promenade qui porte son nom, et à l'extrémité de la Rambla, en face de la mer, au sommet d'une colonne triomphale, on lui a dressé une statue qui semble commander aux flots. Sur le socle, une suite de bas-reliefs retrace, comme en un chemin de croix, les stations douloureuses imposées pendant vingt-cinq ans à l'homme qui donna un monde à l'Espagne.

Colomb, repoussé par les savants, raillé par les évêques, est enfin introduit auprès d'Isabelle la Catholique. Certes elle avait souci de la grandeur et de la gloire de son pays, la vertueuse reine de Castille. Par son mariage, si laborieusement négocié avec Ferdinand d'Aragon, elle avait préparé l'unité politique de l'Espagne ; par la prise de Grenade et l'expulsion des Mores elle avait consommé l'œuvre. Et pourtant elle ne rêve pas d'une conquête terrestre quand elle engage ses bijoux afin de donner quelques bateaux à Colomb ; elle songe à sauver des âmes, à étendre le royaume de Dieu. La foi, la religion lui dictent ses sacrifices. Et parce qu'elle envisage un but idéal, elle n'écoute ni les prudents conseils de Ferdinand, ni les protestations des évêques, et elle réussit. Mais aussi, de quelle noble joie dut être pénétré son cœur en apprenant le succès inespéré de l'entreprise !

C'était en 1493. Christophe Colomb avait abordé le 15 mars au port de Palos, en Estramadure, d'où il était parti l'année précédente. La nouvelle de son retour, le récit de son extraordinaire voyage et de sa découverte, arrivent à Barcelone où se trouvaient les Rois Catholiques. Les courriers, émerveillés, communiquent leur enthousiasme au peuple. Leurs Altesses — les rois d'Espagne ne prirent que beaucoup plus tard le titre de Majesté — lui envoient aussitôt leurs félicitations et l'ordre de rejoindre la Cour. La suscription du message montre combien ils se doutaient peu de l'importance de l'œuvre accomplie.

PORTRAIT DE CHRISTOPHE COLOMB.

« A don Christophe Colomb, notre amiral sur la mer Océane, vice-roi et gouverneur des *îles* qui ont été découvertes dans la mer des Indes. »

Pourtant Isabelle préparait un retour triomphal au grand navigateur.

« Les courtisans, suivis d'un peuple innombrable, allèrent au-devant de l'amiral fort loin dans la campagne et lui portèrent les compliments des Rois. Le cortège de Colomb marchait en bon ordre : d'abord s'avançaient les Indiens qu'il avait amenés et dont l'un était parent du roi Mariun. Derrière eux on portait des couronnes d'or, des lames d'or, des balles de coton, des caisses remplies d'un poivre que l'on disait au moins aussi précieux que celui de l'Orient. Puis parurent des perroquets vivants, perchés sur des cannes de quinze pieds de haut; des dépouilles de caïmans et de lamentins que l'on croyait être les Sirènes des anciens, des oiseaux de plusieurs espèces inconnues, des objets que leur nouveauté rendait admirables. Tant de merveilles étalées aux yeux d'un peuple dont l'imagination élève les choses au delà du vraisemblable le transportaient dans ces régions inconnues d'où il se flattait de voir bientôt couler les richesses en Espagne. »

LA RAMBLA DES FLEURS, À BARCELONE. — DESSIN DE GOTORBE.

Colomb entra dans Barcelone aux acclamations d'une foule transportée et se dirigea vers le palais des Comtes. Ferdinand et Isabelle l'y reçurent en audience solennelle; ils le firent asseoir, -- honneur immense! — l'entretinrent longuement et confirmèrent ses lettres patentes de gouverneur et de vice-roi.

Que se passait-il dans l'âme des souverains pendant que leur « amiral sur la mer Océane » dépeignait sa conquête et en montrait l'importance? Rusé, prévoyant, Ferdinand songeait à s'approprier une gloire trop grande pour un sujet. Plus noble de sentiment, mais aussi politique que son mari, Isabelle voulait réserver à ses royaumes de Castille et de Léon les conquêtes faites et les découvertes futures. La devise des armoiries de Colomb, écrite de la main de la reine, trahit un désir justifié par son initiative courageuse.

« Por Castilla y Leon
Nuevo mondo halla Colon. »

Il ne s'agit plus d'une île de la mer des Indes, mais d'un monde nouveau. Et cependant le héros va reprendre le chemin de son calvaire ; il le gravira sans que personne l'aide à porter le fardeau trop lourd de sa gloire. Afin de le récompenser, il eût fallu élever le serviteur au rang des maîtres. Les Rois s'y refusèrent et l'abandonnèrent à ses persécuteurs. Quelques années plus tôt, Charles VII laissait brûler une vierge qui avait sauvé la France. Il est de ces services que le martyre seul peut expier.

O singulière ironie de la destinée ! C'est seulement le jour où elle allait perdre la dernière parcelle de l'héritage de Colomb que l'Espagne lui a élevé un monument digne de sa gloire et a ressuscité, après quatre siècles d'indifférence et d'oubli, celui qu'elle laissa mourir de chagrin et de misère.

De la vaste place où se dresse la statue de l'amiral part la célèbre *Rambla*, orgueilleuse de sa vitalité, fière de son commerce, de ses étalages, de ses cafés et de ses théâtres. Une allée centrale entre deux allées plus étroites, des platanes géants dont le soleil ne peut traverser le feuillage et dont les ramures, éclairées le soir à la lumière électrique, prennent une légèreté de dentelles.

Sous les arbres circule à toute heure la foule des oisifs, des étrangers, des soldats, des matelots. Elle est surtout compacte entre le théâtre du Liceo et la Rambla des fleurs, — quel nom charmant! — autour des kiosques de journaux, devant les cafés, et se meut, sans se contrarier jamais, grâce à l'excellente habitude de prendre la droite en marchant. De chaque côté de l'avenue, et en contre-bas, deux voies sont réservées aux tramways, aux voitures, aux charrettes. L'animation n'y est pas moindre que dans les allées centrales.

Par les rues qui la croisent, la Rambla est en communication, au Nord, avec les quartiers riches où se trouvent la cathédrale, l'église dédiée à Santa Maria del Mar, le palais des Comtes, l'Audiencia; au Sud, elle confine avec d'antiques faubourgs. Par son extrémité elle touche à la ville neuve, qui atteint aujourd'hui la banlieue de Gracia. Quel constraste entre les rues tortueuses, les maisons aux murs de brique rouge percés de rares fenêtres, portant fièrement les armoiries de leurs propriétaires, et les larges voies tracées en damiers, et les maisons à cinq étages de la cité nouvelle ! Ici le palais du XVIe siècle ; là-bas l'habitation américaine, claire, ventilée, confortable, mais d'un luxe criard, sans art ni originalité. Certes, la noblesse espagnole, respectueuse des traditions, conserve ses antiques demeures, mais elle dédaigne de les habiter. Elle les loue aux commerçants, aux artisans les plus infimes, et tandis qu'elle abandonne les blasons dont elle est si fière à la garde d'un marchand de vin ou d'un savetier, elle se porte aux boulevards neufs, d'une banalité décourageante. Sans être sévère ni morose, on s'attriste en songeant que les vieux quartiers, si riches en souvenirs et en reliques, ne sont plus appréciés que par les artistes et les archéologues. Quand les Barcelonais y pensent, c'est pour demander leur démolition.

Les Anglais ont fait du dimanche un jour aussi triste que les brouillards de leur capitale ; les Espagnols, profondément pieux, sincèrement croyants, ne pensent pas que Dieu mette l'ennui au nombre des vertus cardinales et mêlent à plaisir les cérémonies religieuses, les fêtes populaires, les danses et les courses.

En sortant de la messe les belles dames remontent vers la Rambla. De beaux cavaliers les y rejoignent. Les yeux brillent, les lèvres de pourpre s'écartent pour montrer de jolies dents, les éventails s'agitent avec grâce, les robes font frou-frou et les hauts talons, toc, toc, sur les dalles de pierre. Coqueter n'est pas défendu non plus le dimanche. C'est peut être l'instant où la Rambla offre le plus de charme. La brise de mer vient de se lever ; elle rafraîchit les sous-bois des avenues ; les gros charrois de la semaine ne déparent pas les contre-allées ; le peuple endimanché, les gens des campagnes dans leurs habits de fête, l'air gauche, la démarche empruntée, apportent une note particulière dans cette foule rieuse et bruyante.

PALAIS DES COMTES DE BARCELONE. — DESSIN DE BOUDIER.

Il y avait, ce soir, un office solennel à Santa Maria del Mar. D'antiques traditions s'attachent à cette église bâtie vers la fin du XIVe siècle sur les ruines de monuments très anciens. Ses trésors, ses reliques, furent jadis en grand renom. De ces dernières il ne reste que le souvenir.

En 1618, des pluies diluviennes tombèrent sur la Catalogne, grossirent comme des fleuves les moindres ruisseaux et provoquèrent une inondation. A Barcelone, le désastre fut d'autant plus grave qu'une tempête furieuse se jeta sur la muraille de mer, renversa tous les obstacles et porta les vagues jusque dans les quartiers voisins du port. Un grand nombre de personnes périrent, noyées ou écrasées sous les ruines de leurs maisons. Afin de conjurer le fléau et de satisfaire au désir de la population affolée, le clergé de Santa Maria offrit à la mer ses reliques les plus précieuses, parmi lesquelles se trouvait une épine de la sainte Couronne. En pareil cas, Xerxès faisait fouetter les flots.

Santa Maria del Mar est une église intéressante et belle, de ce style sombre et massif qu'affectionnent les Espagnols. Au moment où j'y pénètre, l'autel rayonne dans les profondeurs de la nef. Les cierges sont si nombreux qu'ils distribuent de chaudes lueurs jusqu'aux parois des voûtes, jettent des taches étincelantes sur les saillies des pierres grises, mettent des reflets aux tribunes royales dont les sculptures et les ors vieillis apparaissent tels qu'un ex-voto précieux. On chante, mais les chants sont joyeux, d'une cadence vive, sautillante, mieux appropriée à une cérémonie profane qu'à un office religieux, et contrastent avec la tenue recueillie des fidèles et la sévérité du lieu. Après l'office, une procession se forme dans le sanctuaire. Elle descend lentement les degrés qui élèvent l'autel très au-dessus du sol de la nef. Au son d'une marche alternant avec les chants, elle s'avance, longe le bas côté de gauche, paraît et disparaît entre les colonnes, laisse après son passage comme un rayonnement de lumière bientôt évanoui, passe éblouissante au fond du vaisseau et remonte vers l'autel par le bas côté de droite. Mais les

LA QUADRILLE DE DOLORÈS PRETEL. — DESSIN DE MIGNON.

chants ont cessé, les lumières se sont éteintes, la foule s'est écoulée. Et dans cette église si obscure, un rideau dont les anneaux grincent étend ses longs plis noirs devant une fenêtre et fait l'ombre plus épaisse. Des splendeurs de l'heure passée il ne reste qu'un parfum d'encens. Subissant à mon insu l'impression de tristesse qui s'en dégage, je me reporte à quelques années en arrière.

C'est le soir, vers neuf heures. Dans une rue étroite, irrégulière, capricieuse, qui conduit à la place où s'élève l'église, une foule anxieuse se presse. Elle encombre la chaussée, les trottoirs; elle s'étage dans les boutiques garnies de tréteaux et de chaises; elle se presse sur les balcons; elle s'entasse dans les miradors qu'éclaire une profusion de torches et de lanternes, qu'illuminent les yeux des femmes. Sur les rampes de fer s'étendent des tapisseries, des crêpes de Chine aux couleurs éclatantes qui orneront demain les *palcos* de l'arène où combattra le taureau. Devant les maisons modestes descendent des couvertures de lit, des rideaux de fenêtre, des banderoles de papier, des fleurs artificielles, des panaches, des palmes roses ou vertes. Plus haut, les murs redeviennent couleur de nuit; puis au-dessus, entre les toitures qui se rejoignent presque, apparaît le ciel profond, infini, parsemé d'étoiles.

La procession de la Fête-Dieu va passer. On l'attend, elle approche, annoncée par le son des cloches de Santa Maria. Encore un instant, et le son des trompettes se mêle à celui du carillon. Le cortège enveloppé d'un nuage d'encens s'avance dans un désordre qui témoigne de la fatigue générale.

En tête, la bannière de la Vierge. Autour d'elle, des enfants costumés : Jésus portant sa croix, saint Jean-Baptiste au désert, une Mater Dolorosa, sainte Thérèse en habit de carmélite coiffée du bonnet de docteur. Viennent ensuite des jeunes filles chantant des cantiques, des pénitents de toutes couleurs, en longue robe, le visage caché sous la cagoule. Encore de l'encens, encore des bannières, des corbeilles de fleurs artificielles, des reliquaires, des châsses qui s'en vont cahotées sur des épaules endolories. Voici le clergé de la paroisse précédé d'une nuée d'enfants de chœur dont la calotte et la robe vermillon, transparente sous la chemisette de dentelle, flamboient aux lumières. De petites figures très juvéniles et pourtant énergiques déjà; de grands yeux noirs, envahissant des visages à la peau brune; un air sérieux, important. Sur leurs pas s'avancent de vieux marins, clients attitrés de l'église. Leurs figures aux tons de cire sont tannées, maigres, rasées de près comme celles des prêtres qui les suivent. En dépit de la chaleur, ils sont couverts d'une lourde mante noire ou de couleur sombre. Eux aussi tiennent des cierges qui vacillent entre leurs mains débiles et jettent des lueurs mourantes sur leur crâne dénudé.

Maintenant, ce sont les massiers solennels et graves, des clercs portant des fanaux d'argent, les prêtres des paroisses voisines, enfin les officiants parés de chapes en damas rose et mauve sur une toile d'argent. Ils précèdent le dais, un dais aux pentes souples, mobiles, en soie blanche, richement ornés. Sous ces soies brodées, le curé de Santa Maria tient l'ostensoir entouré de pierrerier. A cet instant, le silence se fait solennel, la foule s'agenouille, les femmes se signent à plusieurs reprises, tandis que les jeunes mères, restées au premier rang, élèvent leurs petits comme si elles voulaient montrer Dieu à l'enfant et attirer sur l'enfant le regard de Dieu. Leur piété est ardente, naïve, confiante.

Mais l'ostensoir est passé, chacun se redresse, les éventails se remettent en mouvement et le peuple admire le capitaine général de la Catalogne qui, entouré de son état-major, escorte le Saint Sacrement.

Soudain, une flamme jaillit du sol, une détonation, un fracas de vitres brisées, un ouragan de cris et de lamentations se mêlent confusément. Les fenêtres se ferment, hommes et femmes se rejettent au fond de leurs maisons, la panique gagne de proche en proche et arrive jusqu'à Santa Maria, dont le portail gothique étincelle. Dans la rue, les lumières que l'explosion n'a point éteintes éclairent des chairs sanglantes, des cadavres défigurés; les blessés se tordent et appellent à l'aide sans que personne ait encore eu le courage de les secourir. Une bombe lancée d'une fenêtre vient de produire cette catastrophe. Pourtant, les prêtres sont revenus sur leurs pas et donnent l'absolution aux mourants. Bientôt accourent des officiers, des agents de police et ceux qui ont laissé en arrière un parent, un ami. Partout éclatent des imprécations, se déroulent des scènes de désespoir. Quelque chose d'épouvantable et de farouche où la douleur et la colère se répondent.

ANGELA PAGÈS ATTENDANT LE TAUREAU POUR PLACER LES BANDERILLES (PAGE 22). — DESSIN DE MIGNON.

L'attentat du Liceo, dont le souvenir est encore si amer, avait plongé Barcelone dans une sorte de terreur; mais, en somme, les victimes couraient à leurs plaisirs, satisfaisaient leur envie. Aujourd'hui, les anarchistes ont frappé des mères, des enfants, des gens agenouillés, des malheureux qui trouvaient dans une prière fervente la force de supporter les chagrins et les misères de la vie. En ce pays de foi ardente, si profondément catholique, l'indignation se proportionne à la grandeur de l'outrage qui s'adresse à la divinité. L'anarchie féroce s'est attaquée à la religion exaltée. Entre les criminels et les victimes, le contraste est complet. Et pourtant les sentiments des uns et des autres ont une commune d'origine.

Saisie en pleine barbarie par l'invasion arabe, l'Espagne, pour continuer à vivre, dut recourir aux armes des désespérés et des faibles. Pour secouer le joug, s'affranchir et rejeter à la mer l'infidèle que la mer avait apporté, elle eut comme auxiliaire le fanatisme, elle conserva ces instincts sauvages qui ne la laissèrent hésitante ni devant l'expulsion en masses des musulmans et des juifs, ni devant les supplices inventés par les inquisiteurs. L'hérésie a été extirpée, les auto-da-fé semblent un cauchemar, le tribunal de l'Inquisition est fermé, mais l'Espagne, si elle a gardé le culte du Dieu qui lui inspira le courage, a conservé aussi la férocité qui lui facilita la victoire. Ces deux sentiments expliquent et résument son histoire; telle est l'origine de ses cruautés contre les Mores, contre les Incas et de sa haine pour l'étranger qui franchit ses frontières; ainsi se confondent sa fureur, le goût du sang, l'amour des combats de taureaux, l'impassibilité devant la souffrance. Dans la grandeur de sa piété comme dans l'excès de ses crimes, l'Espagne reste fidèle à son passé. Sa ferveur procède jusqu'à un certain point de l'obstination dont elle fit preuve en poursuivant pendant huit siècles son affranchis-

SANTA MARIA DEL MAR, À BARCELONE (PAGE 16). — DESSIN DE BOUDIER.

sement. Sa rudesse est un reflet de la cruauté dont elle s'arma pour expulser les conquérants; on la retrouve chez ces hommes qui ont fait de Barcelone le foyer le plus actif de l'anarchie. Que le sectaire frappe des innocents ou que le valet du cirque plonge ses mains dans les entrailles fumantes du taureau que l'on vient de traîner hors de l'arène, tous deux éprouvent la même ivresse.

Veut-on quelques exemples de ces contrastes entre la piété exaltée et les instincts sanguinaires des Espagnols? Le mois dernier on chômait une fête de la Vierge. En suivant la foule je remontais la Rambla. Vis-à-vis de la rue San Fernando un encombrement s'était produit. Il s'agissait de réparer une conduite d'eau indispensable à l'alimentation du quartier. Néanmoins je m'étonnais que l'on travaillât un pareil jour. Mais une grande affiche ostensiblement placée au milieu de la voie m'expliqua cette infraction aux usages :

« Par permission spéciale et vu l'urgence, Monseigneur l'Archevêque a bien voulu dispenser du repos canonique les ouvriers employés aux travaux. »

Sans cette autorisation qui avait paru le matin même dans les journaux de toutes les nuances, l'entrepreneur eût fermé le chantier, et pas un terrassier n'eût osé s'y présenter.

Les mêmes journaux contenaient cette autre annonce :

« La señora Luiz Gomez est décédée aujourd'hui, munie des Sacrements de l'Eglise, en son domicile, 12, rue d'Alcala. Dom Geromino, *son directeur de conscience*, le señor Luiz Gomez, son mari, Enrique et Carlos Gomez, ses fils, ont l'honneur de vous faire part de cette perte douloureuse. »

A quelques jours de là, j'entrai dans un *patio* tout parfumé de fleurs où l'on débitait plus d'eau claire et de lait que d'eau-de-vie et de vin.

La conversation s'engage aisément dans ces petites boutiques fort propres où les tables de marbre se touchent et où l'on s'accable de remerciements à propos d'une gargoulette passée de main en main. Le soleil est au zénith, mais il fait frais à l'ombre des tentes suspendues devant les portes; on est bien dans les courants d'air adroitement ménagés. Personne ne songe à sortir de cet asile; on y attend, en fumant la cigarette, le déjeuner très tardif, fixé d'habitude à une heure de l'après-midi, ou bien on vient l'y oublier.

JEUNES FEMMES DE BARCELONE. — DESSIN DE BIGOT-VALENTIN.

L'entretien, jusque-là fort calme, est porté sur la politique. Oh! alors, les cartes se brouillent. Chacun a ses théories, chacun préconise ses panacées. L'audace du langage est encore dépassée par la violence de la mimique. Les fronts se plissent, l'expression des visages devient farouche, des cris de haine, des interjections pleines de colère se croisent et se heurtent. Mon voisin, un petit fonctionnaire ayant dans son attitude réservée et ses longs vêtements noirs l'apparence d'un homme d'église, ne s'emporte pas comme ses camarades et paraît d'esprit plus rassis. Ecoutez-le néanmoins :

« Tout va de mal en pis... L'Espagne est pauvre... Les affaires ne marchent pas... les impôts sont lourds... La noblesse ne dépense pas assez... La cour dépense trop... Cet état ne peut durer... L'anarchie seule nous donnera du pain. »

Indignée, je me récrie et fais en toute sincérité l'éloge de la Régente.

Un silence suit ma protestation, puis mon voisin, d'un ton calme :

« Ne perdez pas votre temps à défendre Christine, nous ne la tuerons pas... »

Je reste interdite : l'on aurait donc délibéré sur un pareil forfait!

« Quel sentiment vous retient?

— La Régente est une honnête femme... Elle n'a point de ces favoris qui nous eussent coûté aussi cher que la guerre de Cuba... Il faut lui en savoir gré.

— Et le Roi?

— C'est un enfant... Un Espagnol ne frappe pas un enfant... Nous verrons plus tard. »

N'est-elle pas terrible cette menace? Et pourtant quel enseignement elle renferme!

A la mort d'Alphonse XII la Maison d'Espagne n'avait peut-être pas devant elle six mois de règne. Douze ans se sont passés, et la couronne pare encore le front d'une femme vertueuse et d'un roi orphelin. Leur pureté a été le soutien de leur faiblesse. Si les monarques savaient combien ils s'avancent dans l'affection du peuple quand ils lui offrent de bons exemples, quand ils ne trouvent pas dans leurs droits régaliens une raison de s'avilir et de descendre plus bas que les autres hommes ! Mais tout cela n'est que de la philosophie sociale, c'est-à-dire la chose la plus ennuyeuse et peut-être la plus vaine qui soit au monde.

CHULA DE LA QUADRILLE DE DOLORÈS. — DESSIN DE BIGOT-VALENTIN.

Ce soir, un événement de haute gravité a jeté le trouble dans Barcelone et fait diversion aux discussions politiques. Sur la Rambla la foule rompt les courants si exactement suivis, court vers les kiosques de journaux. On s'arrache les dépêches, tout le monde parle à la fois, il est impossible de rien entendre. Enfin le vacarme s'étant un peu calmé, un grand garçon, vrai fils de More, monte sur un banc d'où il domine l'assistance :

« Dolorès a été blessée aujourd'hui dans la place de Madrid, à la cinquième course. La blessure est sérieuse, mais on espère que l'héroïque *espada* n'y succombera pas. »

A ces mots partent de toutes les bouches des exclamations, des cris de pitié, des manifestations d'enthousiasme. Malgré l'absence de détails, chacune discute les causes de l'accident. Les *aficionados* sont entourés, interrogés, écoutés et miment la scène tragique en jouant tour à tour le rôle du taureau et de l'*espada*. Faire la part des éloges qui reviennent au courage de la victime ou bien à la vaillance de son vainqueur serait difficile. L'émotion n'en est pas moins indescriptible. Quelques libraires possèdent des photographies de la jeune femme. Ils les ont fait porter dans les kiosques. La foule se les arrache ; on les met aux enchères.

Dolorès Pretel a vingt ans. Elle est petite, d'une nature fine et nerveuse. Ses traits durs, peut-être un peu vulgaires, respirent l'intelligence et l'énergie. Partout on répète qu'elle est *douée*. L'élégance, la grâce des mouvements s'allient chez elle à la science et à l'audace. Bon sang ne peut mentir. Elle est fille d'un gardien de taureaux et connaît les ruses et les défenses de ces animaux. Dolorès eût borné ses désirs à la célébrité conquise dans les arènes; mais, à son insu, on en a fait le porte-drapeau des revendications féminines.

Un fait est à noter. L'Américaine, l'Anglaise, qui jouissent dans leur vie privée d'une liberté comparable à celle de l'homme, aspirent à une égalité complète et réclament des droits politiques. La Française, moins hardie, peu sûre d'elle-même, dépourvue d'initiative, — en cela elle ne fait d'ailleurs qu'imiter le Français, — a comme suprême objectif l'honneur de collectionner des diplômes et d'accroître le nombre des petits fonctionnaires. L'Espagnole ne rêve l'égalité que sous une forme : elle est fascinée par la gloire du cirque. Qu'elle descende dans l'arène comme *chula*, *banderilla*, *espada*, qu'on lui permette de disputer au sexe fort le privilège de la bravoure, de l'audace, du sang-froid, et elle se déclare pleinement satisfaite. Si l'anarchie confine ici à l'exaltation religieuse, de même l'indolence et la pusillanimité, le courage et l'énergie indomptables se partagent le cœur des femmes. Dolorès et ses compagnes sont de la race de cette guerrière dont Tarragone conserve l'écu, d'Isabelle la Catholique, de doña Maria de Padilla, de la monja Alfarez (la *religieuse lieutenant*), qui changea le scapulaire contre l'uniforme militaire ; elle est de la lignée de ces vaillantes que nos troupes trouvèrent derrière les remparts improvisés de Saragosse ou sur les brèches de Gérone et dont les lèvres n'avaient plus de baisers et les mains plus de caresses que pour leurs cartouches et leur fusil. Ce même sang coulait dans les veines de doña Maria de Gaucin, cette autre jeune fille qui, abandonnant le couvent du Carmel où l'avait conduite une pieuse vocation, revêtit le costume pailleté des *toreros* et parut dans les arènes du Midi. Son courage, sa beauté, sa vertu lui valurent l'admiration populaire. Après s'être grisée des émotions de la lutte, après s'être enivrée des applaudissements de toute l'Espagne et avoir mené, pendant plusieurs années, une existence où les pratiques d'une dévotion exaltée remplissaient les rares loisirs que lui laissait sa profession, elle finit par retourner dans son couvent. Et l'histoire ne dit pas que ses pieuses sœurs aient jamais eu l'idée de lui reprocher une célébrité acquise loin du cloître et qui rejaillit sur le couvent.

D'autres femmes moins haut placées que doña Maria ont aussi sacrifié à la passion nationale, mais il ne s'agissait que d'individualités isolées, d'*aficionadas* plutôt que de *toreras* de profession. La señorita Dolorès Pretel et sa deuxième espada, la señorita Angela Pagès, sont réellement les premiers chefs d'une quadrille composée uniquement de femmes et capable de donner une course complète. Malgré leur courage et leur mérite, les *señoritas toreras* ont dû vaincre bien des résistances. Longtemps leurs détracteurs ont été plus forts et plus ardents que leurs amis : « Que voulaient ces donzelles qui combattaient à moitié prix des hommes?... Que deviendraient les espadas, ces demi-dieux, dont le gain annuel dépasse les traitements cumulés de tous les capitaines généraux?... Verrait-on s'amoindrir la réputation de bravoure des gens du cirque, s'il plaisait à des jeunes femmes de se mesurer avec le taureau?... » L'intérêt, l'amour-propre étaient déchaînés ; ils se donnèrent libre carrière. Des plaisanteries, des calomnies, des injures, des caricatures insultantes on en vint aux procédés méchants, jusqu'à tendre des pièges dangereux. En dépit de ces entraves, Dolorès s'est imposée au monde tauromachique. L'année dernière elle a conquis Barcelone. Depuis, la capitale l'a réclamée, et c'est en voulant se surpasser qu'elle s'est mise en péril de mort. Désormais la jeune *torera* est consacrée; elle est célèbre. Depuis Madrid jusqu'au dernier bourg, l'Espagne sera informée de l'accident et tenue au courant de ses suites. Les journaux font tirer d'heure en heure une édition nouvelle, des gamins la crient à tue-tête à travers la foule. Un attentat contre la régente ou le jeune roi occasionnerait moins d'émotion.

Elles sont fort nombreuses, ces feuilles locales dont le public paraît très friand. On les vend dans les rues, aux carrefours ; les mendiants les achètent quand ils savent lire, parcourent les dépêches tauromachiques et, leur curiosité satisfaite, les mettent entre les mains des passants en réclamant une aumône en échange.

Si l'on en croit une vieille chronique, l'engouement pour la presse n'était pas si vif au siècle dernier.

« En 1737, on vit naître à Madrid un ouvrage périodique dans le goût des gazettes françaises. La critique y était sévère. Elle excita d'abord des murmures, puis des persécutions qui se multiplièrent au point qu'en 1742 les rédacteurs furent obligés de suspendre la publication du journal parce que, disaient-ils, la nature des écrivains ne pouvait souffrir la critique, lors même qu'elle était modérée, ni même se contenter d'un éloge médiocre. »

La nature des auteurs a-t-elle changé? On ne s'en douterait pas, à considérer le caractère des articles publiés. Il n'en est pas un qui traite de littérature ou de science. La politique étrangère jouit du même discrédit. Quelques mots secs sur les faits et gestes de l'élève de Bismarck : *el colosso de occasion*, de rares entrefilets concernant la Maison d'Autriche, sans doute à cause de sa parenté avec la régente, et c'est tout. De la France, il n'est guère question; on la boude, on la dédaigne, on l'ignore. Elle ne veut plus de vin d'Espagne, saturé d'alcool allemand!

ÉGLISE SAN PABLO, À BARCELONE. — D'APRÈS UNE PHOTOGRAPHIE.

En réalité les préoccupations tauromachiques, les renseignements sur les courses données ou prévues constituent la partie vivante des journaux, et, il faut le dire, la seule qui trouve des lecteurs, même en dehors des mendiants. Par ces divers traits, les gazettes se ressemblent. Les différences s'accusent ailleurs. Il y a des feuilles blanches (lisez carlistes) qui célèbrent le saint quotidien, invitent aux cérémonies religieuses, rappellent les jours d'abstinence, énumèrent les indulgences à gagner et chantent les louanges du prétendant. Il y en a de rouges et jaunes, très informées

CLOÎTRE DE SAN PABLO, À BARCELONE. — D'APRÈS UNE PHOTOGRAPHIE.

aussi des fêtes de l'Église, mais gouvernementales par définition. Elles donnent avec respect des nouvelles de la famille royale, enregistrent les ordonnances de la régente, publient les distinctions et les lettres de noblesse accordées par décret. Enfin pullulent, chaque jour plus nombreux, les journaux écarlates, cramoisis. Ceux-ci s'en prennent au ministre du désarroi trop réel où se trouve le pays, de la misère publique, de l'indolence et de l'incurie des généraux placés à la tête des troupes, des inondations, de la grêle, des incendies, des accidents de chemin de fer et font en conscience le métier de démolisseurs.

Aujourd'hui nous avons commencé la visite des monuments, l'esprit libre de tout souci. Dolorès Pretel a passé une bonne nuit, la fièvre ne s'est pas déclarée, Barcelone respire, le soleil brille plus éclatant.

Depuis la période romane tous les styles sont représentés dans la capitale de la Catalogne. Les modèles ne sont pas nombreux et ne permettent pas une étude d'ensemble, ils ont du moins la valeur de jalons excellents.

L'aïeule des édifices religieux de Barcelone est l'église de San Pablo, où l'on vénère encore le tombeau de Wilfrido, son fondateur. Les constructions et le portail sont de la période romane. La voûte ogivale supporte une coupole malheureusement cachée par un échafaudage qui atteste l'insolidité du monument ou montre l'urgence d'une restauration générale.

Depuis le commencement des travaux, le mobilier religieux a été transporté dans la sacristie. Il ne reste qu'un Christ abandonné dans la branche gauche du transept. Avec son corps déformé par les douleurs de l'agonie, la coloration livide de la peau, les meurtrissures bleuâtres de la chair, les longs cheveux et la barbe empruntés à une tête humaine, il produit une impression saisissante. Malgré la poussière qui le souille, malgré la pénombre où il est plongé, il remplit de sa majesté le temple désert.

A droite de l'abside se trouve un petit cloître que signale son antiquité et son parfait état de conservation. Tout cela est massif et fruste. C'est que l'apologue de la violette s'applique aux humbles sanctuaires comme aux fleurs cachées. L'église, jadis située hors des remparts, ne desservait qu'un village et doit même sa longue existence à sa modestie. Plus fortunée, plus voisine de la richesse, elle eût été démolie, et sur ses fondations s'élèverait aujourd'hui une nef gothique ou un vaisseau de style *churuguresque*, la honte de l'Espagne au XVIIIe siècle. Par là même raison, San Pablo est le seul édifice de quelque valeur artistique au

Sud de la Rambla. La ville riche s'étendait vers le Nord, avec ses églises, ses palais, ses monuments municipaux et ses demeures seigneuriales.

La piété des Espagnols se manifeste de préférence le matin et le soir. L'après-midi est consacré à la sieste. Les églises seraient désertes ; on les ferme. Par une heureuse exception, la cathédrale reste ouverte tout le jour, alors même que les chanoines ont dit l'office et chanté la messe. Sainte Eulalie est au vrai sens du mot la maison du bon Dieu. On y entre, on la traverse, on profite de l'ombre de ses nefs pour se rendre d'un quartier dans un autre, pour s'y reposer, pour y dormir, et le respect dû à la sainte n'en est pas altéré. Elle est tout un monde, d'ailleurs, cette cathédrale, avec ses sacristies, ses chapelles annexes, son cloître, ses archives, son presbytère. Trois portes la desservent. La plus intéressante, celle de la Pieta, est surmontée d'un bas-relief plein de sentiment, encore embelli par quelques restes de peinture. Elle donne accès dans le cloître que l'on atteint en descendant plusieurs degrés. Sur ces marches s'asseyent des vendeurs d'images et de chapelets, bonnes gens dont la discrétion égale la complaisance. Si près de Dieu, ils mettent en lui leur confiance et ne sollicitent pas la charité du passant au risque de détourner leur clientèle.

Vu de l'escalier, le cloître offre un coup d'œil enchanteur. A travers ses colonnettes et ses ogives d'époques diverses — Rome non plus ne s'est pas bâtie en un jour — verdit un jardin délicieux dont les arbres, venus en désordre, grandis en liberté, ont ignoré toutes les tyrannies. A l'ombre de leurs branches avides de soleil, tendues vers la lumière, s'élève une petite fontaine de la Renaissance. Au milieu de la vasque caracole un Saint-Georges de bronze ciselé ; un jet d'eau minuscule s'élance de la tête du cheval. Un peu plus loin s'étend un bassin aux eaux aussi vertes que les mousses poussées dans les interstices des pierres. Des oies d'une blancheur éblouissante y lissent joliment leurs plumes sans agiter leurs pattes palmées. N'étaient le mouvement onduleux du cou et les caresses du bec doré sur la neige du duvet, on les croirait en biscuit de Sèvres. Au surplus une certaine gravité et quelque morgue conviennent à leur rang. Elles sont en effet de vieille et noble souche et possèdent des parchemins dignes de figurer auprès des titres de la meilleure grandesse. Depuis sa construction leurs aïeules ont vécu dans le cloître qui porte leur nom.

Du *patio de las ocas* on entre dans la cathédrale par une belle porte décorée au XVIe siècle. Ses vantaux de bronze sont largement ouverts. Sans cette précaution on aurait du mal à se conduire dans cette vaste nef, où, suivant la coutume espagnole, on entretient une obscurité favorable au sommeil et propice au mystère. Patience, les yeux habitués à la lumière s'accoutumeront à l'ombre, les pupilles se dilateront, on distinguera les voûtes élancées de ce vaisseau grandiose, on appréciera la délicatesse des colonnes, on apercevra les chapiteaux peut-être fouillés à l'excès, on reconnaîtra encore ici l'influence dominante de l'art français. Sainte-Eulalie fait partie du groupe de cathédrales qui surgirent du sol à mesure que les rois libéraient les provinces occupées par les musulmans. Telle que Burgos, Léon, Salamanque, Ségovie, Avila, Pampelune, Gérone, Valladolid, Valence et tant d'autres villes où ne s'étaient pas acclimatés les arts de l'Italie et qui ne songeaient pas encore aux Flandres, Barcelone resta fidèle à l'art ogival, dont les principes lui avaient été portés d'au delà les Pyrénées.

SCEAU DE PIERRE IV, FACE ET REVERS. — DESSIN DE BOUDIER.

LE MARCHÉ A BARCELONE. — DESSIN D'OULEVAY.

CHAPITRE III

Sainte-Eulalie, le Santo Cristo, el Moro. - L'Audiencia, la statue de saint Georges. - La Casa Consistorial. - Les édifices civils. - La Bibliothèque. - L'Académie de Los Desconfiados. - Le départ. - Montserrat. - Manresa.

ÉCU DE BARCELONE.

PARMI les édifices religieux de la péninsule, Sainte-Eulalie se distingue par un caractère bien particulier. En général, les autels, les stalles du chœur, les grilles de fer, les rampes de bronze ajoutées au jour le jour dans les cathédrales, sans plan et sans suite, ne valent que par leur beauté ou leur richesse intrinsèques et jurent avec la décoration architecturale. Ici, aucune disparate, aucune meurtrissure pour le regard. Le maître-autel d'un beau style, d'un art élégant et noble, habilement doré, ni trop éclatant ni trop fané, émerveille sans éblouir. Les stalles du chœur, cette église dans l'église, ce refuge propice où les chanoines bravent l'indiscrétion des fidèles et la traîtrise des courants d'air, parviennent, elles aussi, à se faire accepter. Chaque siège est surmonté d'un clocheton léger comme une dentelle de Flandre ; sur le dossier rayonnent les armoiries des chevaliers de la Toison d'Or qui s'y assirent et y reçurent l'ordre dans un chapitre solennel tenu en 1518 par Don Carlos I.

Le centre de la nef est occupé par un escalier de proportions gigantesques descendant à la crypte placée sous le maître-autel. Des grilles en argent massif ferment l'entrée de la chapelle souterraine sans la masquer. A travers leurs barreaux apparaissent les lampes d'argent qui brûlent devant les reliques de sainte Eulalie et les innombrables ex-votos offerts par la piété reconnaissante des fidèles. Les passants qui traversent l'église pour éviter un long détour ne s'arrêteraient peut-être pas devant le tabernacle de l'autel, mais pas un qui ne fasse une génuflexion en regardant la crypte et qui ne prononce à demi-voix une courte prière. Comme beaucoup de chrétiens naïfs et sincères, les Espagnols vouent à leurs saints une vénération quelque peu idolâtre. Dieu est loin, c'est un inconnu, sa bonté s'étend sur tous les êtres, on ne saurait entrer dans son intimité. Les saints, au contraire, habitent le voisinage; on cause avec eux et on les aime; ils sont de la famille et limitent leur protection à une clientèle peu nombreuse. Les Aragonais font pourtant une exception apparente en faveur du *Santo Cristo* dont la chapelle est dissimulée derrière le maître-autel. Ici, tout est ferveur, dévotion, humble agenouillement, supplications à mains jointes.

Au-dessus d'un autel resplendissant de lumière où les messes se succèdent depuis l'aurore jusqu'à une heure avancée s'élève un crucifix d'une grande beauté. Certes, ses bras s'étendent sur l'universalité du monde; pécheurs et croyants peuvent s'y réfugier. Néanmoins, à l'exemple des saints, il a ses préférences et a marqué du doigt ses fils de prédilection. On ne l'en aime que mieux. Son peuple de prédilection, c'est le peuple espagnol; son enfant préféré fut Don Juan d'Autriche. La Sainte Image était à la bataille de Lépante, cette victoire si chère au cœur de la nation, où le descendant d'Isabelle et de Ferdinand termina sur mer l'œuvre entreprise par ses aïeux! Placé à l'avant de la galère amirale, le Christ fut engagé au plus fort de la mêlée. Comme dans le feu de l'action, une balle turque allait le frapper au côté, il inclina la poitrine afin de l'éviter. Depuis ce prodige, il a toujours gardé cette posture.

DON JUAN D'AUTRICHE.
D'APRÈS UNE PHOTOGRAPHIE DE J. LAURENT À MADRID.

La légende est intéressante, car, d'accord avec la tradition, elle atteste que le peuple, mieux que la noblesse, sentit la grandeur de ce triomphe. Du reste, à Rome, on en fut plus heureux qu'à l'Escorial.

« Don Juan a gagné la bataille, mais il pouvait la perdre; il a beaucoup hasardé, » répondit sèchement Philippe II aux félicitations de la cour.

« Il y eut un homme envoyé de Dieu, et cet homme s'appelait Jean, » dit le successeur de saint Pierre.

A mon arrivée, des enfants jouaient dans le cloître. Ils m'avaient fait cortège autour de l'église, fort désireux de se transformer en guides. A deux ou trois reprises, le plus âgé avait pris la parole :

« Ce tableau représente saint Paul... Voici la chapelle de saint Jean... Celle-ci est dédiée à Notre-Dame... »

Et d'autres, plus petits, répétaient comme un écho : « Ce tableau représente saint Paul... Voici la chapelle de saint Jean... Celle-ci est dédiée à Notre-Dame. »

Surpris de ma feinte indifférence, ils s'étaient tus. D'ailleurs, ils n'eussent pas osé me suivre devant le *Santo Cristo*. Ils eussent craint pour leurs oreilles, car les fidèles ne supporteraient pas que l'on gaminât devant l'image vénérée. Mais les *niños* tiennent de leurs pères une patience inaltérable. Comme je sortais, les petits tyrans me rejoignent et, tous ensemble, montrent du doigt une tête géante coiffée d'un large turban blanc et bleu, portant une longue barbe et suspendue au-dessous des grandes orgues.

« El Moro!... el Moro! »

Sortir de la cathédrale sans regarder *el Moro*, ce serait négliger la merveille des merveilles. Combien de générations d'enfants ont rêvé de le lapider? Par bonheur, sa haute situation le protège contre les blessures extérieures. Il n'en est pas de même des lésions internes. Jadis le More était relié à la soufflerie de l'orgue ; durant les offices, quand le vent remplissait les soufflets de l'instrument, il gonflait les larges joues de cet ennemi de la foi et le faisait grimacer en mesure. Le mécanisme, dû à un artiste flamand, s'est usé ; on n'a pas su le réparer et *el Moro* garde l'immobilité. La mort tranche du même fer les existences des hommes et la vie des automates.

Mieux partagée que beaucoup d'autres villes d'Espagne, Barcelone ne se résume pas dans ses églises et leurs trésors. Outre son magnifique jardin où poussent les magnolias aux fleurs de velours et les bananiers aux larges feuilles, elle possède quelques beaux fragments d'architecture du XVᵉ et du XVIᵉ siècle, échappés par miracle au vandalisme inconscient des administrations municipales. On ne devinerait pas la perle de ces monuments, l'*Audiencia*, ou palais de justice, derrière le placage qui complète la symétrie de la place de la Constitution. Il faut s'engager dans les ruelles qui les longent pour découvrir les façades primitives. Sur l'une d'elles s'ouvre la porte de Saint-Georges, surmontée d'un bas-relief charmant.

EL MORO ET LES STALLES DU CHŒUR DE SAINTE-EULALIE (PAGE 26). — DESSIN DE GOTORRE.

Armé de pied en cap, monté sur un palefroi caparaçonné, le bouclier au bras, le saint transperce de sa lance l'éternel ennemi des hommes et lui fait mordre la poussière. Le médaillon est encadré d'une guirlande hardiment fouillée où les feuilles d'acanthes alternent avec des têtes d'anges. A droite et à gauche, des gargouilles trop volumineuses représentent un seigneur et sa femme qui jettent l'eau des toitures sur les passants. Innocente distraction de ménage. Ils sont d'ailleurs très bien mis et témoignent par un aimable sourire de la joie qu'ils éprouvent en arrosant le pauvre monde sans courir le risque d'aucune éclaboussure.

Une restauration sobre et habile se poursuit à l'intérieur de l'édifice. La cour ou *patio* de l'*Audiencia*, qui date de 1436, comprend un bel escalier de pierre blanche, porté sur un arc fort gracieux et pourvu d'une rampe vigoureuse telle que les nourrissons de Thémis et leurs victimes puissent arriver sans péril jusqu'aux salles d'audience. Au premier étage règne une galerie élégante. Ses délicates colonnes, ses ogives légères portent les tympans et la corniche un peu massifs qui couronnent la construction.

En face de l'escalier se présente la porte de la chapelle de Saint-Georges traitée dans le style français du XVᵉ siècle. D'horribles vantaux mal équarris ferment la baie et forment un contraste choquant avec les rinceaux qui se développent autour de l'embrasure. Le gardien me laisse déplorer tout à l'aise cette *barbaridad*, mais, comme je m'éloigne, il me rappelle, choisit une clef, l'introduit dans la serrure et ouvre la malencontreuse porte. Alors apparaît un véritable bijou, digne de l'entourage. Les grossières planches voilaient, dans un but de préservation, des battants de chêne de même style que les sculptures de la pierre, et dont les arêtes sont restées aussi nettes et aussi vives que si elles étaient taillées dans du fer ou du bronze. Trois serrures ouvertes par trois clefs différentes se cachent derrière une garde de fer ciselé. Jadis, avant qu'on n'eût dispersé le trésor de l'Audiencia, trois personnes désignées pour cet office détenaient chacune une clef. La porte ne pouvait s'ouvrir qu'en leur présence.

En réalité l'*Audiencia* se trouverait à Bourges, près de la maison de Jacques Cœur, qu'elle n'y ferait point disparate. Elle est bien, dans l'ordre civil, la contre-partie des grandes cathédrales gothiques de la péninsule. La seule note de couleur est donnée par les colonnes en marbre très dur, mais d'une gracilité inquiétante, qui portent les arcatures du premier étage. On les retrouve dans beaucoup de fenêtres, en Roussillon comme en Espagne, où elles s'expliquent par le désir de donner plus libre accès à la lumière. Cette disposition, dont les églises du XIIIe siècle offrent des exemples nombreux mais moins accusés, fut empruntée par les architectes chrétiens à leurs confrères musulmans.

La chapelle de Saint-Georges appartient à la Cour d'Appel qui s'y réunit dans les grandes circonstances et notamment le jour de la fête de saint Georges. L'intérieur ne répond guère aux espérances que fait concevoir l'entrée. Il a été repris au siècle dernier en même temps qu'on démolissait la façade principale de l'Audiencia. Ces deux crimes n'ont pas la même portée, car on peut conserver l'espoir de découvrir l'ancienne voûte d'arête derrière les cartonnages du berçeau. L'autel, la table de communion, le mobilier, sont insignifiants et en harmonie avec l'architecture. Mes regards s'arrêtent pourtant avec plaisir sur de magnifiques tapisseries d'un coloris superbe, d'une finesse incomparable, d'un prix inestimable. Les cartons sur lesquels ces chefs-d'œuvre furent exécutés sont de la main d'un grand maître.

Mais voici que les reflets métalliques d'un objet perdu dans l'ombre attirent mon attention. Sur ma prière, le gardien me présente une statuette admirable. Il ne la tient pas en haute estime puisque personne ne l'a remarquée ; à ses yeux, elle n'a d'autre valeur que celle des métaux dont elle est composée.

Saint Georges est debout, tout armé, le bouclier au bras. La figure dénote l'énergie et la résolution. Elle est le portrait de l'un de ces Aragonais ou de ces Catalans à la face rasée, aux yeux durs, dont un proverbe dit qu'ils enfonceraient des clous avec leur front, dussent-ils frapper sur la pointe. C'est le tribun de Cappadoce, le vainqueur du monstre de Silènes, c'est le saint Georges qui apparut aux Croisés avant la prise d'Antioche ou de Jérusalem et qui, au temps glorieux où nous reporte cette statue, guidait les phalanges des rois chrétiens à l'assaut des forteresses musulmanes.

L'armure est d'argent patiné, bruni par le temps ; de même l'écu sur lequel s'élève en rouge la croix latine. Ce fond de métal oxydé fait ressortir les charnières et les clous d'or de l'armure, le dragon et le piédestal. Sous la visière dorée apparaît le visage du saint. Il est peint avec une franchise et une délicatesse qui rappellent les qualités des belles miniatures. On les peut d'autant mieux apprécier que, conservé dans la chapelle toujours close, préservé des poussières par la visière du casque, il n'a rien perdu de sa fraîcheur. On suit chaque coup de pinceau, on voit briller les yeux sous les paupières et courir le sang sous la peau, on retrouve autour de la bouche la teinte bleutée de la barbe naissante. Meissonier eût rehaussé de couleur cette figure, qu'il ne l'eût pas peinte autrement. A la forme de l'armure, au profil du piédestal, au style général, on reconnaît une œuvre contemporaine des plus anciennes parties de l'*Audiencia*. A elle seule, cette statuette mériterait que l'on rétablît la charge des trois portiers.

ESCALIER DE L'AUDIENCIA (PAGE 27). — DESSIN DE BOUDIER.

La sacristie possède encore quelques joyaux. Ce sont des reliquaires du XVe et du XVIe siècle, délicatement ciselés, enrichis d'émaux et de pierreries. Mais entre tous ces objets une sorte de bas-relief brodé à l'aiguille est infiniment précieux.

Obéissant à la tradition chrétienne souvent oubliée, le clergé espagnol a laissé aux autels la forme de ces sépultures des martyrs sur lesquels les évêques cachés au fond des catacombes célébraient les Saints Mystères. Mais, dès une époque reculée, il se plut à déployer au-dessus et un peu en arrière de la pierre sacrée une ornementation d'une extrême richesse. Le retable fut créé à l'image de ces triptyques dont il existe encore à Gérone un si parfait modèle. Alors l'éclat de la décoration supérieure fit paraître bien pauvre la base de l'autel. Désireux de l'embellir tout en respectant la forme primitive, les prêtres l'habillèrent d'étoffes précieuses. Puis ils l'entourèrent de châssis qui reçurent des coulisses où glissait un devant d'autel en forme d'écran. On pouvait ainsi changer la parure suivant l'importance ou la nature des cérémonies. Dès ce moment le clergé et les fidèles rivalisèrent de zèle et pourvurent les églises d'*antependiums* ou parements de valeur. Aux étoffes on substitua l'émail cloisonné, l'or et l'argent repoussés ; on les incrusta de pierreries, de diamants et de perles ; enfin, dans les monastères, on se servit aussi de l'aiguille au lieu du burin et du marteau, et encore on enfanta des chefs-d'œuvre. Au nombre des maîtres dans l'art de l'imagerie et de la broderie, il faut citer Monserrate, un moine de l'ordre des hiéronymites, qui vint de Besançon sur l'ordre de Philippe II et professa longtemps au monastère de l'Escorial. Il y mourut en 1576. La chapelle de l'*Audiencia*, comme toute chapelle bien pourvue, possède un *antependium* en argent repoussé. Comme il fait piètre figure auprès du bas-relief à l'aiguille que découvre le gardien ! Le sujet est encore emprunté à la légende de saint Georges, pourtant le saint n'y paraît pas. L'artiste a choisi le moment où la fille du roi, que le guerrier délivrera bientôt, s'offre en pâture au dragon afin de sauver de la mort les habitants de Silènes. Rayonnante dans sa pureté, extatique, idéale, la vierge marche vers le monstre qui se replie devant elle et contracte en un mouvement de fureur les anneaux de son corps souple. En arrière, des hommes sortent de la ville et semblent pousser la victime vers le dragon. La violence des sentiments qui se reflètent sur leur visage, l'animation de leurs traits, la rudesse de leurs gestes font ressortir encore la grâce ingénue de la sainte. Par la richesse du coloris, les qualités du modelé et le mérite du dessin, cette broderie l'emporte sur les plus beaux orfrois que je connaisse.

SAINT-GEORGES. BAS-RELIEF DE LA PORTE DE L'AUDIENCIA (PAGE 27).
DESSIN DE BOUDIER.

A gauche de la chapelle de saint Georges, et de plain-pied avec la galerie, s'ouvre le *Patio de las Naranjas* où des treilles très vieilles vont demander une tutelle à de pâles orangers. Un jardin étroit planté de jujubiers, et embaumé par les jasmins, le prolonge. Deci, delà, une belle fenêtre, une porte, des arcatures dont les gracieuses archivoltes et les fines colonnettes se mêlent aux ramures des arbres, retiennent le regard. Ce n'est pas sans regret qu'on voit une muraille toute nue se dresser sur la droite du jardin. Un boulet de canon lui a fait, paraît-il, une blessure si grave qu'on a dû la réparer avec des moellons et de la chaux. L'opération ne fait guère honneur au chirurgien qui l'a pratiquée.

Le gardien, fort bon homme jusque-là, prend un ton rogue et agressif :

— Voilà le travail des Français !

— Un architecte français serait-il l'auteur de ce rapiéçage?

— Non... mais c'est un canon français qui a commis le dégât.

Au dire des Espagnols, leur pays aurait traversé deux périodes de guerre, de meurtre, de pillage. La première remonte à la conquête arabe ; le temps en a calmé le souvenir. La seconde correspond à l'occupation française; la douleur en reste terriblement cuisante, et ici chacun met au compte de la guerre de l'Indépendance les actes de vandalisme dont les factions si souvent en lutte se sont rendues coupables. C'est que l'Espagnol place l'ignorance de l'histoire et la partialité au nombre des vertus patriotiques, comme l'Anglais l'hypocrisie et l'orgueil. L'un et l'autre ont peut-être raison. En vérité, nous occupâmes Barcelone sans coup férir, en 1808 et en 1813. Nous y revînmes, en 1823, et l'enlevâmes à Mina, mais nos généraux, maîtres du fort de Montjuich, se gardèrent de bombarder une cité commerçante qui subissait avec résignation le sort de la guerre.

Je cherche donc à quelle époque un boulet français aurait pu atteindre l'Audiencia. En revanche, chacun sait que Barcelone, justement fière de sa prospérité, habitée depuis des siècles par une population cosmopolite de marins et d'ouvriers, a connu, plus que toute autre ville, les insurrections et les émeutes. La cité qui se targue d'être la métropole de l'Espagne, la contrée où l'on répète comme un dicton populaire que « la Catalogne produit les olives et qu'on en retire l'huile à Madrid », est dans un état de perpétuelle fermentation.

Sous Louis XIII, dans un accès de dépit, elle se donne à la France; quelques années plus tard, elle se reprend et se révolte encore, mais, cette fois, contre le petit-fils de Louis XIV, sous le prétexte admirable qu'elle ne peut tolérer un prince français sur le trône d'Espagne. En 1842, ses sentiments de loyauté ne l'empêchent pas de s'insurger contre une dynastie que deux siècles avaient bien faite nationale. Barcelone expulse les autorités, chasse les troupes royales, et supporte le bombardement ordonné par Espartero, devenu le ferme appui d'un pouvoir qu'il avait sapé lui-même quelques années auparavant.

Citerai-je un exemple d'une erreur analogue? L'Alcazar de Tolède fut détruit, en 1720, par des troupes où figuraient des Anglais, des Allemands et des Portugais. Le fait est indéniable; n'importe! Pas un guide ne promènerait ses victimes au milieu de l'édifice sans accuser les Français d'en avoir consommé la ruine.

Restituons aux guerres civiles ce qui appartient aux guerres civiles. Elles ont coûté beaucoup à la France; elles ne sont pas gratuites ailleurs.

Vis-à-vis de l'Audiencia et de l'autre côté de la place de la Constitution s'élève la façade moderne de la Casa Consistorial ou Maison municipale. Je me hâte d'entrer pour éviter de la voir. A l'intérieur, une porte de la Renaissance et un bel escalier, dont la lanterne en forme de coupole est couverte d'une mosaïque de bois, montrent le tort qu'a subi un édifice où la beauté des détails fait préjuger de la splendeur de l'ensemble. Rendons grâce une fois de plus aux ruelles assez sombres pour qu'on ne craigne pas d'y laisser en bordure un monument démodé. Comme à l'Audiencia, une façade latérale reste encore debout. Quelle chaste béatitude sur le visage de cet évêque qui bénit encore ses ouailles, quelle grâce pure en cet ange debout au-dessus d'une hampe fleurie et dont les ailes de bronze relèvent d'une note verte le rose adouci des pierres du tympan! Et ces fenêtres, aux meneaux légers, percées dans la muraille; et ces murs de pierre caressés par le soleil et qui ont pris sous ses baisers une chaude couleur de miel!

STATUETTE DE SAINT GEORGES (PAGE 28).
D'APRÈS UNE PHOTOGRAPHIE.

La Casa Consistorial est du même âge que l'Audiencia et procède de la même école. Que l'on considère la façade conservée et qu'on la mette en regard d'une construction française remontant au règne de Charles VII, et l'on retrouvera le même tracé d'ogives, les mêmes nervures, les mêmes archivoltes, les mêmes crochets, les mêmes accolades terminées par une hampe servant de support à une statue. Mais un détail rompra le parallélisme et rappellera des temps bien antérieurs, dont la tradition s'était perdue en France dans un mouvement d'idées beaucoup plus actif. Tels sont ces claveaux énormes d'une porte en plein cintre qui furent pendant de longs siècles un des caractères distinctifs de l'architecture civile du Nord de l'Espagne; telles encore les fines colonnettes dont la gracilité jure avec les dimensions exagérées de l'appareil des arcs.

Les monuments de la Renaissance, trop vantés peut-être en Italie, si goûtés en France, si nombreux et si exquis dans d'autres villes d'Espagne, ne sont guère appréciés ici. Pourtant, l'architecture du XVIe siècle y possède de nobles représentants, parmi les hôtels des vieux quartiers. A l'extérieur, elles se ressemblent toutes, ces demeures aristocratiques bâties en briques cuites, aveugles au rez-de-chaussée, percées de rares fenêtres au premier étage, couronnées par des galeries ajourées, seules ouvertes à l'air et à la lumière. A cette époque, la vie se

PLAINE DE CERVERA (PAGE 36). — DESSIN DE BOUDIER.

déroulait mystérieuse, derrière d'épaisses murailles ; l'on subissait encore l'empire des coutumes anciennes. A part la porte, souvent très ornée et toujours surmontée des armoiries du maître, le luxe de l'habitation se déployait dans la cour intérieure, le *patio*, que l'on peut, à bien des égards, comparer à l'atrium de la maison romaine.

Deux palais se signalent entre ces constructions d'aspect un peu sévère. L'un appartient au duc de Solferino. Il est d'un style noble et grandiose, mais la restauration qu'on lui a fait subir est criminelle. On a été jusqu'à substituer aux graciles colonnettes de marbre qui portaient la voûte des degrés inférieurs, des piliers de fonte expédiés en ligne directe du Creusot. C'est solide et navrant. L'autre, le palais Dalmasès, bâti en 1560, appartient à une famille peu fortunée, si l'on en juge à son délabrement. Elle aussi déplore sans doute la médiocrité d'une situation qui l'empêche de suivre l'exemple des princes et des ducs et de rebâtir sa demeure au dernier goût du jour. Je compatis à tant d'infortune. Il est humiliant, en effet, de descendre et de gravir chaque jour un escalier démodé, fût-il un morceau de premier ordre, digne des grands artistes français de cette époque. Deux colonnes torses supportent les gracieux arceaux où s'appuie la toiture voûtée, tandis que sur la rampe montent deux bas-reliefs mythologiques d'un dessin, d'une composition et d'une exécution admirables. L'architecte et le sculpteur se sont unis pour produire cette œuvre charmante, et le temps et l'indigence pour la respecter. Bienfaisante pauvreté !

Enfin au centre du vieux quartier et le dominant de ses hautes murailles de briques violettes, s'élève le palais des Comtes, un édifice de transition, sombre, sévère. Il appartient en partie à une communauté de religieuses cloîtrées. Par une anomalie singulière, la municipalité a conservé la chapelle : une nef charmante, harmonieuse avec ses poutres, ses poutrelles, ses entrevous qui gardent en toute leur fraîcheur les peintures dont elles sont décorées. Autour du vaisseau on a disposé des monuments antiques découverts dans la province, des mosaïques, des sarcophages, des sculptures, rencontrés en ouvrant des voies nouvelles. A ces souvenirs de la domination romaine sont venus se joindre des bas-reliefs et des fragments de statues recueillis dans les couvents ruinés pendant la révolution de 1835. Plusieurs triptyques flamands, quelques carreaux en brique émaillée, des poteries de tout âge et de toute forme ont aussi trouvé asile dans ce musée.

PORTE LATÉRALE DE LA CASA CONSISTORIAL (PAGE 30).
DESSIN DE BOUDIER.

D'ailleurs, si Barcelone détient la fortune, attire le commerce et centralise l'industrie de l'Espagne, ses administrateurs ne se montrent pas exclusifs et savent faire une part très large aux lettres et aux arts. Son Université, de très vieille origine, l'emporte maintenant sur celles du royaume, grâce aux sacrifices que la ville s'impose pour la loger dignement et la pourvoir de laboratoires et d'un matériel scientifique. Mais un effort plus louable, car il est encore plus désintéressé, s'est exercé au profit des archives de la Catalogne et de l'Aragon. L'histoire de ce pays, ininterrompue depuis plus de huit siècles, a été sauvée de la destruction. Les plus beaux manuscrits sont exposés dans des vitrines ; des couvertures de parchemin étiquetées et classées enveloppent chaque dossier ; des bocaux de verre renferment les pièces qu'il y aurait danger à tenir déroulées.

Dans le domaine académique, Barcelone peut se vanter d'avoir précédé les autres villes d'Espagne. Dès 1729 quelques Catalans épris de belles-lettres se réunissaient pour se communiquer leurs œuvres ; c'est, on le sait, le début classique des académies qui se respectent. Leurs conférences littéraires propres à entretenir l'émulation et le goût des arts prit un titre modeste : « *Academia de los Desconfiados* », littéralement : de ceux qui manquent de confiance en eux-mêmes. Le sceau présentait une ruche d'abeilles couronnée de fleurs.

En 1751 le roi Ferdinand VI se déclara protecteur de la société des *déconfits*, en changea les armes ainsi que le titre et la dénomma : « Académie royale des Belles-Lettres ». Le nombre des membres fut fixé à 40 et la compagnie reçut un règlement copié sur celui de l'Académie française. Depuis lors elle vit, mais elle n'a guère étendu le cercle de ses études au delà de l'histoire locale. Elle tient un rang honorable parmi les académies qui ne font point parler d'elles. Pourtant l'orateur chargé de remercier Sa Majesté avait pronostiqué un avenir brillant à l'institution et tiré un heureux présage d'un rapprochement à vrai dire fort remarquable. Qu'on en juge :

« Les lettres patentes... ont été signées le 17 janvier et expédiées le 27 du même mois ; or, le Capitole romain ne fut-il pas commencé ou achevé, — la tradition varie sur ce point, — vers le milieu de janvier, et le 27 du même mois n'est-il pas le jour précis de la fondation de Rome ? »

Il resterait pourtant à élucider si ce fut le matin ou le soir que Romulus entoura d'un sillon l'emplacement de sa capitale. Une conscience vraiment scientifique ne saurait être tranquille avant d'être renseignée sur un détail de si haute importance.

Ce sont là des sujets qu'on peut creuser sans ébranler les fondements des empires ou les bases de la foi. Aussi bien s'y exerçait-on à une époque où l'Inquisition, le sentiment populaire et l'ignorance générale restreignaient à l'envie la production des œuvres intellectuelles. Avant de considérer la valeur d'un travail on s'appliquait à rechercher sur quel point l'auteur pouvait friser l'impiété et encourir la censure ecclésiastique. C'est ainsi que don Antonio de Viloa ayant accompagné en 1737 les académiciens français chargés de déterminer la forme de la terre, et ayant subi la contagion d'un mauvais voisinage, publia une relation où il parlait en termes honorables du système de Copernic. L'inquisiteur général et les qualificateurs du Saint-Office s'émurent et réclamèrent la suppression de l'ouvrage. L'auteur fit aussitôt amende honorable. Il déclara que l'allusion au soi-disant mouvement de la terre n'était qu'une simple hypothèse. L'orage était conjuré et le livre parut en 1748. « Les gens de lettres ont regardé cela comme un prodige, » dit un auteur contemporain. Ne sourions pas : en France, les discours de réception à l'Académie n'étaient prononcés qu'après avoir été revus, corrigés et approuvés par une commission de quatre théologiens.

COMMISSIONNAIRES SUR LA RAMBLA. — DESSIN D'OULEVAY.

L'instruction géographique d'un peuple dont les possessions s'étendaient sur tout le globe, allaient du reste à l'avenant de ses connaissances astronomiques. Sur ce point les monarques n'étaient guère plus avancés que leurs sujets. N'est-ce pas Charles II qui, apprenant un beau matin la prise de Mons par Louis XIV, et ignorant que cette ville lui appartînt, s'attendrit sur la perte que l'empereur venait d'éprouver?

J'aurais assisté bien volontiers à une séance de l'Académie ; il a fallu y renoncer. Les Immortels de Barcelone ne siègent pas durant les chaleurs. En ceci, ils suivent les coutumes nationales. L'Espagne dort en été, sommeille en automne, grelotte en hiver et joue de la guitare au printemps. « La meilleure partie de la vie, c'est le sommeil, » a dit Sénèque, l'un de ses fils célèbres.

Et pourtant l'ambition de Barcelone est de se hausser au niveau des capitales de l'Europe. Elle a déjà des anarchistes, mais elle sait qu'à eux seuls ils ne l'égaleraient pas à Paris ou à Londres. Aussi bien me garderait-elle rancune si, attentive à décrire ses reliques, j'oubliais de louer ses promenades, son port, ses théâtres, ses tramways et ses quartiers neufs tracés à l'américaine. Cependant, il serait difficile de célébrer les constructions du centenaire et de l'exposition, d'autant que ces bâtiments massifs, à tournure de forteresse, mal éclairés, mal desservis et par surcroît insolides, aspirent paraît-il, à survivre aux fêtes et à perpétuer son souvenir. Heureusement, ils seront en ruines avant d'être achevés, et c'est la meilleure chance qu'on puisse souhaiter au parc superbe dont ils déparent l'entrée.

A ces palais prétentieux et sans style je préfère les galeries pratiques où l'on a installé des collections minéralogiques et ces processions de quadrupèdes ou d'oiseaux empaillés, orgueil des villes en travail de musée. Mais il est à penser que les pélicans, les crocodiles et autres animaux exotiques battront bientôt en retraite devant des œuvres d'art, parce que le contenant, quoi qu'on en dise, appelle le contenu ainsi que la rivière appelle l'eau et, les coffres des banquiers l'argent des actionnaires. Le premier noyau de formation est seul difficile à créer. Il est le grain de sable qui se glisse dans l'huître, excite les sécrétions, s'habille bientôt d'une nacre précieuse et devient, avec le temps, une perle incomparable.

Grandis et prospère, Barcelone la belle, toi si digne d'exciter l'orgueil de tes fils énamourés. Mais n'oublie pas le passé, ne violente pas le présent, ne prétends pas forcer l'avenir. Garde-toi des rêves chimériques et des utopies dissolvantes. Tu es une lumière douce, ne cherche pas à jeter plus d'éclat; n'incendie pas ta maison. A tes rayons, on préférerait l'obscurité.

Une certaine anxiété accompagne toute arrivée dans une ville inconnue. L'ignorance des êtres et des choses gêne d'abord; puis on contracte une liaison d'habitude. Alors, c'est l'adieu, c'est un lambeau de vie qui se détache et qui reste accroché aux murs dont on s'éloigne. Barcelone m'est familier. J'aime ses richesses artistiques, ses jardins, son port actif, ses faubourgs industrieux. Et bientôt il faudra trouver un gîte nouveau, aborder des visages inconnus, lier des relations qu'un départ inévitable déliera pour toujours.

De la capitale de la Catalogne, il ne reste à l'Orient qu'une buée légère, et déjà le ciel que n'opalisent plus les vapeurs montées de la mer, prend des tons de saphir. La plaine se resserre, se perd dans la montagne. Comme au delà de Port-Bou, c'est une succession de souterrains et de viaducs hardis au-dessus de vallées profondes. De l'ombre ténébreuse, on passe sans transition à une clarté éblouissante; les regards attristés par les larmes suintant du rocher sourient aux torrents qu'illumine le soleil, qu'encadrent des bouquets d'arbres, éternelles beautés de la nature.

PALAIS DALMASÈS (PAGE 32). — D'APRÈS UNE PHOTOGRAPHIE.

A mesure qu'on avance, les montagnes se montrent plus sévères; les rubans de verdure plus étroits et plus rares au fond des vallées. Les contreforts se dressent décharnés, si raides qu'aucune mousse ne s'y attache, s'étageant jusqu'au massif du Monserrat, placé comme une forteresse entre la Catalogne et l'Aragon. Les cimes s'élancent, les crête fendues comme à la scie jaillissent superbes. La légende seule est digne de cette beauté formidable; elle seule en sait glorifier les pics, si élevés qu'ils participent aux émotions des cieux.

« *Eli, Eli, lamma sabacthani!* Et les nuages noirs voilèrent le soleil et, ceux qui étaient morts sortirent de leurs tombeaux, et la terre trembla » et « le Monserrat se fendit, » ajoute une tradition pieuse.

En souvenir de ce miracle et attirés aussi par la sévérité du mont *Sourcilleux*, des solitaires s'y réfugièrent dès une époque reculée et vécurent au fond de grottes sauvages, adonnés à la vie contemplative. Puis l'ermitage eut ses saints, ses miracles, ses fidèles. De cette piété, de ces prières, de ces hommages rendus au ciel, la terre devait garder une trace : un monastère s'éleva. Il grandit, s'enrichit et rivalisa bientôt avec le célèbre sanctuaire de San Iago de Galice. Mais ici les échos répètent, mêlés aux prières, des imprécations, des cris déchirants, les accents terribles de la guerre. Il n'est pas un chemin muletier, pas un pli de terrain, pas une saillie de rocher qui ne rappelle la bravoure de nos soldats et leurs héroïques souffrances. Transformé en forteresse, devenu un foyer de résistance où l'idée

LE PARC DE BARCELONE (PAGE 33). — DESSIN DE BOUDIER.

religieuse exaltait encore le patriotisme, le monastère subit la loi du vainqueur. Une première fois, le général Suchet s'en empara et se contenta de raser ses défenses. Après le départ de nos troupes, les montagnards fanatisés par les moines rentrèrent dans le couvent et, dirigés par un officier anglais, sir Edward Green, rétablirent les fortifications. Alors il fallut se résoudre à un nouveau siège; les opérations furent meurtrières; les représailles, terribles. Exaspérés par leurs pertes, les nôtres placèrent des barils de poudre sous le sanctuaire et firent sauter un édifice qu'ils avaient respecté jusque-là.

Le monastère du Monserrat devait connaître de pires infortunes. S'il est glorieux de sortir mutilé d'une guerre défensive, quelle tristesse de succomber sous des mains fratricides! En 1822, en 1835, les tourmentes révolutionnaires et la suppression violente des couvents ont consommé l'œuvre de destruction. Aujourd'hui, quelques arceaux gothiques, quelques pans de muraille, témoignent seuls d'une splendeur évanouie. Sur les ruines de l'ancien couvent on a élevé une grande maison à multiples étages, aux fenêtres innombrables qui la font ressembler de loin à une planche percée de trous de vrille. Le trésor est à peu près vide; seule la dévotion à une vierge noire échappée par miracle à tant de catastrophes attire les fidèles.

SCEAU DE MONSERRAT

Longtemps encore le train s'engouffre dans le flanc de la montagne, bondit au-dessus des précipices, contourne le mont dans une course où il semble que l'entraîne quelque génie jaloux de narguer les lois et de vaincre les forces de la nature. Si nos soldats, il y a quatre-vingts ans, apportèrent ici la guerre et son cortège de fléaux, c'est une consolation de penser que, dans la seconde moitié de ce siècle, les ingénieurs français ont doté l'Espagne de ces prestigieuses voies de fer et l'ont sauvée de la léthargie où elle allait tomber. Depuis que les communications sont devenues faciles, le mouvement industriel dont Barcelone est le centre s'est propagé dans ses environs comme les ondes caloriques autour d'un foyer incandescent. Un certain nombre de petites villes qui se mouraient ont utilisé comme forces motrices les eaux descendues en abondance de la montagne; des usines se sont élevées, des fabriques ont été créées qui leur ont communiqué une vie nouvelle et donné une importance imprévue.

Voici Sabadell, voici Manresa que signale sa grande église gothique, bâtie sur un point culminant, pareille à une forteresse. Le charmant panorama que celui de ses maisons très hautes, hérissées de miradors, qui dévalent le long de la colline et viennent baigner leurs pieds dans le Cardover encore torrentueux! La riche palette que ces façades égayées par les tentes de couleur vive, les jardins suspendus où courent les fleurs de capucines, les rampes de bois chargées de vêtements exposés au soleil! Puis, les irisations s'éteignent, et plus

ÉGLISE DE MANRESA (PAGE 35). — DESSIN DE BOUDIER.

loin, dans une plaine triste, unie, déserte, où paissent des moutons gardés par un berger à cheval, un monument froid, massif, solennel, semble signaler la porte d'une nécropole. La pensée étouffa et mourut, en effet, entre les grands murs gris de l'Université de Cervera.

En donnant congé au petit-fils qu'il envoyait régner de l'autre côté des Pyrénées, Louis XIV avait prononcé une de ces phrases à panache, qui allaient si bien avec les boucles de ses perruques géantes et les canons volumineux de ses hauts-de-chausses. Philippe V ne tarda pas à s'apercevoir que la chaîne s'élevait toujours très haute, que roi d'Espagne par la grâce de Dieu et par la volonté d'un monarque français, il n'avait pas rallié les suffrages de toutes ses bonnes villes. La plus remuante, Barcelone, se déclare pour son compétiteur, Charles d'Autriche. Quand la guerre civile fut apaisée et l'heure de punir venue, Philippe soumit l'Aragon et la Catalogne aux lois de la Castille, abrogea leurs privilèges et, pour châtier l'indocile Barcelone, ravit à sa couronne un des fleurons dont elle était le plus fière : son Université. Le collège de Cervera fut construit ; en bloc, on y transporta les élèves, les professeurs, les cours et la bibliothèque.

Les rancunes des monarques peuvent devenir des lois, mais les lois ne créent pas la vie. L'Université de Cervera périt, et Barcelone ne tarda pas à reconquérir un droit qui ne lui a jamais été disputé depuis. Aujourd'hui, le collège de Philippe V est désert et ses lourdes constructions dans le goût français du XVIIIe siècle ne s'élèvent plus que pour attester la vanité des œuvres fondées sur des abus de pouvoir.

FACE ET REVERS DU SCEAU DE PHILIPPE V. — DESSIN DE BIGOT-VALENTIN.

MUSICIENS AVEUGLES. — DESSIN DE J. LAVÉE.

CHAPITRE IV

Belpuig. - Le tombeau de Don Ramon de Cardona. - Le couvent des Franciscains. - Un dîner à la posada. - Gastronomie et politique. - Saragosse. - L'art mudejar. - Tours et clochers.

FONTAINE À BELPUIG. — DESSIN DE BOUDIER.

Au delà de Cervera, les vallées succèdent aux crêtes et, clairsemés, se montrent des villages pauvres d'aspect, riches de souvenirs : édifices saccagés pendant les guerres de l'Indépendance, monastères incendiés par les révolutionnaires, œuvres d'arts perdues dans l'ombre des sanctuaires, mais que protègent encore le respect de l'Espagnol pour la paroisse où il a reçu le baptême et où l'on dira sur son corps les dernières prières.

Qui devinerait Belpuig derrière le versant jaune d'une colline, s'il n'était trahi par les ruines massives d'un vieux château et la haute nef de l'église? Une route poussiéreuse, brûlée par le soleil y conduit.

A midi, par une chaude journée de septembre, l'alcade dort, le curé dort, le village dort. Seule dans la rue principale, sur une place entourée d'arcades massives, une mule se roule dans la poussière pour chasser les mouches qui la piquent. A l'extrémité de la voie, j'avise une porte ouverte. Des ouvriers se montrent sur le seuil. Travailler à cette heure! Le mystère s'explique. La porte donne accès dans un chai loué par des négociants français. Ils ont acheté le raisin des vignes voisines et fabriquent eux-mêmes le vin au lieu d'abandonner aux villageois la délicate opération du cuvage. On presse en ce moment la vendange apportée le matin même à dos de mulet.

« Le couvent des Franciscains, s'il vous plaît ? » La réponse ne se fait pas attendre.

A une petite distance du village et à travers une abondante frondaison, on distingue des murailles en pierres grises soigneusement appareillées. Je m'approche et me heurte à une clôture sourde et muette. Sous l'ombre de platanes centenaires court une eau cristalline que déverse une fontaine de bon style. Une femme y remplit deux amphores. Je l'interroge en castillan. On lui parlerait grec qu'elle comprendrait mieux sans doute. Mon catalan n'est pas des plus purs; elle l'entend quand même.

« La porte du couvent est fermée?

— Oui... Le gardien a la clef.

— Où est-il?

— Aux champs pour tout le jour.

— Couche-t-il au monastère ?

— Non!... la nuit il aurait peur... Le couvent n'est qu'une ruine... Il y approvisionne seulement le fumier de ses mules et de son âne avant que la saison soit venue de le transporter à la vigne. Asseyez-vous, reposez-vous et attendez son retour. »

La patience est une vertu dont il faut se cuirasser avant de franchir les Pyrénées. Alors on peut affronter les mouches, la chaleur, la poussière et le désœuvrement; on peut considérer avec calme le soleil qui s'abaisse et regarder les ombres qui s'allongent pour mesurer le temps perdu dans de vaines attentes. Mon armure présente sans doute plusieurs défauts ; je suis lasse de me reposer.

A cette heure, l'église doit être ouverte.

Du village, on y accède par des degrés d'un grand caractère ; ils rappellent l'escalier de la cathédrale de Gérone. Des enfants de chœur jouent à la marelle sur le parvis. Entre eux s'engage une course de vitesse. Le but est le presbytère d'où le plus agile rapportera la clef de l'église. Le sacristain le suit de près. J'entre, et quand les yeux éblouis se sont accoutumés à l'ombre mystérieuse de la nef, il surgit des ténèbres un joyau précieux, un tombeau que la paroisse a hérité du monastère. Il est en marbre blanc, d'un blanc laiteux, doux et caressant au regard. L'ordonnance en est belle et chacune des parties en parfaite harmonie avec l'ensemble. Sous une arcature que supportent des cariatides drapées en de longs voiles s'abrite la statue d'un jeune guerrier portant l'armure, frappé à mort, le corps s'abandonnant. L'attitude est douloureuse, attristée plutôt. C'est celle d'un être aimé, jeune, beau, dont les jours s'achèvent alors que la vie lui souriait. Le sarcophage est simple de ligne; deux sirènes à genoux, appuyées sur leurs mains palmées, en supportent le poids. Au fond de l'arcature se détache une descente de croix, tandis qu'à portée du regard, des bas-reliefs d'une composition très vivante et d'une heureuse exécution, montrent l'embarquement d'une flotte et rappellent les combats où le héros s'est illustré. Malgré leur multiplicité, les détails ne trahissent point la pensée de l'artiste. Ils n'altèrent en rien les lignes pures et nobles du monument, ni ne détournent du sujet principal. Ils le rehaussent au contraire comme une belle sertissure met en valeur une pierre précieuse.

PLACE DE BELPUIG. — DESSIN DE BOUDIER.

Deux inscriptions apprennent que ce tombeau est celui de Don Ramon de Cardona, vice-roi de Naples, mort en 1522. Élevé par les soins pieux de sa veuve, doña Isabel, il est le chef-d'œuvre du sculpteur italien Giovanni da Nola. Cette indication dépasse en intérêt la valeur d'une simple attribution d'école. Elle est le témoignage d'une influence artistique nouvelle et bienfaisante. L'Italie retarda en effet de plus d'un siècle la décadence où tombait l'art de la Péninsule, comme l'attestent certains édifices de Valladolid ou du Portugal, et réprima les tendances qui triomphèrent plus tard quand les Espagnols, ayant épuisé l'aide des arts étrangers, s'abandonnèrent à leur propre inspiration. Cependant la chaleur devient moins accablante, il est temps de reprendre la garde devant le monastère des Franciscains.

Des mulets, encore des mulets; ils nous considèrent et passent sans s'arrêter. Verrai-je jamais revenir le gardien, son fils et l'âne? C'est à en désespérer. Voici un nouveau convoi. Assis en travers de sa monture, les jambes ballantes, s'approche un gros homme de bonne figure. Derrière lui s'avance un jeune garçon qui chante une de ces mélopées traînantes apportées par les Arabes et transmises depuis des siècles de génération en génération. S'éloigneront-ils comme les autres?

Non... Ils tournent, ils entrent, ce sont eux.

« Vous désirez voir le monastère? Pourquoi n'êtes-vous pas entré?

— La porte est close! »

Le bonhomme sourit, descend de sa bête, enfonce la main entre le sol et un angle de la pierre où je suis assise et dégage de cette cachette rustique une clef longue d'une coudée :

« Elle tuerait mon âne, s'il devait la porter tout le jour. »

La porte s'ouvre et derrière les vantaux grossiers, au delà du seuil délabré, apparaît un cloître à trois étages. Au rez-de-chaussée, des arcs en ogives, aux énormes voussoirs; au premier étage, des colonnes torses, fort délicates; dont les spirales se continuent autour des archivoltes; au-dessus, la dernière galerie avec ses balustres tournés nuisant à l'ensemble au lieu de l'embellir.

Le cloître bâti en une pierre couleur d'ambre, est intact, sans une blessure. Rien n'y manque, pas même le puits charmant qui s'élance au milieu des herbes pâles et des buissons poussés très frêles à l'ombre des hautes murailles. Dans les angles de la construction, de beaux escaliers à vis conduisent aux galeries. Mais ensuite, tout est ruine et désolation.

Les planchers ont disparu, les voûtes se sont en partie effondrées et, à travers leurs larges crevasses, le regard plonge des étages supérieurs jusqu'au sol.

CLOÎTRE DE BELPUIG. — DESSIN DE BOUDIER.

Au sommet et à l'opposé du cloître s'ouvre sur la campagne un balcon bâti en briques et couvert d'arceaux élégants. Mais il est si insolide qu'un chat craindrait de s'y aventurer. Pour jouir de l'admirable point de vue qu'on y découvre et suivre le panorama charmant de la vallée, des jardins et de la colline que couronne le village de Belpuig, on n'a d'autre ressource que de se tenir en équilibre sur le seuil de la porte.

L'église a subi le même sort que le monastère. Sa vaste nef, fort mal construite, si l'on en juge aux pans de murailles encore debout, s'est abattue il y a peu d'années. Le mal n'eût pas été grave si elle n'eût laissé à découvert le tombeau de don Ramon de Cardona. Pour le sauver de la destruction, l'alcade, d'accord avec le curé, le fit alors transporter dans l'église paroissiale. Grâces leur soient rendues.

La nuit tombait. Fatigués par la chaleur, l'attente, l'impatience, nous nous sommes mis en quête d'un logis où nous asseoir et attendre le train de Saragosse. Heureux séjour que Belpuig! On n'y découvre ni une auberge, ni un café, ni une chocolaterie, pas même un cabaret. Les vertus patriarcales des villageois sont admirables, mais d'une constatation désagréable pour des étrangers à jeun.

A la station, il y aura, du moins, des bancs et de la lumière. L'agent qui cumule les fonctions de chef de gare et d'homme d'équipe nous indique une posada voisine du chemin de fer où les voyageurs, amenés par le train de nuit, trouvent une table et un abri, en attendant que le jour leur permette de continuer leur route.

Au rez-de-chaussée, dans une sorte d'entrepôt, s'amoncellent des chaises brisées, des tonneaux défoncés, assez de vieux balais pour monter toutes les sorcières de l'Aragon, une niche à chien et des cages à poulets, aussi vides que les tonneaux. Un escalier de bois s'élance au-dessus de ce capharnaüm et débouche dans une pièce moins encombrée. J'y distingue une table, des chaises, de la vaisselle, le mobilier d'une salle à manger. Le pétillement d'un feu de cuisine ajoute au charme de cette découverte. Au bruit de nos pas, une porte s'ouvre. C'est le sanctuaire, l'aspect n'en est pas engageant. La suie et l'huile semblent suinter des murs, un fumet de lard rance se mêle à l'odeur de l'oignon et au parfum de l'ail. Auprès du foyer, une femme plus que mûre allaite un enfant maigre et chétif dont les langes sèchent devant le feu, sans qu'on ait pris soin de les laver auparavant. La batterie de cuisine est à l'avenant.

Je l'avoue, à ma honte, un jeûne prolongé me rend humble; de père en fils, on a toujours eu l'habitude de manger dans ma famille. Chapeau bas, je salue l'hôtesse. De si galants procédés lui touchent sans doute le cœur; elle me conduit à la salle à manger et m'invite à m'asseoir.

Au bout d'une heure d'attente, j'entreprends un mouvement offensif vers le sanctuaire.

« A quand le dîner?

— Après le passage du train de Madrid.

— Apportera-t-il des œufs pour faire une omelette? »

Et elle, avec dignité :

« Sachez que Belpuig est bien approvisionné. Nous ne recourons ni à Barcelone ni à Saragosse pour offrir à nos hôtes du poisson, du poulet ou des pois chiches.

— Bravo!

— Après le passage du train de Madrid, il y aura table d'hôte.

— Ce sera?

— Vers dix heures... dix heures et demie. »

Que répondre?

Dix heures! La cloche sonne, la machine siffle, le train entre en gare, il s'arrête. Bientôt, on commence à s'agiter. Deux ou trois maritornes sortent de l'ombre. Sur la table, elles disposent une couverture de coton qu'on vient d'enlever à un lit voisin. Cette nappe improvisée paraît leur plaire. Elles y jettent à grand bruit d'énormes assiettes de faïence, lourdes à défoncer le plancher, et les flanquent de fourchettes de fer et de cuillers d'étain. La table est mise. Voici que les marches de l'escalier résonnent sous des pas pesants. Et timides, embarrassés de leur personne, entrent quatre ou cinq gaillards portant sur leur chemise trempée de sueur une lourde veste que l'hôtesse les a priés de revêtir en notre honneur. Sur leurs talons débouche un personnage moins docile, dans la tenue de tout Espagnol fatigué par le travail. Ce sont les commensaux si impatiemment attendus. Ils chargeaient un wagon de blé que le train devait prendre et traîner à Madrid.

« L'alouette qui s'apprête à traverser la Castille doit porter son grain de froment sous l'aile. »

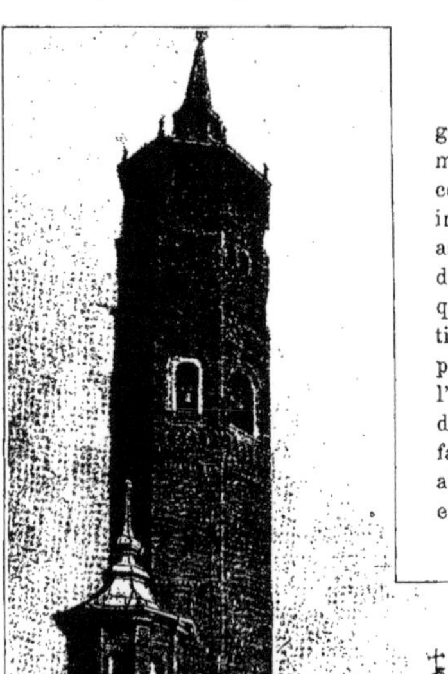

TOUR DE SAINT-PAUL. — D'APRÈS UNE PHOTOGRAPHIE.

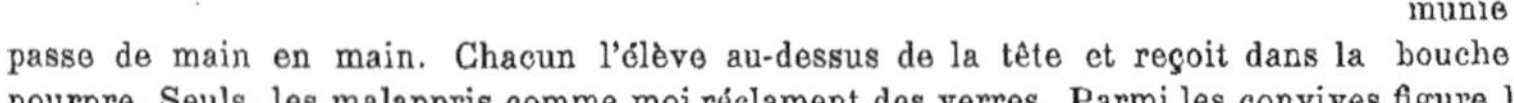

Et comme, à cette heure tardive, les ménagères du village ont éteint le feu et fermé la huche, le personnage en bras de chemise régale ses ouvriers d'un dîner à la posada. Chacun a pris place. Le menu est savant :

La salade de laitue. — Les œufs crus servis dans de l'eau tiède. — Le poisson sauté au piment. — La salade d'oignons et de tomate crues. — Les amandes grillées.

De temps à autre, le *poro*, sorte de buire munie d'un long bec, passe de main en main. Chacun l'élève au-dessus de la tête et reçoit dans la bouche un filet de vin pourpre. Seuls, les malappris comme moi réclament des verres. Parmi les convives figure l'acquéreur du blé. Il s'informe de notre nationalité et se loue fort de l'éducation que sa nièce a reçue dans un couvent de Bayonne.

La conversation s'engage. On cause de la récolte, de la vendange diminuée par une trop longue sécheresse, du cours des laines, des prix des blés inférieurs à ceux atteints les années précédentes. Et puis l'on entre dans une voie dangereuse. « Barcelone vaut-il Marseille? » Il faut être prudent et aimable.

« Oui et non. — Marseille est donc plus beau que Paris, puisque Barcelone l'emporte sur Madrid?

— Paris! s'écrie un grand diable que l'hôtesse a sagement casé au bout de la table, Paris! Il tiendrait quatre Paris dans Barcelone! »

Et il appuie son affirmation d'un coup de poing sur la table qui fait vibrer la salle.

La posada s'effondrerait si l'on continuait à discuter sur ce ton.

Un ange passe. Bientôt la conversation prend un autre tour.

L'hôtesse s'est retirée après avoir posé sur la table une assiette d'amandes grillées. Il s'agit de l'écot à payer.

Le repas vaut soixante centimes par personne, mais comme on est nombreux et que l'on s'entend, le marchand de blé en offrira cinquante. Les cigarettes s'allument. Sans m'attarder aux amandes, je m'arrache à ce milieu charmant.

De ce repas fait avec des gens du menu peuple, il se dégage pour moi un enseignement. Le pain, les œufs et la salade sont les mets préférés des convives. A peine ont-ils touché du poisson et l'hôtesse pourra l'offrir encore longtemps. Quant au vin, le niveau ne s'en est presque pas abaissé dans les larges buires qui ont pourtant circulé entre des hommes en sueur, harassés de fatigue.

Comme nous atteignons le palier de l'escalier, l'hôtesse se plante en travers du passage.

FAÇADE LATÉRALE DE LA SEO. — D'APRÈS UNE PHOTOGRAPHIE.

« C'est 3 fr. 50 par personne! » dit-elle avec un accent où gronde la menace. Et ses yeux brillent de convoitise, ses mains se tendent comme pour nous dépouiller si nous élevons quelque protestation.

A partir du crépuscule, il n'est guère prudent, paraît-il, de circuler entre le village de Belpuig et la gare, car le quai sert de lit à une dizaine de voyageurs enveloppés dans leur mante de laine. Ils dorment du sommeil du juste en attendant l'arrivée du train de minuit. Ces groupes étendus à terre, sous la voûte noire d'un ciel piqué d'étoiles, me reportent à bien des années en arrière, à ces caravansérails de la Perse où les seules chambres connues sont le sol des cours ou les terrasses des maisons. Mais là-bas les mœurs cadraient avec la civilisation, tandis qu'ici quel étrange contraste entre ces gens aux habitudes simples, aux membres endurcis, à l'aspect sauvage et cette gare aux murs tapissés d'affiches muticolores, aux rails d'acier brillants, qui vont se perdre dans la nuit et ce monstre aux yeux rouges, à la bouche de flamme, à l'haleine brûlante, grosse bête de fer et de cuivre, inconsciente de sa force et que maîtrise la main d'un homme chétif.

Le soleil se lève au moment où le train s'engouffre sous la grande halle de la gare de Saragosse et ses rayons glissent encore timides sur les toitures quand je pénètre dans la capitale de l'Aragon.

Voici le pont que les Espagnols nous disputèrent avec tant d'héroïsme durant la guerre de l'Indépendance. Voici la ville qui se déroule sur la rive gauche de l'Èbre, et la masse colorée des coupoles jaunes, vertes et bleues de Notre-Dame del Pilar, voici le clocher de la Seo et des tours ajourées, bâties en briques violettes, dont les formes évoquent le souvenir des minarets.

Au delà du pont s'ouvre la rue de Don Jaime, grande artère percée au travers des vieux quartiers. Elle croise le boulevard du Coso établi sur l'emplacement des anciens remparts, conduit à la place de la Constitution et se prolonge par l'avenue de l'Indépendance. Depuis le Coso, les constructions sont de date récente. A part l'église et quelques bâtiments du couvent de Santa Engracia, il n'y reste plus une brique des maisons anciennes, mais des souvenirs glorieux et terribles planent sur ces lieux et les consacrent. C'est ici que se déroulèrent dans toute leur horreur les épisodes d'un siège mémorable où le patriotisme espagnol égala l'héroïsme de nos soldats.

En ces jours-là, Saragosse écrivit son nom auprès de ceux de Sagonte, de Numance et de Gérone. Elle se souvint de son passé glorieux, elle se rappela que de ses murs étaient sortis les vainqueurs des Mores et les princes dont l'épée victorieuse s'était appesantie sur les défenseurs de Séville, de Grenade et de Ronda. Réveil sublime, sursaut triomphant qui semblerait en désaccord avec l'indolence de la nation si l'on ne savait que les longs sommeils où elle tombe parfois ne diminuent ni la violence, ni l'ardeur de ses passions.

Aujourd'hui, le Coso, la place et les arcades de l'avenue de l'Indépendance, cette terre qui a sué du sang, sont le rendez-vous des oisifs, attirés par des cafés et des brasseries d'allure très moderne.

L'hôtel des Postes est construit sur cette avenue; on y court dès l'arrivée, mais l'administration respecte la sieste. Les bureaux restent fermés pendant le milieu du jour. Croit-on que cette suspension de la vie aux heures où, chez nous, elle est la plus active soit compensée par un réveil matinal? L'Espagnol se lève tard, s'endort à midi, sort de sa torpeur à l'heure où s'allument les lumières, se berce le soir de chant et de musique, adore les théâtres, court les cafés-concerts, les brasseries, les promenades et se couche fort avant dans la nuit. Le dédain du travail, l'orgueil de vivre inoccupé encouragent ces habitudes dans les classes riches ou celles qui feignent de l'être, et les propagent parmi la population ouvrière contrainte d'harmoniser son existence avec celle de ses maîtres et de ses clients.

SAINT-MICHEL DES NAVARRAIS. — DESSIN DE BOUDIER.

On ne réagit pas contre des habitudes invétérées. Turenne le savait et ne manqua pas d'en profiter. Le sort de Saint-Venant dépendait de l'arrivée d'un convoi de vivres et de munitions destiné à nos troupes. Le grand capitaine ordonna de le mettre en route juste à l'heure où les généraux espagnols faisaient la sieste, et le convoi passa, escorté seulement de trois escadrons. Le prince de Ligne qui commandait la cavalerie ennemie n'osa rien tenter. Il ne s'exposait à rien moins qu'à la disgrâce s'il eût éveillé ses chefs.

Dans les voyages trop rapides les idées, les souvenirs s'enchevêtrent et se confondent si bien que pour classer les objets d'une admiration trop fugitive, il faut s'imposer un véritable travail de mémoire. Quelle peine pour corriger certaines transpositions et rendre à chaque œuvre sa valeur relative! Eh bien, je défie un touriste, si peu artiste soit-il, si court qu'ait été son passage, de confondre jamais Saragosse avec ses rivales. J'ignore si la nature des sentiments que l'on y éprouve dès les premiers pas donne aux souvenirs des contours plus précis, mais l'impression que laisse la capitale de l'Aragon me semble ineffaçable.

Quand on arrive du Roussillon et de la Catalogne, quand on a visité Perpignan, Figueras, Gérone, Barcelone et les villes voisines où le souvenir de la domination moresque est à peu près disparu, on est surpris du caractère très spécial des édifices de Saragosse. Depuis le palais de l'Aljaferia jusqu'à Notre-Dame del

PÈLERIN VENANT DE SAN IAGO DE GALICE. — DESSIN DE J. LAVÉE

Pilar, cette immense église inspirée de Saint-Pierre de Rome et terminée au XVIIIe siècle, tous gardent quelques reflets des arts importés par les conquérants arabes. L'intensité s'en atténue à mesure que les années s'écoulent; ils pâlissent, deviennent moins distincts, mais ne disparaissent jamais pour ceux qui en ont eu la vision une fois. En vérité, le développement et la persistance de ces styles hybrides, qui participent des alliances contractées entre les chrétiens et les musulmans, montrent qu'en dépit des haines nationales et religieuses, deux races n'ont pas impunément un contact de huit siècles. Les Espagnols qualifient de *mudejar* les monuments conçus sous cette double influence. Ils sont peu connus au delà des frontières, à peine leur renom les a-t-il franchies.

Pour bien saisir l'origine de l'art mudejar, il faut se reporter à une époque antérieure aux Rois-Catholiques. Les provinces du Nord venaient de s'affranchir de la domination étrangère. Les chefs musulmans et leurs soldats avaient été refoulés, mais un grand nombre d'artisans, de maîtres-ouvriers étaient demeurés, retenus par leurs intérêts, liés à la population par d'anciennes relations commerciales. Les juifs ne s'étaient guère déplacés non plus, les rois d'Aragon leur ayant accordé des licences et, parfois, une protection officielle. Cette situation persista même après la prise de Grenade. Si Ferdinand et Isabelle condamnèrent à un bannissement perpétuel les Mores vaincus, ils tempérèrent la rigueur de la loi dans les royaumes qui, depuis des siècles, avaient expulsé les conquérants. A Barcelone, à Saragosse demeuraient des musulmans, des juifs ; et qu'ils fussent convertis ou fidèles à leur foi, ils y continuaient leur négoce sans entrave ni encombre. Ils étaient aussi des calculateurs habiles, des constructeurs exercés, des décorateurs ingénieux. Les chrétiens, plus occupés des travaux guerriers que des industries de la paix, n'avaient pas une civilisation propre. Dans le domaine artistique, ils reconnaissaient hautement la domination de la France. Ils lui demandaient des maîtres et des ouvriers d'art. Mais la France était loin, les architectes musulmans vivaient dans le pays, l'attraction s'exerçait invincible à si courte distance. De ces associations de talents, de ces mariages d'idées d'origine si diverse naquirent des formules nouvelles où se combinèrent les forces artistiques de l'Asie et de l'Europe.

JEUNE FILLE DE SARAGOSSE. — DESSIN DE BIGOT-VALENTIN.

Dès le début, l'apport de l'Orient fut considérable. Il existe des bijoux, des coffrets à l'usage des chrétiens où les inscriptions sont tracées en caractères arabes. Pour distinguer la copie mudejar de l'original, il faut un sens très délié. Parfois la religion du propriétaire est le plus sûr indice. Puis l'équilibre s'établit et l'Orient fut réduit au rôle de décorateur, rôle qui s'amoindrit même d'année en année.

Des circonstances particulières à une région, à une ville, rendirent très inégaux la prospérité et le déclin de l'art mudejar. Dans les contrées favorisées de belles carrières, les constructeurs espagnols furent moins influencés par les arts de l'Orient et se bornèrent à leur emprunter la charpente, la brique émaillée, ailleurs même de simples formes de détail. Mais dans les provinces où ils étaient contraints de recourir à la brique, ils se dégagèrent plus lentement des influences musulmanes.

Entre tous les monuments de style mudejar, le mieux caractérisé, sinon le plus ancien, est la façade latérale de l'église paroissiale juxtaposée à la Seo. Sa belle décoration vient se perdre sous un revêtement de pierre construit au XVIIe siècle devant l'entrée principale. Ici encore les iconoclastes qui, sous prétexte d'embellissement, accomplirent cette œuvre néfaste, négligèrent de la poursuivre dans les voies étroites et peu fréquentées. Grâces soient rendues à ces humbles ruelles, car c'est une surprise que de retrouver à Saragosse un fragment dont la vue rappelle de loin les vieilles mosquées de Véramine et d'Ispahan. Comme ces édifices, la façade latérale de la paroisse date du XIVe siècle, de cette belle période où les architectes persans combinaient avec un talent si personnel les surfaces mates et roses de la brique avec des rehauts de faïence bleue.

LA TOUR NEUVE À SARAGOSSE (DÉTRUITE EN 1887) — D'APRÈS UNE PHOTOGRAPHIE

Il ne faut pas demander à des imitations exécutées à si grande distance des lieux d'origine la perfection des modèles ; l'on se contentera de l'aspect général. A la base, sur une plinthe de pierre et de brique, court une haute litre ornée d'arcs entrelacés, dessinés par des briques saillantes. Sur les fonds s'étend un crépi où sont engagées des étoiles de faïence disposées en couronne et, à leur centre, le croissant emprunté aux armes parlantes de Lope Fernandez de Luna, fondateur de l'édifice. Audessus règnent des panneaux, puis une frise et une corniche dont les ornements et les profils cadrent avec ceux de la litre. Cette belle muraille maltraitée, percée de fenêtres, dégradée par les hommes plus que par le temps, se prolonge sur toute la longueur de la paroisse.

De la base du chœur construite en pierre comme les premières assises de l'abside, il reste encore de charmantes fenêtres. Elles appartiennent à la période romane et sont un dernier souvenir d'une construction antérieure, mal raccordée d'ailleurs avec le reste de l'édifice. Sur ce premier étage couronné d'une corniche et de gracieux clochetons s'appuie un dôme octogonal contemporain de la nef. Chacune de ses faces comprise entre des contreforts puissants est occupée par une fenêtre du meilleur style ogival dont les vitraux, brisés depuis longtemps, ont été remplacés par un horrible plâtras. Les tympans, les contreforts, les corniches, le parapet crénelé qu'elles portent participent de la décoration orientale de la façade latérale. Au-dessus du chemin de ronde entouré de merlons, mais en forte retraite les uns à l'égard des autres, s'élèvent encore trois étages, le premier fortifié, tous percés de fenêtres, tous en harmonie avec les constructions inférieures. Comme le mur de l'abside, le dôme est maltraité, dégradé, étayé par des restaurations bâtardes dont le voisinage est une humiliation et un déshonneur.

Après la façade latérale de la paroisse de la Seo, je citerai parmi les monuments mudejars de Saragosse l'église et le clocher de la Madeleine bâti au XVe siècle. Il est carré et ressemble aux minarets très anciens dont la forme s'est perpétuée dans les pays occidentaux où l'on professe l'Islam. Les faces en briques sont ornées de mosaïques charmantes entremêlées de carreaux de faïence et enrichies de colonnettes en marbre blanc et noir qui dessinent des panneaux verticaux et accusent dans la construction des étages décoratifs. L'édifice a malheureusement perdu ses faïences ; il est en outre percé et repercé à tort et à travers, sans souci des lignes primitives.

La tour de Saint-Jean et celle de Saint-Paul, bâties à peu près à la même époque, n'ont point subi d'aussi graves injures.

La tour de Saint-Paul, en dépit de ses soixante mètres de hauteur, a bien été couronnée d'un pinacle où l'on a logé le carillon, ses arcs ogivaux ont été dégradés par le passage des cloches, mais ses murailles bien dressées et ses mosaïques délicates où se jouent l'ombre et la lumière n'ont subi que des blessures partielles. Quant à la tour mudejar de Saint-Michel des Navarrais, bâtie dans le quartier juif, elle a le grand mérite de s'élever au-dessus d'une nef de même style, décorée comme elle de mosaïques de briques.

Le plus beau spécimen de l'art mudejar était, sans contredit, la fameuse tour de l'horloge plus connue sous le nom de Tour Neuve et dont la naissance et la destinée furent autrement glorieuses que la mort.

En l'année 1504, et tandis que régnait Ferdinand le Catholique, un Conseil s'assembla dans le dessein de doter la ville d'une nouvelle horloge nécessaire à la bonne administration des tribunaux, des hospices et à la régularité des affaires privées, une horloge supérieure aux anciennes qui ne parvenaient pas à s'accorder, une horloge digne, en un mot, de la capitale d'un royaume. Il fut décidé qu'on la placerait au sommet d'une tour très haute, somptueuse, et qu'on y joindrait des cloches si sonores qu'en dehors de la ville, en pleine campagne, on les entendrait. Après une mûre délibération des Jurandes, du Chapitre et du Conseil, les maître-maçons de Saragosse furent consultés sur le site convenable à la nouvelle tour. Ils désignèrent un emplacement en face de l'église de Saint-Philippe. Les maisons qui gênaient furent achetées et pendant qu'on les démolissait et qu'on discutait les projets des architectes, on décidait que les impôts seraient détournés momentanément de leur destination et affectés à la construction de l'œuvre.

PALAIS SUR LA PLACE DE LA TOUR-NEUVE. — D'APRÈS UNE PHOTOGRAPHIE.

Enfin l'on se mit au travail. Le nom des maîtres à qui fut confiée la direction générale est un document précieux pour l'histoire de l'art mudejar. Ce furent les chrétiens Gabriel Gombao et Juan Sarnêra, l'Israélite Ince de Gali, les musulmans Ermez Valabar et Monferriz qui, tous, choisirent pour chef Gabriel Gombao. La fabrication de l'horloge fut remise au maître Jaime Ferrer, citoyen de Lérida. Elle devait comporter deux cloches qui sonneraient l'une à l'heure, l'autre au quart. Gabriel Gombao avait promis d'achever l'ouvrage en quinze mois. Il tint parole, mais la tour ne fut terminée et son horloge réglée que vers 1512, c'est-à-dire huit ans après la décision du conseil qui en avait ordonné l'édification.

De son vivant, elle était octogonale depuis la base jusqu'aux deux tiers de sa hauteur. A partir de ce point, elle s'amincissait, comportait seize pans et ne retrouvait qu'au faîte les formes du soubassement. Cantonnés aux angles de la corniche, huit écussons aux armes de la ville portaient les lions rampants et la couronne royale qui résumaient les souvenirs et les aspirations de Saragosse. Un escalier hélicoïdal construit en même temps que ses épaisses murailles, éclairé par des fenêtres élégantes, conduisait au sommet. Il débouchait sur un balcon dont la rampe associée à la corniche, interrompue par des échauguettes ornementales entourait un dôme de plomb que surmontait une croix. L'édifice, construit en briques, était orné de ravissants entrelacs obtenus par la saillie des matériaux et traités avec une habileté particulière aux maçons aragonais, héritiers indirects mais fidèles des ouvriers persans. Soit que le massif de fondation sur lequel on avait assis la tour n'eût pas assez d'empâtement, soit que le sol ne présentât pas une résistance uniforme, comme à Pise, à Bologne et à Mantoue, la tour s'inclina. Elle se pencha de neuf pieds aragonais. Les architectes se glorifièrent de ce résultat et déclarèrent qu'ils l'avaient cherché et voulu. S'ils avaient dévoilé leur projet d'avance, on les eût empêchés de le mettre à exécution par défaut de confiance en leurs talents; ils avaient préféré se taire. Leur discrétion fut sans doute imitée, car Alarcon, Alcaniz, Calatayud et Ateca possèdent aussi des tours qui ne songent pas à lutter d'inclinaison avec celle d'une capitale bien qu'elles professent pour la verticale un mépris accusé. A partir de sa construction, la Tour Neuve devint l'orgueil et la joie des Aragonais. On l'embellit, on remplaça ses cloches, on perça ses murailles pour favoriser l'ascension de ces lourdes masses de bronze. On la décora d'un chapeau de plomb, on changea la position de sa porte ainsi qu'en témoignait une inscription commémorative. Peut-être tant d'amour lui fut-il funeste; mais durant sa courte existence, il n'est pas un événement grave où elle n'ait été mêlée. Jadis sa grande voix d'airain avait annoncé les entrées de ces rois qui, depuis Charles-Quint, venaient jurer le maintien des *fueros* d'Aragon avec la secrète pensée de restreindre ou de réduire ces libertés. Au début de ce siècle, luttant de sonorité avec les canons français, elle appelait aux armes les Aragonais, signalait le péril partout où il se présentait, exaltait jusqu'au délire le patriotisme de ses défenseurs.

DILIGENCE DE LA JOYOSA. — D'APRÈS UNE PHOTOGRAPHIE.

De cette glorieuse carrière, de cette noble destinée et de ces services rendus, Saragosse a perdu le souvenir. En 1887, l'édifice fut condamné à périr sous la pioche des démolisseurs et l'arrêt fut exécuté sans sursis. La Tour Neuve ne comptait point encore quatre cents ans. C'est une existence bien courte pour un colosse de quatre-vingt-dix mètres de hauteur.

A-t-on eu raison, a-t-on eu tort de le renverser? Les deux opinions ont des champions opiniâtres et l'on ne sait à qui donner droit, tant les passions politiques et religieuses se froissent et se heurtent dans le conflit dont la tour a été l'objet et la victime.

« Elle menaçait ruine et eût écrasé le quartier bâti autour d'elle, disent les uns.

« Son ombre gênait un fabricant de chaussures, électeur influent, et obscurcissait ses ateliers », répondent les autres.

— On l'a sacrifiée à une entreprise commerciale et à un intérêt politique.

— Des spéculateurs désiraient acheter ses matériaux à vil prix, s'enrichir aux dépens de la ville, et nos édiles ont décrété son insolidité.

— Quand on veut tuer son chien on l'accuse de la rage. »

Aujourd'hui, la place où s'élevait la tour de l'Horloge n'est plus qu'un champ vide, froid, morne; l'on ne soupçonnerait jamais que le cœur de la cité y ait battu.

On peut encore ranger parmi les édifices mudejar ces hautes et grandes maisons de briques qui tenaient de la forteresse plus que du palais. Leurs murs pleins ont été percés de hautes fenêtres sans caractère, mais ils ont conservé, au dernier étage, ces galeries ajourées où l'on n'a pas de peine à reconnaître un crénelage, et ces tours massives, carrées, disposées aussi bien pour l'observation que pour la défense, ces orgueilleux *torreones* qui signalent les anciennes demeures de la noblesse aragonaise. A tout instant, l'œil y est attiré par une frise, par un ornement dont les combinaisons géométriques rappellent les alliances des architectures chrétiennes et musulmanes.

Une autre manifestation de l'art mudejar, celle-ci plutôt intérieure, s'observe dans les charpentes et les menuiseries. L'Oriental, pour qui le bois fut toujours une matière rare et précieuse, l'a travaillé avec amour. Comme il demandait à la faïence d'égayer les parements de brique, comme il se plaisait à damasquiner l'acier, il incrustait la nacre et l'ivoire dans les poutres de chêne ou les lambris de cèdre et toujours, de ces rehauts, il tirait des effets charmants, d'une grande sobriété d'expression et pourtant d'une suprême richesse.

L'Espagne chrétienne adopta les charpentiers comme elle avait accepté les maçons et les décorateurs musulmans; leur art se propagea dans toute la péninsule. L'admirable coupole, élevée au-dessus du maître-autel de la paroisse de la Seo et appuyée sur la muraille mudejar qui limite l'abside, en offre le témoignage. La noblesse des formes, en dépit des lignes géométriques si multiples du tracé, la beauté et la variété des essences, la supériorité de la technique, l'adresse avec laquelle sont répartis les entrevous d'azur aux armes du fondateur, son superbe état de conservation la placent hors pair, belle entre les belles. Par malheur, son élévation, l'obscurité de l'église, le ton vieilli des bois, en rendent l'étude à peu près impossible à moins de recourir à la lumière artificielle. Souvent même elle passe inaperçue; mais dans les solennités religieuses, quand les cierges enflamment l'autel et embrasent la nef, elle s'élégit, se creuse et se résout en des combinaisons claires et des lignes pures, aériennes, célestes, qui charment l'esprit et séduisent le regard.

Ici repose, depuis l'an du Seigneur 1382 où il exhala son dernier soupir, un homme de grande naissance, de grand esprit, de grande bonté, dont le nom est resté célèbre dans l'histoire de l'Aragon, Lope de Luna, archevêque de Saragosse, patriarche d'Alexandrie, ambassadeur des rois de Castille et d'Aragon auprès de Sa Sainteté, bienfaiteur des pauvres, ami des malheureux. Durant une disette survenue sous son pontificat, il acheta et fit transporter les blés d'Algérie et eut la joie d'arracher à la famine la majeure partie de son peuple. Le prélat majestueux, mitre en tête, crosse en main, vêtu du grand habit d'apparat, est allongé sur le sarcophage. La tête s'appuie sur un coussin dont les broderies en relief sont fidèlement reproduites. Le visage, modelé par un maître, est empreint d'une béatitude céleste. Autour d'une niche pratiquée dans l'épaisseur de la muraille et où semble s'abriter le tombeau, des moines, des nonnes, pleurent un bienfaiteur. Une théorie analogue se déroule sur la face inférieure du sarcophage. Chaque personnage est traité avec une simplicité noble, sereine, sans raideur ni expression outrée; les draperies rappellent celles de la plus belle période de l'art français du XIVe siècle. Des statues assises occupent les angles et l'emportent encore sur les autres par la noblesse de la forme et la vigueur du sentiment exprimé.

Peut-être notre orgueil national se plairait-il à retrouver sur la plinthe ou sur le socle le nom de l'un de ces artistes français qui, durant la période gothique, prêtèrent si souvent leur aide aux royaumes transpyrénéens; mais ce témoignage même n'eût-il pas causé la destruction du monument, alors que dans Saragosse en feu, mutilée, la population tout entière se dressait contre notre armée? En ces jours de colère, la discrétion de l'auteur contribua sans doute à la conservation de son œuvre.

UNE RUE DE SARAGOSSE. — D'APRÈS UNE PHOTOGRAPHIE.

UNE PETITE PLACE DE SARAGOSSE. — DESSIN DE J. LAVÉE.

CHAPITRE V

La Seo. - Papa Luna. - La Chaire des Rois Catholiques. - Le Grand Inquisiteur Pierre Arbuez. Le retable du maître-autel. - La statuaire polychrome. - La musique religieuse.

UN VIEUX MENDIANT. — DESSIN DE MIGNON.

Le véritable domaine du Chapitre, la Seo ou *siège* épiscopal, s'élève sur une place étroite, irrégulière, plantée de quelques arbres mal venus. La façade de l'édifice, un placage de pierre d'assez pauvre valeur construit au XVIIe siècle, s'appuie sur la muraille de style mudejar que j'ai déjà décrite parmi les plus vieux monuments de ce genre. Le clocher est de la même époque que le placage. On se plaît à louer sa belle ordonnance. Pour ne fâcher personne, disons simplement qu'il est fastueux, mais vulgaire, avec ses balcons, ses pilastres, ses colonnes, ses statues et ses urnes aux lourdes flammes. Il fut dessiné à Rome par l'architecte Contini en 1685. C'est son excuse, car il ne tient ni à la façade principale, ni au dôme, ni à l'extérieur ni à l'intérieur du monument.

A gauche de la tour se présente la porte du temple. De onze heures jusqu'à trois, elle est fermée. Sauf à Barcelone, le clergé estime que le Seigneur n'aime pas à recevoir des prières à l'heure de la sieste ; à ce sujet, il s'entend à merveille avec les sacristains.

Au delà d'un pas perdu sur lequel s'ouvre l'entrée de la paroisse, apparaissent, majestueuses, les cinq nefs de la Seo.

L'édifice commencé au début du XIVe siècle, interrompu, repris et terminé au XVIe seulement, rappelle, dans son ensemble, la cathédrale de Barcelone. Il appartient à ce rameau de l'art gothique, détaché de la souche française, qui fleurit en Espagne beaucoup plus tard que l'arbre d'où il provenait. On ne peut que louer ses colonnes, leurs bases de marbre jaune, les chapiteaux, les ogives d'un tracé fort noble, les nervures qui se croisent sous des rosaces aux précieuses ciselures, et dont le bronze doré jette comme un rayon de soleil dans l'ombre lointaine des grands arcs de pierre grise.

A la jonction de la nef et du chœur s'élève une coupole d'une heureuse ordonnance, éclairée par de larges ouvertures, décorée de statues de grandeur colossale et entourée d'une inscription commémorative formant une frise au-dessous des pendentifs. Cette coupole, élevée par les soins du pape Benoît XIII, a, dit-on, la forme d'une tiare pontificale. C'est un peu le fait de toutes les coupoles. En tout cas, elle est une manifestation timide de ce style désigné en Espagne sous le nom de *plateresque*, en souvenir des orfèvres ou des argentiers (plateros) qui l'y introduisirent. On peut aussi ranger dans les premières tentatives, pour s'émanciper des traditions gothiques, les deux travées latérales rebâties en 1490 par Don Alonso d'Aragon, afin d'appuyer la nef centrale qu'avait ébranlée sans doute la construction de la coupole. Leurs chapiteaux révèlent une orientation marquée et bien nouvelle vers l'Italie, qui allait bientôt devenir le pôle des artistes espagnols.

Et pourtant les écoles françaises régissaient encore avec tant d'autorité les arts de l'Espagne que les clefs pendantes des travées latérales de la Seo, comme les rosaces de métal suspendues à ces clefs et à la croisée des arcs ogives de la nef centrale, sont caractérisques de notre architecture. Dans les rosaces, on trouve la copie des appliques que l'on plaça lors de sa restauration, au milieu du XVe siècle, à l'église abbatiale d'Eu. Quant aux clés pendantes, le moment où l'Espagne en usera jusqu'à l'abus, répond même au mariage de Catherine d'Aragon avec Henri VIII d'Angleterre, et à l'époque où les architectes bretons, normands et anglais donnèrent aux voûtes l'aspect d'une grotte tapissée d'énormes stalactites.

La construction de la Seo et de ses annexes dura si longtemps, qu'elle porte la trace de ces hésitations, de ces tâtonnements et de ces recherches. Depuis la base, caractérisée par des fenêtres romanes, dernier vestige du temple primitif, jusqu'au couronnement du clocher, que de siècles, que de pays lui ont apporté leur tribut. Si bien que sur ses murailles, se lit une histoire complète de l'Espagne artistique. C'est un charme infini que de feuilleter les pages de ce livre superbe et de faire ensuite revivre les papes, les évêques, les rois qui laissèrent sur chacune d'elles le souvenir de leur respect et de leur générosité. Entre tous, on y glorifie le pape Benoît XIII, malgré ses erreurs et sa fin malheureuse.

LA TOUR DE LA SEO (PAGE 49). — D'APRÈS UNE PHOTOGRAPHIE.

Le Souverain Pontife qui devait porter le nom de Benoît XIII était né à Huesca, de la famille de Luna puissante, orgueilleuse, autoritaire qui avait déjà donné au siège de Saragosse un prélat, Lope Fernandez dont la paroisse conserve le sépulcre. Élevé sur le trône pontifical, puis déposé, il fut un des fauteurs de ce grand schisme d'Occident qui désola la chrétienté à la fin du XIVe siècle, et il persévéra dans son erreur jusqu'à son dernier soupir. Quoi qu'il en soit, il resta toujours attaché à son pays; si les événements et la fortune contraires violentèrent sa volonté, il ne l'oublia jamais au temps de sa prospérité et y revint pour y mourir. Beaucoup d'églises gardent le souvenir de sa munificence; la Seo fut entre toutes sa privilégiée. Les Aragonais, très orgueilleux de leur pape, très reconnaissants envers leur bienfaiteur, mais gênés dans l'expression de leurs sentiments par la décision des conciles, appellent affectueusement Benoît XIII « Papa Luna » le Pape Luna. Ils proclament ainsi son origine et la suprême fonction dont il fut investi, sans lui donner le titre officiel que lui ôtèrent les évêques assemblés en Concile.

La Seo se souvient aussi d'une visite que lui firent les Rois-Catholiques. Sous ces deux chaires accouplées, toujours debout à droite de l'autel, s'assirent Ferdinand roi d'Aragon et Isabelle reine de Castille. Les chroniques se complaisent dans le détail de ce voyage mémorable. Les souverains qui venaient de Calatayud avaient été accueillis à Saragosse « avec grandes pompes et fêtes. Comme ils y étaient, la nouvelle arriva, par Venise et en onze jours, de la mort du Grand Turc, laquelle mort mit toute la chrétienté en joie, car personne ne peut imaginer la terreur grande qu'inspirait ce prince barbare à tout cœur religieux, pour les conquêtes qu'il avait faites et celles qu'il entreprenait chaque jour, sans que personne osât s'élever contre son pouvoir. Les Rois firent de grandes processions, des sacrifices, des dévotions et des aumônes pour remercier Dieu d'avoir débarrassé le monde chrétien d'un si grand ennemi. »

NEF LATÉRALE DE LA SEO (PAGE 50). — DESSIN DE GOTORBE.

Comme à Calatayud, mais avec un appareil autrement imposant, leurs Altesses reçurent l'hommage du Justicia, cette vivante personnification des droits et des privilèges de l'Aragon, et avec qui leurs descendants eurent si souvent à compter. Le serment fut prêté dans la Seo même, devant cette double chaire sculptée, aujourd'hui noircie par le temps, entre les mains d'une femme grande entre les plus grandes par son caractère, ses conceptions, son esprit, sa vaillance. Quel relief prend Isabelle la Catholique auprès de son politique et astucieux époux, même dans cette capitale de l'Aragon qui n'est point de son apanage! Elle revit sous ces hautes et majestueuses voûtes, telle que de très rares portraits nous la montrent, telle que de nombreuses chroniques nous la dépeignent, petite, svelte, les cheveux blonds appliqués en bandeaux sous une grande coiffe, les yeux noirs brillant d'un éclat incomparable, l'attitude majestueuse et dominatrice en dépit de l'exiguïté de sa taille. On ne voit qu'elle, on ne songe qu'à elle; ses erreurs même sont excusées par la noblesse du sentiment qui les a dictées.

Depuis longtemps l'Espagne tendait à l'unité. Isabelle la réalisa, mais elle la voulut religieuse aussi bien que politique, elle prétendit ne régner que sur des chrétiens, et quittant les voies de la pitié, de la justice, de la prévoyance, elle expulsa les Mores de Grenade et priva son royaume d'une force sans lui donner un dédommagement. Elle ne comprit pas que rester en deçà du but est parfois moins funeste que de le dépasser. En celà, elle ressemble au cardinal de Richelieu trop vanté peut-être puisque l'amoindrissement de la noblesse a eu pour résultat la Révolution et la Terreur, tandis que l'abaissement de la maison d'Autriche a préparé la reconstitution de l'empire germanique et l'hégémonie de la Prusse. Dans l'excès de son zèle, Isabelle tomba même en de pieuses erreurs. Comme elle se méfiait à bon droit de la sincérité des conversions arrachées par la force, elle introduisit en Espagne cette Inquisition redoutable qui, sous prétexte de maintenir l'intégrité de la foi catholique, créa près de la royauté une puissance rivale, infiniment dangereuse et toujours funeste. Du reste, un témoignage des maux que devait causer le Saint-Office s'est élevé du pied de cette chaire royale où Isabelle, en sa ferveur mystique, songea peut-être à réclamer son aide.

A peine les tribunaux de l'Inquisition étaient-ils installés que leur direction fut remise aux mains de quelques hommes d'une foi ardente et d'un zèle éprouvé. Pierre Arbuez fut désigné pour veiller sur l'Aragon où les Mores et les juifs convertis étaient restés en commerce intime avec une population intelligente, industrieuse, adonnée à l'agriculture et au commerce. Que lui importaient leur assiduité aux offices et des démonstrations pieuses dont il connaissait la valeur! Par le fer, par l'exil, il voulait la disparition de la race musulmane. La population, d'abord terrifiée, éprouva bientôt un âpre désir de vengeance. Un complot fut ourdi en grand secret, bien que ses ramifications fussent nombreuses et profondes. On tuerait le Grand Inquisiteur puisque les plaintes adressées aux Rois n'avaient abouti qu'à des persécutions nouvelles. Les conjurés espéraient qu'après avoir reçu cette dure leçon, les souverains se montreraient fidèles au serment prêté sur la croix de respecter les libertés de l'Aragon. Mais il fallait atteindre la victime. Pierre Arbuez était toujours entouré d'une garde fanatique; on le savait cuirassé sous sa robe de moine, coiffé d'une calotte de fer sous son bonnet épiscopal. Puis, en cas d'insuccès, les représailles seraient effroyables.

L'excès du malheur donna courage aux plus timides.

Un jour, comme l'église s'ouvrait pour les matines, deux hommes, la figure cachée sous le masque, s'introduisirent dans la Seo, tandis que de nombreux complices restés auprès de la sortie s'apprêtaient à favoriser leur fuite et à déjouer les poursuites. Le moine priait, agenouillé dans le sanctuaire, au pied de la chaire d'où il avait si souvent foudroyé l'hérésie. Les conjurés se précipitent, le frappent à la nuque que laissait découverte l'inclination de la tête. Le blessé a un soubresaut, il se dresse; un coup d'épée lui tranche la carotide. Il est frappé aux bras, au ventre, partout où la cuirasse ne protège pas le corps. Il tombe baigné dans son sang et ne tarde pas à rendre l'âme. Malgré le zèle de leurs amis, les meurtriers furent arrêtés, remis au tribunal du Saint-Office et payèrent leur crime d'une mort qui dut leur sembler un bienfait auprès des tortures inouïes qui l'avaient précédée. Du reste, l'émotion fut telle que l'archevêque et son clergé montèrent à cheval et parcoururent Saragosse afin de calmer le peuple prêt à se mutiner.

ISABELLE LA CATHOLIQUE DANS SES DERNIÈRES ANNÉES.

Les pièces du procès fournissent des renseignements bien curieux sur les mœurs judiciaires de cette époque. L'instruction et les débats ne devaient pas aboutir seulement à la condamnation des coupables; on y sent la préoccupation constante d'accroître l'autorité du Saint-Office et de préparer la béatification de la victime mise plus tard au rang des martyrs. Rome céda aux désirs de l'Inquisition de Saragosse, Pierre Arbuez fut enseveli dans le sanctuaire à la place même où il avait été frappé et, au-dessus de sa dépouille, on éleva un superbe tombeau, sans souci de masquer l'autel et de nuire à l'ordonnance de l'édifice. Mais le temps et l'oubli marchent du même pas. A la longue, les passions se calmèrent, la puissance du Saint-Office déclina et le monument funéraire du Grand Inquisiteur fut trouvé si encombrant que les chanoines l'exilèrent dans une chapelle latérale où il n'attire guère le regard. De ce drame, il reste comme souvenir deux épées couvertes de rouille, suspendues aux piliers massifs qui se dressent à droite et à gauche du sanctuaire. Par quelles tortures, par combien de souffrances les coups qu'elles portèrent furent-ils payés!

De l'autre côté du sanctuaire, c'est-à-dire du côté de l'Évangile, apparaît un autre tombeau disposé dans l'épaisseur de la muraille. Ici repose en grand habit pontifical Don Juan d'Aragon, archevêque de Saragosse et fils de Don Alonso roi d'Aragon. La statue funéraire, taillée dans un bel albâtre jaune d'or, n'a ni la tranquillité calme ni la béatitude empreintes sur le visage de Don Lope de Luna. En l'édifiant, Pierre Zapata, prieur de Notre-Dame del Pilar, pensait plutôt à un capitaine qu'à un évêque, et cela non sans raison.

De tout temps les rois d'Aragon avaient souhaité que le siège archiépiscopal de Saragosse, de l'antique *Cæsaraugusta*, fût occupé par un membre de leur famille. L'archevêque Mur étant mort en 1456, le roi demanda au Pape la nomination de son neveu, Don Enrique, âgé de onze ans. Le Pontife refusa, prétextant qu'il ne pouvait confier un si nombreux troupeau à un si jeune berger. Pourtant, après de longues négociations, il désigna le propre fils du roi, plus âgé que son cousin de quelques mois. Ce prince porta le titre d'administrateur du diocèse jusqu'à l'âge de vingt ans. Dans la suite, il préféra le casque à la mitre et l'épée à la crosse, se battit vaillamment en Catalogne, réprima les mutineries de cette province, se signala devant Tarragone et Tudela et attendit l'heure de la mort pour réclamer un asile dans cette cathédrale dont il avait été le singulier pasteur. Son corps, transporté du château d'Albalata où il était trépassé, fut reçu à Saragosse en grande pompe par les représentants des paroisses et des monastères qui vinrent, croix en tête, le chercher de l'autre côté de l'Èbre et l'amenèrent à la Seo où on lui avait élevé une chapelle ardente. Ses deux fils, le gouverneur de la ville, l'évêque de Huesca, deux jurandes et les chefs des plus nobles familles de la ville se disputèrent l'honneur de porter la bière que suivait un cortège de citoyens et de chevaliers. Après un office où furent déployées toutes les splendeurs du cérémonial ecclésiastique, Don Juan d'Aragon fut enfin déposé dans le tombeau où, depuis quatre siècles, il goûte le repos qu'il n'aima guère durant sa vie.

LES ROIS CATHOLIQUES ET LEURS ENFANTS. — D'APRÈS UN TABLEAU DU MUSÉE DU PRADO.

Dans le sanctuaire de la Seo, l'art n'élève pas une voix moins éloquente que l'histoire de la monarchie. Derrière le maître-autel et appliqué à la muraille, se dresse un des plus beaux retables de l'Espagne. La composition est noble et grande, l'exécution, d'une perfection rare. De l'ombre douce que mettent aux parties supérieures du bas-relief des clochetons légers comme un réseau de dentelle se dégagent des anges qui soulèvent une draperie et découvrent un reliquaire où brillent des lampes toujours allumées. Ce premier motif a peu de saillie au regard des trois tableaux qu'il domine. Le plus important, celui du centre, reproduit une de ces scènes où, depuis des siècles, se complaît la piété des artistes et des poètes. Sous une sorte de cloître léger vu de biais et que supporte une délicate colonne, la Vierge assise, radieuse de sérénité, présente le divin Enfant aux regards extasiés d'un roi mage. L'agenouillement du monarque, l'expression de son visage, la position de ses mains ont quelque chose d'ému, d'admiratif et de très humble. Un second Mage, beau comme un dieu, s'avance, tenant un vase à parfum. Derrière lui et se perdant dans les profondeurs de l'arcature du portique quelques personnages donnent l'impression d'une foule anxieuse.

A droite et à gauche du motif central se présentent de belles compositions dont les sujets sont empruntés à l'histoire de la Vierge ou à celle de son divin Fils. Peut-être leur reprocherait-on un parallélisme trop voulu. Le soubassement, sacrifié à dessein, se compose de bas-reliefs d'une importance secondaire, encadrés en des motifs élégants. Trois niches, vides d'habitude, sont destinées à recevoir, aux jours de fêtes solennelles, des bustes d'argent émaillé dus à la munificence de *Papa Luna*. Leur immense valeur artistique, la vénération qu'inspirent les saints dont ils renferment les reliques font une loi au Chapitre de les conserver à la sacristie sous la protection d'une armoire de fer.

Maintenant, imaginez un admirable cadre, ciselé, fouillé dans l'épaisseur du marbre et dont les ors patinés par le temps semblent s'unir à la tenture de damas cerise qui couvre les murailles, et vous aurez une idée très imparfaite de cette composition grandiose.

Bien qu'en son ensemble le retable garde une belle unité, il est dû à plusieurs sculpteurs qui se succédèrent et y travaillèrent durant près d'un demi-siècle. Au début, ce travail magnifique avait été confié à Pedro Johan de Catalogne qui s'était adjoint Pedro Garcès, Guillermo Mocet et Pedro Navarro. La mort de l'artiste catalan, survenue vers 1447, en ralentit l'exécution. Elle fut reprise après une suspension de vingt-six ans. Des marchés et des reçus retrouvés dans les archives de la Seo montrent qu'à cette époque les premiers collaborateurs confièrent à Gil Morlan le tabernacle ou *sacrario* et les anges dont il est entouré. Les mêmes documents témoignent que les deux portes inférieures sont dues au célèbre Gabriel Gombao qui devait construire la Tour Neuve quelques années plus tard. En 1480 le retable fut enfin achevé et doré. Cette dorure mentionnée dans les comptes du Chapitre est l'indice que les bas-reliefs étaient peints. A ce sujet, on observera combien était délimité et spécial le domaine où se mouvaient diverses classes d'artistes espagnols et dans quelle dépendance ils vivaient les uns à l'égard des autres.

Les ordonnances de Séville rendues par les Rois-Catholiques distinguent l'*imaginero* qui était à la fois le compositeur et le sculpteur ; le doreur ou *dorador de tabla ;* le *pintor de madera y de fresco* ou peintre sur bois et à fresque ; enfin le *sarguero* ou entoileur qui modelait en toile durcie par un enduit les draperies flottantes.

La peinture et la sculpture ne se sont guère modifiées ; il n'en est point de même de l'art de la dorure, bientôt avili par le métier. Jadis, à l'antique *grafido* s'associait le *punctil* d'un usage si constant au Moyen Age. L'un et l'autre s'appliquaient aussi bien, quoique par des procédés différents, sur les objets métalliques, les tableaux et les statues. Dans ces dernières, l'objet était d'abord doré et bruni. Ce premier travail terminé, on traçait légèrement au minium les contours du dessin. Puis on imprimait les espaces ainsi délimités avec des roulettes variées par la forme et la grosseur du grain. Sans enlever le métal, l'artiste graduait ainsi son éclat, diversifiait sa couleur, accentuait ses reflets et lui communiquait une véritable puissance décorative.

BAS-RELIEF DU CHŒUR DE LA SEO (PAGE 57). — D'APRÈS UNE PHOTOGRAPHIE.

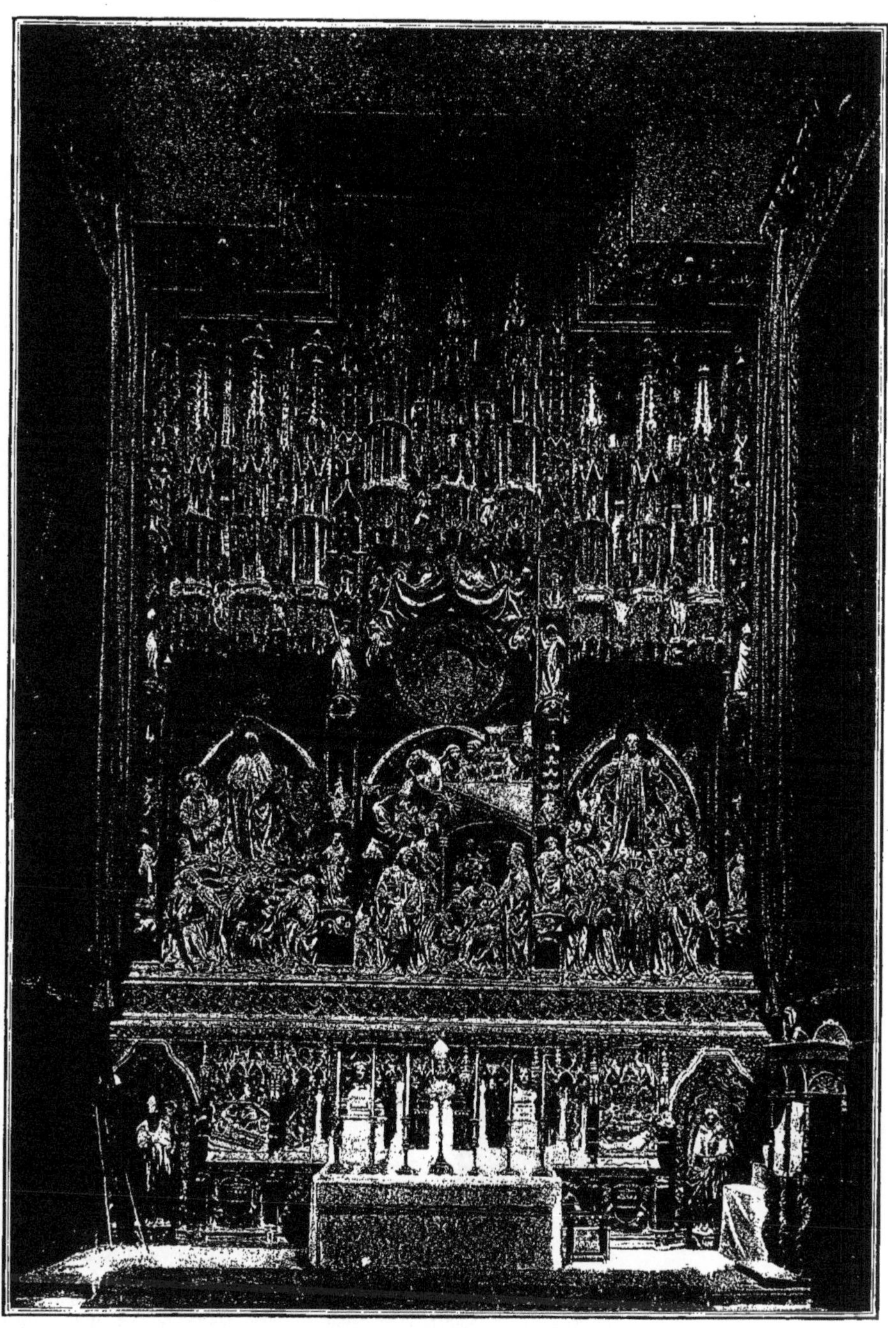

RETABLE DU MAÎTRE-AUTEL DE LA SEO (PAGE 53). — D'APRÈS UNE PHOTOGRAPHIE.

En fait, l'œuvre commencée par l'*imaginero*, continuée dans certains cas par le *sarguero*, était achevée par le peintre et le doreur dont l'art ajoutait le charme de la couleur à la beauté des lignes.

Comment se fait-il que les plus beaux retables aient aujourd'hui perdu toute trace de polychromie et que, seules, les œuvres secondaires par leur mérite ou leur dimension aient conservé cette parure? La raison en est dans la dépendance artistique où l'Espagne a vécu. Jusqu'à la fin du XIVe siècle, elle avait subi l'influence de la France ; à la suite de la conquête de la Sicile et de Naples, elle s'éprit de maîtres nouveaux. Mais l'Italie fascinée par l'antiquité grecque et romaine, trompée par les monuments où le temps n'avait plus laissé de trace de peinture avait décrété l'inviolabilité de la forme et proclamé le dogme de la sculpture monochrome. Dans son zèle de néophyte, elle en était venue à honnir l'objet de ses longues admirations et, barbare par excès d'enthousiasme, ne se contentant plus de proscrire l'union de la plastique et de la couleur, elle lavait impitoyablement les œuvres nées de leur accord. Les chefs-d'œuvre souffrirent d'autant plus que leur renommée les désignait les premiers à la brosse ou au savon purificateurs.

A l'exemple de l'Italie, l'Espagne a mésusé de l'eau lustrale. Les comptes de la Seo établissent que jusqu'en 1827 l'admirable retable de Pedro Johan de Catalogne, de Garcès, de Mocet, de Navarro et de Gil Morlan subissait trois lavages annuels, afin de le tenir en parfait état de blancheur et de pureté. Tout récemment encore, à l'occasion du congrès eucharistique tenu à Saragosse, il a été l'objet d'un dernier lessivage. Et pourtant, dans les plis profonds et mal éclairés, j'ai relevé des traces de peinture qui viennent témoigner du sacrilège et protester encore contre le crime dont il a été victime. Heureusement, il est resté en Espagne des contrées rebelles au progrès, fermées aux innovateurs, où l'on retrouve des œuvres complètes et des dédommagements qui aident à porter le deuil des monuments dégradés.

Maintenant, ferons-nous un grand reproche à l'Italie et à l'Espagne d'avoir, dans leur respect de l'antiquité, nié l'antiquité elle-même? Ce serait nous accuser aussi. Que de dévots célèbrent encore chez nous le culte de la statuaire immaculée, alors que la Chaldée, l'Égypte et la Perse, ces aïeules ou ces sœurs aînées de la Grèce, nous révèlent la splendeur des arts polychromes et que les fouilles entreprises à l'Acropole, ressuscitent des dieux et des déesses dont les formes de marbre étaient rehaussées de couleur ainsi que les monuments élevés à leur gloire! Parce que nous ignorons les lois harmoniques de la peinture des reliefs, est-ce une raison de la repousser, de la dédaigner, de méconnaître les ressources immenses dont elle dispose, péchant par ignorance ou paresse, persévérant par orgueil?

JEUNES FEMMES DE SARAGOSSE. — D'APRÈS UNE PHOTOGRAPHIE.

Une étroite parenté existe entre le retable du maître-autel et l'adorable vierge, dite *Vierge blanche*, qui se trouve dans une chapelle voisine, sur la gauche. Avant de commander à l'artiste que désignait sa réputation une œuvre d'une aussi grande importance que le retable, le Chapitre exigea la preuve d'un talent digne de sa confiance. La statue suave et pure, exécutée dans cette intention, enleva tous les suffrages. Elle les méritait.

Ce serait entreprendre un long catalogue que décrire une à une les œuvres d'art qui ornent chacune des chapelles latérales de la Seo, qu'énumérer les peintures murales, les tableaux, les statues, les autels, les tombeaux. On ne saurait cependant négliger leurs lambris de faïence ni leurs grilles superbes.

Les lambris rentrent au premier chef dans la classe des arts hérités de l'Orient. Avec quelle joie je retrouve sur les briques émaillées ces blancs laiteux, ces pourpres puissantes, ces jaunes aux reflets d'or, ces verts profonds qui, dans l'histoire de la céramique, apparaissent pour la première fois, à Suse, sur la frise des Archers et qui, depuis, furent portés avec la conquête dans l'universalité du monde musulman! Le bleu fait défaut, les dessins sont empruntés à la Renaissance, mais les cloisons existent encore, limitant les contours, séparant les couleurs, empêchant leur contact. L'harmonie si douce des teintes, l'éclat des émaux égal, semble-t-il, à celui des gemmes serties en des plaques d'ivoire, célèbrent encore les décorateurs de la Perse antique qui marquèrent leurs œuvres d'une empreinte si profonde et si nette que les transports à travers les siècles et les climats n'ont pu les altérer.

Les grilles, qu'elles soient en fer, en bronze ciselé, en cuivre ou en argent repoussé sont également belles. La valeur du métal disparaît devant la perfection du dessin, de la technique et de l'exécution. En Navarre, en Catalogne, en Aragon, dans le nord comme dans le centre, j'en connais d'aussi belles, parfois de plus anciennes et peut-être de plus originales; ici, je signalerai les pentures et les clous; là, les serrures et les revêtements des portes, les grilles des fenêtres, les campaniles des clochers, les couronnements des puits. Nulle part, je crois, ne se présentent en une collection plus complète les spécimens d'un art où rivalisèrent les forgerons, les fondeurs, les ciseleurs et les argentiers. J'y insisterai d'autant plus que la ferronnerie, dès le XIIIe siècle, s'éleva en Espagne à la hauteur d'un art national, sans rival à l'étranger. C'est encore à cette époque que les armuriers trempaient ces épées fameuses qui l'emportaient par la qualité du métal et la délicatesse de la monture sur les lames venues d'Orient. Lorsque Catherine d'Aragon, fille de Ferdinand le Catholique, fut recherchée en mariage par Henry VIII d'Angleterre, elle lui offrit comme présent de noce quelques épées; parmi les plus belles il en était qui portaient la marque de l'ours et du petit chien (*oso y perillo*) et le nom d'Andre Ferraro, *espadero de Zaragoza*.

LE CHRIST DE LA SEO. — D'APRÈS UNE PHOTOGRAPHIE.

Arrêtons-nous encore devant cette église dans l'église, devant le chœur élevé au profit des chanoines, mais au grand détriment de l'édifice. La richesse, la beauté de cette construction parasite ne parvient pas à faire pardonner sa présence, et Dieu sait pourtant si l'on s'est plu à l'entourer de bas-reliefs, à l'orner de tombeaux ou de pupitres, à la clore par des grilles splendides. Le chœur de la Seo comprend cent cinq stalles exécutées en une sorte de chêne dur, le *rouble* venu de Flandre. Chaque siège, séparé de son voisin par d'élégantes colonnettes, s'appuie à un dossier orné d'une ogive, surmonté d'un clocheton enrichi de crochets, d'entrelacs légers ou de feuillages gracieux.

Malgré leur beauté, les boiseries intérieures du chœur ne sauraient être comparées à son enveloppe extérieure. Elle est formée d'une suite de bas-reliefs représentant divers épisodes des martyres de Saint-Vincent et de Saint-Valère, patrons de l'église. Ces superbes sculptures sont dues à Martin de Tudella ou *Tudedilla*, qui les termina en 1560. Chaque tableau est compris entre des colonnes et couronné d'un fronton brisé. A certaines heures, quand filtrent à travers les verriers des fenêtres très hautes, les rayons colorés du soleil, ils prennent une valeur, une vie, une beauté sans pareilles. On croirait voir les frises d'un Parthénon chrétien descendues du faîte de l'édifice à portée des regards.

On devine que l'œuvre a été conçue par un homme respecté et d'une autorité si haute que, disparût-il, la volonté de ses collaborateurs se serait inclinée devant la sienne. Ce sont là de beaux exemples de discipline et d'abnégation, rares dans le monde, exceptionnels chez les artistes et qu'inspiraient sans doute la renommée du maître et la destination de l'œuvre. Martin de Tudella fut un rival de Berruguette, un émule de Forment, de Juan de Juni, de Hernandez et de ces sculpteurs incomparables dont la réputation, confinée en Espagne, n'a guère franchi ses limites bien qu'ils méritent de prendre rang à côté de leurs maîtres italiens. Éternelle injustice! Quand on a célébré Murillo, Velazquez, Ribera, Alonso Cano, on se tait des architectes, des sculpteurs, des polychromistes, leurs égaux en génie, leurs précurseurs dans l'histoire de l'art espagnol. Pourquoi les uns sont-ils célèbres et les autres restent-ils ignorés en dehors des sacristies et des rares musées où l'on a recueilli leurs œuvres?

Le guide officiel de la Seo est un homme de grande taille, de belle prestance, dont le rôle important se devine à l'attitude compassée. La tête est couverte d'une calotte ajustée pareille à celle d'un Pierrot. Le visage glabre, encadré dans une petite fraise, est maintenu fort loin du sol par un corps long comme une nuit sans sommeil. Le tout se drape dans une robe de laine noire et traîne dans la poussière deux larges pans d'étoffes ajustés aux épaules. De la main droite, ce singulier personnage tient une petite crosse d'argent surmontée d'une croix et d'un agneau mystique, indice de sa dignité. Sous le titre de *Silenciero* il est encore chargé de veiller sur les innombrables richesses artistiques de la cathédrale, d'y faire observer une tenue respectueuse pendant les offices et durant les quelques heures où elle est ouverte au public.

En sa qualité de *Silenciero*, mon guide est naturellement prolixe et bavard. D'une voix sourde, mystérieuse, il me décrit l'édifice dont il se croit le maître puisqu'il en est le gardien. Mais voici que l'heure sonne de fermer les portes, d'aller déjeuner et de faire la sieste. Toujours majestueux, à la manière d'un évêque s'appuyant sur sa crosse, le *Silenciero* me précède vers la sortie. Ici, je suis prise d'hésitation. Un fonctionnaire aussi imposant refusera sans doute un pourboire. Mieux vaut se montrer discret. Le tronc des pauvres recevra mon étrenne. Pourtant je m'enhardis, et dans la main qui se présente sans s'avancer, je glisse deux pièces blanches.

Et l'autre, dédaigneux, avec une moue inexprimable :

« Gardez, gardez. »

Mais la main ne restitue pas, elle se retire au contraire et disparaît sous les plis de la robe noire.

« Deux francs... aumône de mendiant... Hier j'ai montré la cathédrale à un Anglais. Il ne me pressait pas de questions... Dans un quart d'heure il a tout visité, et m'a laissé deux écus.

— Ce n'est guère quand on doit Gibraltar ! »

Sur ce compliment, les battants de la porte se referment avec fracas. A demain !

. . . .

Me voici de nouveau face à face avec le *Silenciero*. En guise de salut, il me tourne le dos et disparaît derrière le chœur en faisant résonner sur le dallage sa petite crosse de métal. Mais, de la sacristie débouchent deux massiers en simarre de satin cramoisi, culotte courte, rabat de dentelle et perruque Louis XV poudrée à frimas. Puis, s'avancent des enfants de chœur, des bénéficiaires en cape de satin violet et cramoisi, enfin le chapitre portant la pourpre. Le chanoine qui dira la messe et ses deux diacres se dirigent vers l'autel, tandis que le cortège s'engouffre dans le chœur où il se dissimule à tous les regards et se préserve aussi des distractions.

BOHÉMIENNE. — DESSIN DE BIGOT-VALENTIN.

Comme à Santa Maria del Mar, la musique est vive, sautillante, mieux faite, semble-t-il, pour une fête mondaine que pour une cérémonie religieuse. Les jours ordinaires l'orgue et les chantres se font seuls entendre, mais, aux grandes fêtes, de véritables chanteurs et un orchestre viennent s'y joindre. Au siècle dernier, dans certaines solennités, les maîtres de chapelle ne se contentaient pas des ressources que leur offraient la voix humaine et les instruments ; ils faisaient appel au talent des rossignols dont les trilles stridents et les chants cristallins se mêlaient aux sonorités plus graves. J'ignore si cet usage était d'origine espagnole ou emprunté aux Mores. Je me rappelle, en effet, avoir entendu en Perse des concerts de rossignols ; mon oreille charmée n'a pu en perdre le souvenir, et je m'étonne qu'un Saadi castillan ne se soit pas élevé en Espagne pour célébrer les mérites de ces chanteurs de qui la voix semble participer des ailes que le Créateur leur a données.

L'histoire de la musique espagnole, de son développement, de ses transformations, de ses manifestations successives explique le caractère actuel de la musique religieuse. Et Dieu sait pourtant que ses origines avaient été sévères et nobles! Elle s'était manifestée savante déjà avec cet Isidore de Séville qui a laissé son nom au plain-chant mozarabe Isidorien et dont la science se plaît à distinguer entre la diaphonie barbare et la symphonie.

Au temps de l'invasion arabe, elle perdit son allure grandiose, mais acquit, en revanche, cette originalité, cette saveur, ces qualités brillantes qui survivent dans le chant populaire et lui donnent une note si particulière et si personnelle.

Sous les Rois-Catholiques, elle fait un retour vers les vieilles traditions, elle devient érudite, subit l'empire d'une école de contrapontistes fameux, dignes de rivaliser avec les maîtres flamands et italiens de la même époque. Elle atteint son apogée avec les Moralès et les Salinas, dont la science égale le sentiment. Pendant un siècle rayonnent les écoles de Salamanque, de Valence, de Tolède, de Séville et celle du célèbre monastère du Montserrat qui, brillante dès le XIIe siècle, défendra la dernière l'héritage national.

Le XVIIe siècle s'écoule. L'Italie, déjà victorieuse de l'Europe, impose à l'Espagne ses formules musicales et ne tarde pas à ruiner les traditions d'un passé glorieux. Elle triomphe sans protestation le jour où Philippe V et Ferdinand VI appellent à leur cour les chanteurs italiens, s'engouent d'un Farinelli, l'égalent aux plus puissants ministres et l'admettent dans l'ordre de Saint-Jacques et de Calatrava. Il en est de l'art musical comme de l'art dramatique proprement dit : il décroît à mesure que grandit l'influence de ses interprètes. Comme une religion, il a ses prêtres, et ceux-ci tuent le culte lui-même, lorsqu'ils cessent d'être humbles et soumis. Le triomphe de leur orgueil est le signal de sa ruine.

UNE RUE DE SARAGOSSE. — DESSIN D'OULEVAY.

A partir de ce moment, la musique espagnole qui avait encore d'illustres défenseurs, défaille, agonise, se meurt. Et l'on ne songe plus aux œuvres des maîtres anciens que pour leur substituer, même à l'église, les mélodies ou les fioritures gaies et faciles d'un style italien en pleine décadence.

Il faut presque arriver jusqu'à nos jours pour distinguer un effort et constater un désir de remonter vers les sources de l'art national dédaignées depuis près de deux siècles. C'est justement à l'heure où les échanges sont devenus si fréquents et si aisés, où les peuples semblent se mêler et se pénétrer chaque jour davantage, que l'on se plaît à revendiquer avec plus d'amour et de fierté le domaine des aïeux. Noble et belle forme du patriotisme qui corrige la diffusion des idées pernicieuses et en limite la contagion.

A droite et à gauche du maîtreautel, mais placés en contre-bas, des bancs de bois sont réservés aux confréries. Faute de confrères, une mendiante y marmotte à demi voix quelque prière tout en jouant de l'éventail. Un peu plus loin un bonhomme y dort très convenablement. C'est manquer de respect au saint lieu ; de l'autre extrémité de la nef, à travers les murailles du chœur, le *Silenciero* le voit et s'en émeut. Il s'avance vivement quoique sans bruit et, de la pointe de sa crosse, pique la joue du paresseux. Celui-ci se réveille en sursaut, bondit sur son banc, porte la main à la figure, reconnaît son tortionnaire, et convaincu de l'inutilité de ses protestations, s'agenouille, prononce sans doute une dévote prière, implore le pardon du ciel, se signe et sort de l'église. Tant vaut dormir ailleurs.

A l'élévation, la musique prend une allure plus solennelle et la messe s'achève sans que le nombre des assistants se soit accru. Du reste, hormis les jours de fêtes, les églises sont peu fréquentées. Leur préfère-t-on les chapelles des couvents, moins solennelles, et nombreuses au point que chaque maison en a une à sa porte? J'estime plutôt que la piété de l'Espagnol, comme celle de l'Italien, est moins recueillie que la nôtre et ne va pas sans une certaine ostentation. A Dieu omniscient, il suffit d'offrir la conscience pure et l'âme contrite du plébéien, tandis que le pharisien trouvait grâce devant l'Inquisition. Ici, chaque acte religieux devait être un témoignage de foi qui ne laissait place à aucun doute ; chaque parole une affirmation publique qui ne laissait germer aucun soupçon. De là peut-être cette outrance dans les actes religieux. Au delà des monts, par exemple, le signe de croix est discret ; en deçà, chacun se livre à des démonstrations exagérées, agite les bras, remue le corps, embrasse le pouce trempé dans de l'eau bénite. La piété française est à la piété espagnole dans le rapport des signes de croix. C'est avec une certaine timidité que j'aborde la sacristie ; le *Silenciero* m'y aurait-il recommandée?

Les vantaux de la porte, pris dans un beau chêne de couleur claire, sont couverts d'élégants entrelacs de style mudejar, tandis que, entre les lignes brisées des ornements, s'enlèvent de délicieuse têtes d'anges sculptées en plein bois et précieusement dorées. On traverse un vestibule et l'on pénètre dans une vaste salle très claire, entourée de meubles destinés aux vêtements sacerdotaux. Mon désir serait de voir le trésor; je m'en ouvre au sacristain-prêtre.

« Dans la matinée, c'est impossible, me répond-il. Le service de l'église est trop chargé pour que je puisse vaquer à d'autres soins. »

Et, de la main, il me montre une série d'aubes et de chasubles que les chanoines vont revêtir tout à l'heure pour dire leur messe particulière.

« D'ailleurs, ajoute-t-il d'un air dolent et convaincu, la Seo a été dépouillée de ses objets précieux. »

Ceci est l'allusion obligatoire à la guerre de l'Indépendance et aux désastres dont la France est rendue responsable. Sur mes instances, le sacristain-prêtre m'invite à revenir vers trois heures et quart. A ce moment les chanoines sont au chœur, la sacristie est vide, et il pourra sans doute contenter mon envie. Sinon, ce sera demain. Et comme je me récrie :

« Demain est voisin d'aujourd'hui! » ajoute-t-il en forme de conclusion.

Ces moyens dilatoires, si chers aux Orientaux, n'ont plus de secret pour moi. Différer, gagner du temps, temporiser encore, temporiser toujours est d'une tactique habile : on décourage les simples curieux, on fatigue les étrangers, on lasse la patience des gens pressés. Aujourd'hui, ce sont peine et talent perdus. Je mettrai plus de ténacité dans ma requête qu'on n'aura de persistance à m'éloigner.

A trois heures et quart : Toc, toc.

« Qui est là?

— C'est moi! »

Contre mon attente, le sacristain se confond en politesses. Encore un instant, et il sera tout à notre disposition.

En attendant, un jeune prêtre va nous conduire à la salle capitulaire, éclairée par de larges fenêtres, lambrissée et dallée de faïence. Les carreaux qui proviennent de la fabrique royale de Maria Salvadeyra de Valence sont datés de 1802. Ils ne sont pas sans valeur. Sur un fond blanc se détachent des médaillons ornés de paysages dessinés en une pourpre violette. De grandes volutes jaune de chrome forment un élégant encadrement.

« SILENCIERO » (PAGE 58.) — DESSIN DE MIGNON.

INFANTERIE ESPAGNOLE. — D'APRÈS UNE PHOTOGRAPHIE.

CHAPITRE VI

Le trésor de la Seo. - Notre-Dame del Pilar. - La Vierge miraculeuse. - L'Aljaferia. - Le palais des Rois Catholiques. - La Lonja. - Le Justicia. - Les fueros.

CURIEUSES
D'APRÈS UNE PHOTOGRAPHIE.

ENFIN, la sacristie se vide, l'heure est propice. A l'une de ses extrémités se présente un tableau religieux qui dissimule la porte d'un immense reliquaire. Le sacristain-prêtre introduit une petite clé dans une serrure dont l'entrée est perdue sous l'ombre d'une étoffe, et deux battants doublés de fer s'ouvrent d'eux-mêmes, presque sans bruit, bien qu'ils aient plus de six mètres de hauteur.

Alors, aux rayons du soleil qui envahit la sacristie, apparaissent, se touchant, s'incrustant, se superposant, une profusion de croix, de calices, d'ostensoirs, de ciboires, un trésor dont la vue éblouit avant qu'elle ne charme. Parmi les plus belles pièces — le choix est difficile — on peut citer une couronne d'argent ciselé, énorme, couverte de pierres précieuses; puis une gloire rayonnante et ajourée dont on orne le *sacrario* aux jours de fête, des vases, des encensoirs, des fanaux d'argent destinés aux grandes cérémonies du culte. Au centre se dresse une splendide custode exécutée au XVIe siècle par un orfèvre français, Pierre Lamassou. Mais le regard quitte bientôt ces merveilles d'orfèvrerie pour se poser sur trois reliquaires d'argent émaillé représentant les bustes de saint Valère, de saint Vincent et de saint Laurent. L'art français les revendique encore. Ils furent commandés à des artistes d'Avignon par Benoît XIII, le célèbre *Papa Luna*, et envoyés au chapitre de la Seo. Le plus beau des trois est sans contredit le chef de saint Valère. Les détracteurs de la statuaire peinte attribuent le charme des belles sculptures polychromes à la patine donnée par le temps et revendiquent pour les siècles des mérites dus au génie de l'homme. Ici, on ne saurait chercher ni faux-fuyant ni prétexte. Telle l'œuvre est sortie des mains de l'artiste, telle elle apparaît aujourd'hui, car l'harmonie repose sur la combinaison des émaux aux tons invariables et des métaux polis et brillants.

Les chairs du visage, brunes et colorées comme celle d'un homme qui vit au grand air, la splendeur des yeux, les cheveux et la barbe d'or, d'un or qui s'éclaircit et s'argente sur les saillies des ondes et des boucles, la chape incrustée d'émaux cloisonnés rappelant par leur couleur et leur technique les émaux byzantins, la beauté du type, la noblesse du port de la tête, la pureté de la forme désarmeraient la mauvaise foi elle-même.

Une balustrade de style gothique en forme de socle entoure le reliquaire. Au-devant, deux anges agenouillés soutiennent l'écu et la tiare du donateur et s'appuient sur l'inscription dédicatoire.

« Dominus Benedictus Papa XIII, prius vocatus Petrus de Luna, Santa Maria in Cosmedus Diaconnus Cardinalis dedit hoc relicarium Beati Valori huic Ecclesiæ Cæsaraugustanæ anno Domini MCCC nonagesimo Septimo, Pontificatus sui anno tertio; inhibendo sub pœna excommunicationis quam contra facientis ipso facto incurrant ne quovis modo alienetus qui sententiæ absolutionem sedi apostolicæ reservavit. » Et derrière le buste se lit encore : « Hic est caput Beati Valerii confessore et Episcopus hujus Ecclesiæ Cæsaraugustanæ. »

L'ensemble du reliquaire repose sur une base d'argent ciselé à la Renaissance. Le chef est également couvert d'une mitre précieuse, mais elle aussi, sans doute, a été placée après coup.

Un quatrième reliquaire, de pur travail espagnol et remontant à la fin du XVIe siècle, représente le Grand Inquisiteur Pierre Arbuez. Il est encore fort beau, et pourtant les chairs où le sang n'afflue pas, l'émail un peu terné, le manteau d'argent martelé semblent froids auprès de la richesse et de la splendeur de saint Valère.

Jadis, ces reliquaires sortaient à l'occasion de la fête del Pilar. Ils prenaient une place d'honneur dans la longue procession où s'assemblent les paroisses et les couvents de la ville. Des chocs dont les émaux portent la trace ont engagé le chapitre de la Seo à interdire ces déplacements dangereux. On se contente de les transporter, une fois l'an, au fond des niches qui leur sont réservées dans le soubassement du grand retable.

RELIQUAIRE DE SAINT VALÈRE, PROFIL. — D'APRÈS UNE PHOTOGRAPHIE.

Le trésor s'est refermé.

Le sacristain-prêtre ouvre successivement les tiroirs circulaires d'un meuble où sont étendus les ornements. Il soulève avec précaution des soies et des flanelles protectrices et amène à la lumière des chasubles et des chapes, les unes du XVe, les autres du XVIe et du XVIIe siècle. Toutes sont dans un état de fraîcheur et de conservation parfait. Ce sont des orfrois splendides où, sur des rinceaux d'or et de soie, se détachent, en une suite de tableaux, de véritables peintures à l'aiguille. Les sujets, empruntés à des scènes de l'Ancien Testament, sont traités dans ce goût païen qu'inspiraient à l'Espagne les artistes italiens de la Renaissance.

« Ce sont Adam et Ève, » dit en baissant les yeux le digne sacristain.

Et bien vite il les voile pour découvrir un ornement porté le Vendredi Saint.

« Memento...! »

Contraste aimable toutefois. Sur un fond de velours noir court une broderie constellée de perles fines dont le bel orient dessine les côtes des feuillages et les pétales des fleurs. Cet ornement date du XVIIe siècle.

Après l'accueil empressé que nous avions reçu du sacristain-prêtre, comme je me confondais en remerciements :

« Je suis heureux d'avoir pu vous être agréable, me dit-il. Les journaux ont annoncé ce matin l'arrivée à Saragosse de Monsieur et de Madame Dieulafoy. L'intérêt que vous preniez à étudier notre admirable temple nous a permis de vous reconnaître. »

Ma surprise est extrême : je n'aurais jamais cru que les trésors de la Seo s'ouvrissent si complaisamment sur la recommandation de Darius et de Xerxès. Il faut pourtant bien se rendre à l'évidence.

Auprès de l'incomparable Seo, auprès des merveilles de tout ordre accumulées par les papes, les rois, les évêques, les artistes et les fidèles, les édifices religieux semés à profusion dans Saragosse paraissent bien modestes. Et pourtant Notre-Dame del Pilar passe avant la Seo dans les préoccupations pieuses des habitants. Elle est l'objet de la piété, de la ferveur et de l'espoir de tout bon Aragonais. Un entassement invraisemblable de briques, un monument colossal dont les masses et les grandes lignes trahissent l'ambitieux désir de s'égaler à Saint-Pierre de Rome, tel est le temple projeté sous Charles II par Herrera el Mozo. Dès 1754, époque où l'on posa la première pierre, sa construction et sa décoration furent confiées aux meilleurs artistes que l'Espagne ait produits ou attirés chez elle. La liste en serait longue comme celle des dieux de l'Olympe chantés par Homère. Citons Ventura Rodriguez, architecte, Juan de Leon et Leon de Lazana, Ramirez, Salvas Alvares, sculpteur sur marbre, Antonio Gonzales, Velazquez, Ramon Bayen, Don Francisco et son frère Fortaleza, Paciencia, Cormano, Coello et enfin un contemporain, Goya, ce peintre au tempérament fougueux et sombre qui incarne si bien l'Espagne moderne. Les Aragonais furent fiers de l'associer à leur grand œuvre, se souvenant qu'il était né au village de Fuentetodos, à six lieues de Saragosse.

RELIQUAIRE DE SAINT VALÈRE, FACE — D'APRÈS UNE PHOTOGRAPHIE.

Quand on suit le pont jeté sur l'Ebre et qu'on aperçoit Notre-Dame del Pilar se reflétant dans les eaux du fleuve, on n'en saisit ni le plan d'ensemble ni les proportions. Ses coupoles se mêlent, se nuisent par leur voisinage, paraissent vulgaires sous l'émail vert, blanc, jaune et bleu de leur couverture de tuile. Peut-être l'aspect si lourd du monument eût-il été corrigé, si trois des quatre tours projetées aux angles n'étaient restées dans les limbes où dorment les projets trop ambitieux.

En résumé, l'impression n'est pas heureuse. Elle se modifie favorablement dès qu'on pénètre à l'intérieur et, bien que la nef centrale soit coupée en plusieurs tronçons par la chapelle del Pilar, l'autel, le chœur du chapitre, le plan devient d'une lecture simple. Si l'on se place à l'extrémité d'une nef latérale que n'interrompt aucun obstacle et si l'on considère les pygmées qui se meuvent à l'autre bout, on prend même conscience d'une grandeur ignorée jusque-là faute d'élément de comparaison. Remuer des montagnes, renouveler l'œuvre des Titans, et aboutir à un pareil résultat, c'est donner sans doute une preuve d'humilité appréciable dans une église, mais commettre aussi une erreur lourde et atteindre à rebours le but souhaité.

J'ai rappelé la légende des Titans. L'effort que révèle Notre-Dame del Pilar fut immense en effet. D'abord une légion d'ouvriers y travailla sans réclamer aucun salaire, poussée par une ardente piété. Plus tard, le trésor royal s'ouvrit aux promoteurs de l'œuvre. Puis on recourut à l'ordre de Calatrava qui s'imposa et constitua une rente à cette intention. Philippe V envoya, lui aussi, d'abondantes largesses. En 1711, il créa même deux grosses prébendes aux Indes occidentales, l'une à Lima, l'autre à Mexico, à condition que les titulaires recueilleraient des aumônes destinées à l'achèvement de l'édifice. Ensuite, il décréta l'entrée franche des matériaux employés à la construction. Tant de sacrifices furent enfin couronnés.

Les fêtes célébrées à l'occasion de la dédicace de Notre-Dame del Pilar sont restées légendaires en Aragon. Une immense procession sortit de l'église, parcourut les rues de la ville, se fraya un passage à travers les flots tumultueux des citadins, des villageois et des étrangers. Sur le parcours de la théorie sacrée des arcs de triomphe alternaient avec des autels ornés de guirlandes. Le sol disparaissait sous les pétales de roses, des tentes accrochées aux stillicides voilaient le ciel, aux murailles étaient accrochées des tapisseries et des étoffes précieuses tandis qu'entre les fenêtres, sur les trumeaux, on avait disposé des miroirs de Venise, des statues d'argent, des flambeaux et des torchères allumés, des poésies en langues diverses à la louange de la Mère du Christ. Dans la procession figuraient quarante reliquaires d'argent, les uns représentant les bustes, les autres les statues des patrons de l'Espagne. Puis venait le clergé des paroisses, précédé de ses vingt-cinq croix d'argent et, à sa suite, les enfants des asiles, les vieillards, les fous, les communautés religieuses, les milices urbaines, les corps de métiers avec leurs bannières flottantes, les massiers, les fifres, les tambours, les timbaliers, des troupes de géants et de *gigantillos* ou fils de géants, tous en de riches costumes, tous en proie à un saint délire comme la foule frénétique entre les rangs de laquelle ils passaient. Dès la rentrée de la procession, on tira des feux d'artifice et l'on dansa sur toutes les places de la ville. Les jours suivants il y eut des mascarades, des cavalcades, des comédies et l'on inaugura une *plaza de toros*, construite sur les plans du chanoine Pignatelli resté plus célèbre dans l'histoire pour avoir conçu et fait exécuter le canal d'Aragon.

LA VIERGE DEL PILAR. — D'APRÈS UNE PHOTOGRAPHIE.

Ces fêtes inoubliables se renouvellent chaque année le 12 octobre avec moins d'éclat et de richesse, mais avec une même piété et le même enthousiasme patriotique. Les doctrines révolutionnaires ont pénétré le peuple de Saragosse, la crise commerciale due à la perte des colonies provoque des plaintes acerbes, la bourgeoisie critique son clergé et se rit de l'orgueil des chanoines, le peuple est prêt à renouveler le pillage des couvents, mais au fond du cœur chacun reste attaché à son clocher, pieux envers Notre-Dame, très affectueux pour les saints, ses meilleurs protecteurs en ce monde. Aucun homme politique ne manifesterait la crainte de franchir la porte d'une église, de recevoir les sacrements et de demander les dernières prières. Une conduite différente, loin de flatter les passions populaires, aliénerait les électeurs. Si la révolte gronde parfois et se dresse contre le pouvoir civil et religieux, nul encore ne s'attaque à Dieu et ne méprise sa puissance. Ainsi se conserve le courage simple et la foi robuste qui fait accepter sans murmure les épreuves de la vie.

Autant la masse de l'église del Pilar est froide, solennelle, ennuyeuse dans sa magnificence, autant on se laisse émouvoir devant la chapelle élevée dans l'axe de la grande nef à la Vierge miraculeuse.

Ni le style compliqué du *Templeto* dû à Ramirez, ni ces anges charnels, ni ces conques, ni ces guirlandes, ni ces rocailles, ni ces nuages cotonneux, ni ces ors, ni ces marbres précieux répandus à profusion dans le sanctuaire, ni même cette profusion de cierges qu'entretient allumés la piété des fidèles, n'impressionnent l'étranger indifférent à une dévotion si locale. Et pourtant il subit comme une contagion sacrée, il est conquis par la piété, ému par la ferveur que trahissent les attitudes, les extases, les mains

NOTRE-DAME DEL PILAR (PAGE 63). — D'APRÈS UN DESSIN DE BOUDIER.

jointes des suppliants. N'étaient-ils pas touchants, ces jeunes conscrits, raides dans leurs uniformes revêtus de la veille, agenouillés pleins de foi devant Notre-Dame del Pilar et qui lui demandaient, avant leur départ pour Cuba ou les îles Philippines, de les ramener sains et saufs au village où les pleuraient déjà les mères et les fiancées? Pauvres enfants réservés à la fièvre jaune, destinés aux blessures des armes ou au bistouri des chirurgiens!

La voici, cette précieuse Vierge de bois noir. Saint Jacques, rapporte une pieuse tradition, la posa sur un pilier à l'endroit où elle désirait qu'on lui bâtit un temple. De là son nom. A peine distingue-t-on les traits au milieu des couronnes et des bijoux qui les voilent; encore moins devine-t-on la forme du corps, sous la chape hiératique évasée par le bas comme une cloche et surchargée, elle aussi, de broderies, de perles et de diamants. Vue aux lumières d'une multitude de lampes et d'une profusion de cierges, l'image, ainsi parée, prend un caractère étrange, éblouissant. Elle semble participer de la nature du soleil ou des astres, plutôt que tenir de la figure d'un être humain. Elle n'a d'ailleurs rien de commun avec la jolie Vierge de la Renaissance dont on vend à la porte l'image d'argent, de bronze ou d'ivoire.

Une très forte grille d'argent massif, haute de près de deux mètres, ferme le sanctuaire et tient à distance les voleurs aussi bien que les dévots. A travers ses barreaux passent à tout instant des pièces de monnaie qui, avec un bruit métallique, tombent parmi d'autres pièces de monnaie répandues sur le dallage de marbre. C'est le tribut à la *Reine de l'Aragon*, à la Vierge del Pilar, que paye sans regret le soldat, à la veille de son embarquement, la mère dont l'enfant agonise, le mendiant qui prélève une dîme sur les maigres aumônes faites à sa misère.

Quand on s'éloigne de la radieuse chapelle, les autres parties de l'église paraissent vides et désertes. Pourtant, adossé au fond de la nef, se trouve un retable au moins égal en beauté à celui de la Seo. Il est l'œuvre capitale du célèbre sculpteur Damian Forment et fut exécuté de 1509 à 1515 pour l'ancienne église de Notre-Dame. La composition en est simple et belle, l'exécution incomparable, la matière digne du ciseau qui l'a taillée. Sous une suite de clochetons élégants, entourés d'un cadre finement fouillé et doré, se présentent trois bas-reliefs bien distincts et pourtant unis par la composition. Celui du centre, consacré à l'Assomption, offre un merveilleux exemple des ressources que présente un art aussi conventionnel que celui de la sculpture en bas-relief. L'éther où plane la mère du Christ, le ciel où elle partagera la gloire de son divin fils s'étend, se perd, se devine infini. La Vierge a vaincu les lois éternelles qui rivent nos corps à la terre; on la sent entraînée vers les régions sereines, sans que cette victoire sur les forces de la nature fasse violence à nos instincts. Certe, le style ogival de l'œuvre et son indicible délicatesse jurent et détonent avec la masse lourde des énormes piliers entre lesquels on l'a placée, mais elle captive la pensée au point de l'absorber. Elle seule rayonne, elle seule semble se réfléchir dans les yeux.

Au moment où fut composé ce retable, Damian Forment subissait déjà l'attrait de la Renaissance italienne. Les pilastres qui divisent les bas-reliefs, le couronnement des clochetons au-dessus des niches, les deux anges adorant, placés au sommet du retable, en portent la trace. Malgré la beauté de l'albâtre, cette œuvre était polychrome. Comme à la Seo et pour les mêmes motifs, le savon et la brosse ont eu le dernier mot dans la lutte engagée contre la peinture. Il ne reste aujourd'hui aucun indice de couleur, sinon sur deux figures de grandeur naturelle placées à droite et à gauche de l'autel. Par elles, on peut juger combien a été grave le préjudice causé à l'œuvre du maître.

RETABLE DU MAÎTRE-AUTEL DE NOTRE-DAME DEL PILAR. — D'APRÈS UNE PHOTOGRAPHIE.

Quand on a vu le retable de Forment, on pourrait quitter sans regret Notre-Dame del Pilar. Pourtant, en descendant la grande nef, les gens scrupuleux s'arrêteront devant la belle Assomption de Carlo Salas, admireront peut-être les stalles du chœur, œuvre du Navarrais Esteban de Obiray, du Florentin Juan Moreto, de Nicolas de Lobato qui les exécutèrent en six ans, de 1542 à 1548. Ils verront avec intérêt la belle grille de bronze ciselée par Juan Tomas Celmar. Il leur sera même loisible de prendre le torticolis de rigueur à regarder les coupoles, parmi lesquelles se distingue celle que peignit Goya et qui fut terminée en 1787. Mais on aura beau s'évertuer, on ne sortira jamais del Pilar dans l'état d'émotion que provoque la Seo.

Saragosse s'enorgueillit encore du charmant portail de Santa Engracia, de pur style plateresque et bâti en 1593 par Juan et Diego Morlanes. L'arc est d'aspect triomphal. Un Christ en croix d'une grande beauté occupe le haut du tympan. Dans le registre inférieur trois bas-reliefs juxtaposés semblent s'abriter sous d'immenses coquilles. La corniche puissante les soutient, porte quatre statues et semble reposer elle-même sur des colonnes d'un dessin délicat. Enfin, disposée en archivolte, règne une double guirlande de têtes d'anges dont le charme, le sourire radieux et la grâce incomparable font autant de merveilles. Aujourd'hui

PORTAIL DE SANTA ENGRACIA (PAGE 68). — D'APRÈS UNE PHOTOGRAPHIE.

cette œuvre exquise se dresse devant une construction moderne. Je ne la qualifierai pas, d'autant que le vaisseau ancien n'était guère plus remarquable :

« Les Pères hiéronymistes devraient bien mettre leur autel devant la porte de leur église, » dit un jour Philippe IV en sortant de Santa Engracia.

Il ne faudrait pas s'attendrir et pleurer sur la disparition de la nef, si le couvent transformé en forteresse pendant la guerre de l'Indépendance, n'avait été le théâtre des épisodes les plus sanglants du siège et s'il n'avait été détruit par une explosion. Sur l'emplacement du beau cloître construit par Tudedilla et dont quelques mauvaises gravures donnent encore une haute idée, au lieu d'une bibliothèque célèbre où étaient conservées les célèbres chroniques d'Aragon, s'élève une caserne. Seules les cryptes restées intactes rappellent le passé et gardent le dépôt sacré des tombeaux antiques qui auraient reçu les ossements des premiers martyrs de Cæsaraugusta.

Saragosse n'est pas comme Barcelone une ville au passé nébuleux. Son histoire est connue depuis qu'Auguste érigea la modeste cité de Saldaba en colonie et lui donna son nom.

Une ville qui fut jusqu'au xve siècle la capitale de l'Aragon devait être dotée de palais et d'édifices nombreux. Mais leur destination les désignait à une ruine plus rapide que les monuments protégés par leur caractère religieux. Quelles vicissitudes, quelles transformations n'a point subies le plus vénérable d'entre eux, la citadelle de l'Aljaferia construite à la limite des anciens remparts, au bord du fleuve et dans un site qui, en dépit de l'abandon, est encore plein de charme et de séduction.

C'est en un poème épique qu'il faudrait chanter ses merveilles, les amours d'Abdel Melek et les exploits d'Alonso d'Aragon, dit le Batailleur, quand il mit le siège devant Saragosse et l'emporta de haute lutte. Ce fait d'armes mémorable où participèrent, comme en une croisade, des contingents fournis par l'Europe chrétienne, s'accomplit en 1118. Un grand nombre de chevaliers français se signalèrent par leur bravoure et, à leur tête, Gaston de Béarn fit même de telles prouesses qu'Alonso lui donna des fiefs nombreux et lui permit d'ajouter à ses titres celui de Seigneur de Saragosse. Sept siècles plus tard, les descendants de Gaston et d'Alonso se retrouveront en ennemis au pied des murs de la vieille cité où leurs aïeux avaient combattu sous le même étendard, et rivaliseront encore de courage et d'opiniâtreté.

LA LONJA DE SARAGOSSE (PAGE 71). — DESSIN DE BOUDIER.

Du reste, dans ce long intervalle, que de traités d'amitié, que de paix, scellés sur l'Évangile, que de ruptures éclatantes entre les deux peuples ! Pierre II appelle Simon de Montfort, remporte à son aide des succès décisifs contre les Mores et sauve son héritage d'une ruine menaçante. Quelques années plus tard, en 1213, sa puissance étant raffermie, il écoute les propositions des Albigeois, franchit les Pyrénées, secourt les hérétiques révoltés, assiège Muret et meurt devant la place dans une bataille livrée à Simon de Montfort qui est resté le défenseur de la foi. On n'est pas d'accord sur les motifs qui avaient déterminé Pierre II à payer le comte de Montfort d'une telle ingratitude et à courir le risque terrible d'une excommunication majeure. On y a mêlé le nom d'une femme. En vérité, le roi d'Aragon avait pris le parti des hérétiques et s'était rangé auprès des comtes de Toulouse, de Foix et de Comminge parce qu'il ne doutait pas que les troupes alliées ne fussent victorieuses et qu'il espérait profiter de la défaite des Français pour forcer les coalisés à reconnaître la suzeraineté de l'Aragon. C'était une véritable félonie. Les contemporains en jugèrent autrement. Dans le récit de la bataille de Muret, aucun chroniqueur n'élève un blâme contre le soldat vaillant et loyal dont Pierre II incarne le type à leurs yeux. Que ne pardonnait-on pas à cette époque en faveur du courage militaire! Le fils du roi d'Aragon, Jacques Ier, qui le pleure comme un chevalier accompli et l'honore comme un père modèle et qui jure de suivre toujours son exemple, nous fournit pourtant sur sa propre naissance et sur la nuit qui précéda la mort du monarque des détails bien étranges et qui s'accordent mal avec son admiration. Du palais des Rois Mores, il ne reste que des vestiges conservés dans un musée. Les Aragonais préfèrent garder leurs monuments en morceaux que dans leur intégrité. Ainsi, sous prétexte de la sauver de la destruction, on a démoli une bonne partie de l'Aljaferia et l'on a étendu pêle-mêle sur le dallage d'une salle de l'hôpital les charpentes peintes, les pierres sculptées, les colonnes et les chapitaux très ornés qui en provenaient. Il serait pourtant bon de comprendre que les monuments en place ont une autre valeur, une autre beauté, un autre intérêt artistique que des membres épars. Si la piété conseille la conservation des reliques, il n'est pas recommandé de tuer et de dépecer les gens pour meubler les reliquaires.

L'ASSOMPTION. — BAS-RELIEF DE NOTRE-DAME DEL PILAR (PAGE 65).
D'APRÈS UNE PHOTOGRAPHIE.

Le seul fragment de l'Aljaferia sauvé de la destruction est signalé à l'extérieur par un arc que ferme une porte étroite. Le battant s'ouvre, et l'on pénètre dans une petite mosquée encombrée de vieux bois, de sièges cassés, de balais démanchés, de lanternes brisées entre lesquels des générations d'araignées ont tissé leurs toiles devenues lourdes de poussière et où vivent tranquilles de nombreuses colonies de rats. La salle est octogone; un *mihrab* occupe l'une de ses faces dans la direction de la Mecque. Les clefs et les archivoltes des arcs qui ornent les côtés sont ornées de sculptures délicates, précieusement fouillées. Mais aussi haut que la main peut atteindre, les murs sont pelés, écorchés, dépouillés même de l'enduit que le maçon dut y poser. La mutilation la plus regrettable est celle de la coupole par un plancher construit, dit-on, au temps des Rois-Catholiques. Depuis l'époque où elle fut ainsi décapitée, la mosquée fut sans doute abandonnée. L'archéologue qui la découvrit en 1840 ne poussa pas l'audace jusqu'à demander l'expulsion des habitants. Dans un pays de *fueros* où chacun se souvient de ses privilèges et en réclame orgueilleusement le maintien, les araignées et les rats ont leurs droits à faire valoir devant la Couronne. Qui oserait y toucher?

Du rez-de-chaussée, un escalier de très nobles proportions conduit aux appartements des Rois-Catholiques. Le plafond a échappé aux ravages du temps aussi bien qu'à la rage des restaurateurs. Il est très simple et d'une tonalité exquise. Ses grosses poutres de chêne vieilli sont relevées d'un peu d'or et de rouge fanés. Sur les entrevous concaves sont représentées les armes de Ferdinand le Catholique : des faisceaux de lances liés par un câble aux gracieux enroulements dont le dessin emblématique se trouve sur les médailles romaines et dans les vieilles armes de l'Aragon. Elles se détachent sur un fond blanc que couvrent des dessins bleus et gris alternés.

Au delà d'un pas-perdu s'ouvre la galerie des fêtes. Ici encore, les parties supérieures de la salle donnent seules l'idée du goût noble et sûr déployé dans la décoration du palais. La salle a de belles proportions. Le plafond est à citer entre les plus beaux. Il se compose de larges caissons carrés dessinés par des poutres où courent, sculptés en plein bois, les faisceaux héraldiques des rois d'Aragon. Au centre de chaque caisson et détachant ses ors sur un fond d'azur et de pourpre, s'élance une clé pendante terminée par une pomme de pin, tandis qu'à la croisée des poutres, d'autres clés plus délicates surgissent d'une étoile formée par des entrelacs. Au-dessous de ce plafond et comme pour en soutenir la magnificence, règne une galerie de bois ajouré comme une dentelle, limitée par un balcon qui orne le tour de la salle. Les dames de la cour s'y plaçaient quand le roi d'Aragon donnait une audience solennelle. Une litre très riche raccorde le balcon et la muraille. Plus bas pendaient ces belles tapisseries de Flandre, ces panneaux brodés ou ces cuirs de Cordoue qui constituaient le mobilier portatif de la Couronne et permettaient de donner promptement une belle parure aux parois nues simplement blanchies à la chaux.

Ces habitudes reportent, semble-t-il, à une époque bien reculée. Et pourtant ils ne sont pas si loin de nous, les temps où les rois de France se faisaient suivre dans leurs voyages de ces tentures et de ces meubles qui rendaient habitables et dignes de leur Majesté des logis abandonnés! Louis XIII ne rendit-il point à la reine Anne d'Autriche certaine visite bien imprévue et dont les conséquences sont restées mémorables, parce que l'orage qui l'avait forcé de chercher un refuge dans un pavillon de chasse avait été trop soudain pour qu'on eût le temps d'y draper une chambre? Et voilà pourquoi la France dut à la pluie son Roi Soleil.

Aujourd'hui, en guise de tenture, on a disposé sur les murs un râtelier indiscontinu garni de fusils et de baïonnettes. Quelle opposition entre les ors et les gaies lumières que rencontre le regard quand il s'élève, et ces reflets d'acier qui le blessent au moment où il redescend vers le sol!

Près de la salle du trône existent encore deux pièces qui constituaient l'appartement de Ferdinand le Catholique. C'est la même nudité, le même abandon ; ce sont les mêmes petits carreaux du dallage qui se détachent sous le pied. Mais toujours de beaux plafonds en harmonie avec les proportions moyennes des pièces; encore des entrelacs géométriques où s'enchevêtrent des étoiles et des croix, où se marient les arts des vaincus et des vainqueurs, où s'unissent le souvenir de ces nations que des haines religieuses, attisées par la joie du triomphe et le désespoir de la défaite, venaient de séparer à jamais. Puis encore, à l'intersection des moulures ces rosaces ornées de pommes de pin, rehaussées de vermillon et dorées, dit-on, avec l'or du Nouveau Monde. La note dominante est l'azur oriental. Il couvre le fond des caissons et des frises très étudiées, comprises entre le plafond et une litre où je lis, sur un champ uni, la devise des Rois-Catholiques, écrite en caractères gothiques : *Tanto monta*. Ici, comme dans la salle du trône, les tapisseries et les cuirs gaufrés placés durant le séjour de la cour et enlevés dès son départ devaient habiller les murailles, tandis que le carrelage disparaissait sous les tapis de Perse que l'Espagne achetait sur les marchés d'Andalousie bien avant l'époque où Venise les fit connaître à l'Europe.

Sainte Isabelle qui a laissé son nom à la salle suivante ne doit pas être confondue avec Isabelle la Catholique. Malgré ses vertus et les services rendus à la foi, la fondatrice de la monarchie espagnole, l'héroïne de Grenade et de Ronda n'a jamais été canonisée. Il s'agit d'une princesse de Portugal, fille de don Pedro d'Aragon et de doña Constance de Sicile. Elle naquit dans une pièce exiguë, très sombre, où l'on a placé comme unique souvenir de cet événement une inscription commémorative incrustée dans le mur. Le guide, un vieux soldat, me fait remarquer que le plancher de cette chambre est justement au-dessus de la mosquée décapitée. « Ici le ciel a vaincu l'enfer! » ajoute-t-il avec un geste tragique.

A le voir, on ne croirait pas ce vieux brave sujet à des accès d'attendrissement ; et pourtant le voici qui s'émeut encore en me montrant deux meurtrières pratiquées vis-à-vis l'une de l'autre dans une épaisse muraille et ouvertes d'un côté sur la campagne, de l'autre sur une cour intérieure : « Le Trouvère chantait au pied de cette muraille, » dit-il avec une compassion qui n'a rien de joué, « et là-bas vous distinguez dans la montagne le château de Castejar qui vit se dérouler une partie de ce drame célèbre. » Hormis une mosquée ruinée, rien ne reste de cet Aljaferia élevé dès la conquête arabe, détruit dès la conquête chrétienne. A part un escalier et quelques plafonds, sauf le lieu de naissance d'une sainte et une légende poétique, rien ne reste non plus de la demeure abandonnée par Ferdinand le Catholique en faveur du palais de Tolède depuis que son mariage avait consacré l'union de l'Aragon et de la Castille, rien ne reste de cette résidence où le sensuel monarque ramena peu de

MÉDAILLE DE JEANNE LA FOLLE ET DE CHARLES-QUINT, FACE ET REVERS — D'APRÈS UN MOULAGE.

mois après la mort de la grande Isabelle, sa nouvelle épouse, cette belle et jeune Germaine de Foix sur qui le monarque comptait pour donner un héritier à la couronne d'Aragon. Vœu impie qui, s'il se fût réalisé, eût compromis sinon détruit le grand œuvre d'Isabelle. C'était par la femme que s'était faite l'Espagne, c'était au trône de l'épouse qu'avait été rivé le trône de l'époux dans ce siècle à jamais glorieux pour la femme, dans ce siècle qui avait vu la Vierge de Domremy rendre la France aux Français et la fille des rois de Castille consommer la défaite des Mores.

La mort qui le frappa très peu d'années après son second mariage déjoua ses desseins et permit à Jeanne la Folle de ceindre les deux diadèmes. L'Espagne était unie pour jamais. Depuis la mort de Ferdinand le Catholique, l'Aragon n'a eu d'autres rois que ceux de la Péninsule.

VUE INTÉRIEURE DE LA LONJA. — D'APRÈS UNE PHOTOGRAPHIE.

Je ne sais s'il y faut voir un enseignement ou un symbole, mais tandis que les palais des rois disparaissaient, le palais du peuple, la célèbre Lonja, échappait à toute commotion. Elle fut construite aux frais de dom Hernando, un prélat amoureux des arts et dont l'influence fut grande à Saragosse.

La Lonja est située sur les bords de l'Èbre en face de l'archevêché et semble garder l'issue du pont jeté sur le fleuve à l'entrée de la rue Don Jaime. Un superbe stillicide de bois sculpté la couronne. Les murs massifs sont percés de rares fenêtres et de trois larges portes aux vantaux ferrés de clous vigoureux. A ces caractères, on reconnaît bien l'un de ces palais à tournure de forteresse où vivaient, au XVIe siècle, la grandesse du nord de l'Espagne et les *ricos homes* de l'Aragon. Les trois portes du rez-de-chaussée donnent accès dans une salle grandiose dont les voûtes font ressouvenir de la période gothique. Leurs arcs retombent sur deux rangées de colonnes qui divisent le vaisseau en trois nefs d'égale largeur.

Au fond de la nef centrale se dresse le dais royal. A cette place où siège aujourd'hui l'Alcade s'asseyait jadis le *Justicia*, la personnification la plus haute de ce pays fier de lui-même, soucieux de sa gloire, orgueilleux de son passé.

Le Justicia était élu par le suffrage de ses concitoyens. A son avènement, le roi des Espagnes devait lui rendre hommage à genoux, la tête découverte. Et tandis que le *Justicia* lui tenait la pointe d'une épée sur le cœur, le monarque jurait solennellement de respecter les privilèges et les franchises, les *fueros* en un mot, accordés ou concédés par ses prédécesseurs.

Qu'étaient donc ces célèbres *fueros* dont l'Aragon s'est prévalu pendant huit siècles, au seul nom desquels ont tremblé les plus puissants souverains et ont éclaté tant d'insurrections ? Leurs racines profondes s'enfoncent jusqu'aux premiers âges de la monarchie et, comme celles de ces arbres géants que la tempête peut abattre, mais qu'aucune force ne saurait arracher, elles périront liées au sol qu'elles ont pénétré. Si l'octroi des *fueros* remonte à l'époque où s'unirent les royaumes du Nord pour expulser les Arabes, leur institution avait été préparée de très longue date par l'habitude qu'avaient prise les souverains de partager leurs prérogatives avec une assemblée émanée de leurs sujets. Et ce n'est pas un des côtés les moins intéressants de cette longue histoire de la monarchie qui deviendra la plus absolue de l'Europe occidentale, de trouver, à son origine, des conseils placés auprès du roi afin de contrôler, de surveiller ses actes et, au besoin, de s'y opposer.

Les premières assemblées datent du IVe siècle et sont par conséquent antérieures au concile de Nicée. Elles se réunissaient à Tolède, capitale de la monarchie gothique, mais restaient indépendantes du pouvoir royal.

C'est seulement au VIe siècle, quand Reccarède eut embrassé la religion du Christ et conquis à sa nouvelle foi une partie de la nation, que la Couronne prit part à leurs délibérations. La chrétienté triompha de cette conversion du monarque goth. Une lettre de saint Grégoire le Grand témoigne de sa joie. Elle est écrite en réponse à un message où le monarque annonçait humblement à son nouveau père spirituel la grande décision qu'il avait prise, et le baptême de plusieurs milliers de sujets qui avaient suivi son exemple.

« Que dirai-je au Seigneur quand je me présenterai devant lui les mains vides et que Votre Excellence traînera à sa suite des troupeaux d'âmes fidèles qu'elle a gagnés à la foi par l'empire de la seule persuasion? Grief terrible qui accusera la tiédeur et l'oisiveté du grand pasteur des fidèles, tandis qu'on verra les saintes sueurs d'un roi chrétien pour la conversion des âmes. »

Dès lors, le pouvoir royal, trouvant un appui très efficace dans le clergé, accrut sa puissance, favorisa son influence et, finalement, s'y inféoda. Dans les nouvelles assemblées, le peuple n'est rien, les nobles ne comptent guère, l'épiscopat domine. Mais alors que les évêques délibèrent sur les affaires civiles, les laïcs ne sont point instruits des questions religieuses. Le résultat de cette abdication fut que, surtout en Castille, l'esprit militaire s'anéantit et que la royauté, amoindrie, désarmée, périt entre un concile et une invasion.

Si la conquête arabe ne fût survenue, un gouvernement théocratique eût bientôt succédé à la monarchie gothique. Pépin et Charlemagne avaient mieux compris leurs devoirs et leurs droits quand ils prenaient le clergé pour allié et non pour maître. Et pourtant le service qu'avaient rendu les évêques en habituant les monarques à compter avec une puissance rivale était immense. On le vit bien plus tard, quand l'Aragon et la Castille libérées de la domination des Mores, voulurent se défendre contre un retour offensif de l'envahisseur. Les villes, les bourgs mêmes étaient très clairsemés sur les marches des provinces reconquises. Pour aider à leur accroissement, pour favoriser la création de centres nouveaux et en former un rempart sous la protection duquel le pays peut se reconstituer et son cœur battre en liberté, les rois transportèrent aux communes frontières une partie des privilèges reconnus jadis au clergé. Telle est l'origine des *fueros*, d'ailleurs d'autant plus étendus qu'ils avaient été arrachés dans un danger plus grand.

MARCHANDS DE BOIS A SARAGOSSE. — D'APRÈS UNE PHOTOGRAPHIE.

PORTE DU CARMEN À SARAGOSSE. — D'APRÈS UNE PHOTOGRAPHIE.

CHAPITRE VII

Le Fuero de Sobrarbe. - Le Justicia. - Philippe II et Perez. - Les rodomontades espagnoles. La Casa de Zaporta. - Le Canal impérial. - Goya. - Le marché. - La population des campagnes. - Le siège de Saragosse.

CHARLES QUINT.

Les Fueros, ces privilèges célèbres dont les rois d'Aragon avaient payé le concours des villes qui les avaient aidés à reconquérir et à conserver leur héritage, modifièrent profondément l'équilibre social. A Saragosse, à Sobrarbe, dans les autres villes du royaume, leurs bénéficiaires formèrent bientôt auprès du clergé et de la noblesse une classe inconnue jusque-là, celle des bourgeois, des artisans, des agriculteurs libres réunis sous le nom générique de *vecinos* (voisins ou associés). Et comme les franchises dont ils jouissaient n'étaient pas un don gratuit, mais le prix de service de guerre, ils s'y attachèrent avec passion.

Le Fuero de Sobrarbe, fort ancien et contenu dans une charte de 886 dont on nie d'ailleurs l'authenticité, mais qui n'en est pas moins un document de très grande valeur, donne la forme primitive de ces contrats passés entre le roi et ses sujets.

C'est l'entrée du peuple dans les conseils de la couronne, c'est l'enchaînement des prérogatives royales. Dans tous les actes de sa vie souveraine, le monarque devra s'astreindre à observer les Fueros, même quand il prohibe l'exportation des denrées en temps de disette, quand il convoque les Cortès, quand il emprisonne les nobles, quand il distribue les terres et fiefs aux chevaliers. En fait, il est beaucoup plus défendu au roi qu'il ne lui est permis. Seul le droit de grâce lui est accordé sans restriction.

I. — Dans la paix et la justice, le roi régnant nous accorde ces privilèges :

II. — Les terres prises sur les Mores seront partagées non seulement entre les *ricos hombres*, mais aussi entre les combattants de condition libre à titre d'*infanzones*. Toutefois, les étrangers n'auront droit à aucune part.

III. — Il est mal que le roi rende la justice, à moins qu'il ne s'entoure de conseillers et ne s'aide de leurs avis.

IV. — Faire la guerre, accepter la paix, consentir les trêves ou traiter toute autre chose d'un grand intérêt est défendu au roi, à moins que n'y consente le conseil des anciens.

V. — Désormais, que nos lois et nos libertés ne souffrent aucune atteinte et qu'il soit créé un juge par lequel le roi serait provoqué s'il lésait quelque droit, ou si, même par hasard, il mésusait de la chose publique, et qu'il soit fait justice.

Ce tribun du peuple, ce juge inviolable, concédé par la monarchie à ses véritables sauveurs, prit le nom de *Justicia*. Il n'était pas un homme, mais l'incarnation de la justice même.

« Nous vous avons fait roi pour que vous fassiez droit, sinon non, » disait-il fièrement au monarque en lui appuyant la pointe d'une épée sur la poitrine, quand celui-ci, après son avènement, jurait de respecter les libertés de l'Aragon.

La magistrature exercée par le Justicia, et dont la puissance inouïe était fondée sur le respect et sur la confiance du peuple, devait durer des siècles avec des alternatives de plus ou moins grande autorité. Mais l'Arabe rejeté sur la terre d'Afrique, le pays libéré, le péril passé, les monarques trouvèrent bien lourdes les obligations que leurs ancêtres avaient contractées envers leurs sujets; ils en subirent impatiemment la contrainte, partagés entre le désir de s'en affranchir et la crainte des soulèvements dont l'abolition des Fueros serait le signal. Un jour, l'Espagne apprit de l'Autriche le dédain des révoltes et le mépris de ses engagements. Dès lors le parti de Philippe II fut arrêté, il n'attendit plus qu'une occasion de déchirer le pacte, décidé à la faire naître si elle tardait à se présenter. En vrai courtisan, le prétexte s'offrit de lui-même.

Au nombre de ses favoris, le roi comptait un fils naturel de Gonzalo Perez, légitimé en 1567 et promu secrétaire d'État à la mort de Ruy Gomez. Mêlé à de basses intrigues, chargé de prouver une connivence coupable entre Escobedo et Don Juan d'Autriche, Perez avait reçu des confidences terribles et possédait des lettres où le roi lui manifestait le désir de se débarrasser de son frère et d'un ministre gênant. Il semblait que, nanti de cette correspondance, il dût braver les fantaisies de son maître et conserver le pouvoir. Que se passa-t-il entre les deux complices ? On l'ignore. Quoi qu'il en soit, Escobedo ayant été assassiné et Don Juan étant mort quatre mois plus tard, la cour accusa le secrétaire d'État d'avoir commis ces meurtres. Disgrâcié, il subit un emprisonnement d'abord très doux dans son propre palais ; puis en 1535, il fut condamné à d'énormes restitutions et à la détention.

Perez a le temps de se jeter dans un couvent. Invoquant le droit d'asile, les moines refusent de le livrer. Ils cèdent enfin devant les menaces du roi, et le favori est transféré dans un bâtiment de l'État. La mort l'y attendait sans doute, quand sa femme, inventant bien avant Mme de Lavalette un subterfuge devenu célèbre, obtint l'autorisation de le voir, lui donna ses vêtements et facilita ainsi son évasion. Bien que Perez eût subi la torture et qu'une longue détention l'eût accablé, il sauta sur un cheval et, sans prendre le temps de quitter ses robes et ses coiffes, courut d'une traite jusqu'à Calatayud. En arrivant il en appela au tribunal des Fueros. Sa requête ayant été accueillie, il fit à Saragosse une entrée triomphale et fut incarcéré dans le palais du Justicia.

FACE ET REVERS DU SCEAU DE PHILIPPE II.

Une lutte terrible s'engage aussitôt entre le Saint-Office et le Justicia qui ne veut pas abandonner son prisonnier. Une menace d'excommunication majeure a raison de la résistance du Justicia; mais le peuple s'insurge; aux cris mille fois répétés de *Contra Fueros* la population entière s'arme, descend dans la rue et délivre Perez. A peine ramené dans sa prison, les Inquisiteurs l'y viennent reprendre La colère de Saragosse ne connaît plus de bornes ; le Saint-Office est entouré et comme le Grand Inquisiteur

LA MAISON DE L'INFANTE (CASA DE ZAPORTA). — D'APRÈS UNE PHOTOGRAPHIE.

essaye de résister, des fagots sont entassés autour de l'Aljaferia où il demeure. On y met le feu, les flammes consument la porte, menacent de gagner l'édifice entier. Perez, tiré de son cachot, est rendu à ses libérateurs. Profitant de l'émoi général, il perce la foule, gagne la montagne et passe en France quelques jours après.

La colère du monarque se retourna terrible contre la ville qui lui avait ravi sa victime. D'abord Philippe II feignit de n'éprouver ni dépit ni courroux et demanda simplement pour ses troupes l'autorisation de traverser l'Aragon. Les Fueros permettaient au Justicia de la refuser. Comprenant le dessein à peine dissimulé du roi, ce magistrat invoqua son droit et décida d'appeler aux armes, non seulement Saragosse, mais les villes et les provinces qui bénéficiaient des mêmes privilèges. Vaincu sans combat, il s'enfuit; puis, trompé par la fausse mansuétude de son souverain, il commit l'imprudence de rentrer dans sa demeure. Une heure plus tard des officiers venaient l'y arrêter. Le lendemain, au petit jour, il était supplicié.

« Ce fut la Justice qui fut justiciée, » dit Perez en apprenant cette nouvelle (1596).

A la suite de ces événements, les Cortès d'Aragon se réunirent à Tarazone. Terrifiés par une si dure leçon, ils s'inclinèrent devant la volonté du monarque et, au lieu de protester, ils votèrent une sorte d'abolition des Fueros. La fin sanglante du dernier Justicia et le suicide des Cortès entraînèrent dans une chute irrémédiable les antiques libertés du royaume.

De ses privilèges à jamais perdus, l'Aragonais a conservé un regret douloureux, et de son amour pour la liberté un esprit quelque peu frondeur. Au demeurant, on ne l'en saurait blâmer, s'il n'y joignait une jactance, une superbe, d'ailleurs commune à la majorité de ses compatriotes et qui, de tout temps, ont défrayé les chroniques.

On n'a que le choix entre cent exemples.

Dix mille hommes, commandés par le célèbre marquis de Pescaire, avaient été envoyés à Malte pour porter secours au Roi Catholique. Un capitaine de cette troupe, sachant la langue castillane, rencontre un officier espagnol de belle et galante mine :

« De combien de soldats est composée votre armée ? demande-t-il.

— Je vous le dirai exactement, répond l'autre : Il y a 3000 Italiens, 3000 Allemands et 6000 *soldats*. »

Il est inutile d'ajouter que ce titre glorieux s'appliquait aux seuls Aragonais.

Un autre jour, c'est un soldat un peu âgé, mais de martiale tournure, qui parcourt désarmé les rues de Crémone. Il rencontre un ami.

« Pourquoi te promènes-tu ainsi sans épée ? La police t'a-t-elle interdit le port d'une arme?

— Point ; la police n'a que faire avec moi car je suis un vieux soldat, bien noté dans une compagnie connue pour sa vaillance. Je me suis imposé moi-même l'obligation de ne plus porter d'épée parce que je suis si prompt de la main que le moindre vent qui me souffle par les oreilles, je me retourne, je dégaîne et le premier que je rencontre, je le tue. Cela m'est arrivé cinq ou six fois par les rues, si bien que pour ne plus tomber entre les mains de notre prévôt de camp et courir péril de mort, j'ai juré devant Dieu de ne jamais ceindre une épée, sinon pour aller à la guerre. »

On cite encore la rodomontade de ce brave qui après avoir massacré une multitude de Mores, coupait leurs têtes et les lançait vers le ciel. Sous l'impulsion de son bras vigoureux, elles s'élevaient si haut qu'avant de retomber sur la terre elles étaient à demi dévorées par les mouches.

Et cette triomphante réponse :

Il y avait, parmi les gardes du corps de Philippe II, un chef de compagnie, aussi brave et vaillant qu'il était vaniteux. Comme il n'avait pas de montre et qu'il était de bon ton d'en posséder une, il attachait une balle à l'extrémité d'une chaîne et la plaçait fièrement à sa ceinture.

Instruit du fait, le roi l'appela et après l'avoir un instant considéré :

« Tu es un homme économe, lui dit-il, puisque sur ta solde tu as pu acheter une montre. Voyons, quelle heure est-il ? »

PALAIS DE LUNA. — DESSIN DE BOUDIER.

Sans se troubler, le capitaine mit la main à sa chaîne et dégageant la balle :

« Seigneur, voici ma montre ; elle ne s'arrête jamais et me rappelle sans cesse que je dois mourir pour votre Majesté !

— Prends celle-ci, reprit le roi en lui donnant la sienne, afin que tu puisses savoir l'heure quand tu mourras pour moi. »

Ces fiers Aragonais ne respectaient même pas la majesté royale et les monarques prenaient le parti de rire afin de n'être point contraints de punir.

Un hidalgo de petite condition adressait un jour une demande à Ferdinand le Catholique. Soit que le monarque fût distrait, soit qu'il réfléchît à sa réponse, il demeura un moment silencieux.

« Sacrée Majesté, dit l'hidalgo impatienté, pour Dieu, donnez-moi une réponse; mon mulet est là-bas, mon mulet qui m'attend ! »

L'empereur Charles Quint ne fut pas traité avec plus de ménagements en diverses rencontres, bien qu'il fût redouté pour son violent caractère et ses façons guerrières.

Pendant la campagne de Hongrie, comme il passait la revue de son camp et qu'il était accompagné de son frère Ferdinand, roi des Romains, qui portait les cheveux longs à la mode aragonaise, un soldat s'en fâcha :

« Sacrée Majesté, s'écria-t-il, je vous fais cadeau de tout l'arriéré de ma paye, à condition que vous ferez tondre la tête à votre frère Ferdinand. »

A quelque temps de là, l'empereur se fit attendre par ses troupes durant plusieurs heures. Quand il parut un soldat s'adressant directement à lui, s'écria :

« Allez au diable, vilaine bouche qui venez si tard, car nous sommes morts de faim et de froid! »

Le reproche était d'autant plus blessant qu'il faisait allusion à ce prognathisme commun aux princes de la Maison d'Autriche. Charles Quint en était affligé au point qu'il s'alimentait mal et que son estomac protestait contre le travail supplémentaire qu'il lui imposait. Aujourd'hui les habitants de Saragosse sont plus respectueux de leurs monarques, mais ils ont perdu leurs franchises. La Justice elle-même a émigré du palais où elle trônait en souveraine.

Depuis le commencement du siècle les tribunaux siègent dans le grand palais de la famille de Luna situé sur le Corso, un édifice d'une belle ordonnance quoique détérioré par des remaniements récents. De chaque côté de la porte d'entrée deux Hercules armés de massues supportent un entablement que surmonte un bas-relief. L'on ne s'accorde pas à Saragosse sur le sujet qu'il représente. Si j'en crois un libraire dont la boutique est située vis-à-vis du palais, le cortège solennel qui s'y déploie ne serait autre que celui du pape don Pedro de Luna y Gotor entrant à Saragosse. Le pharmacien d'à côté y voit l'enterrement du comte de Peralada, mort au siècle dernier et qui légua au roi sa belle demeure. Quoi d'étonnant à ce qu'un pharmacien ne rêve qu'enterrements! Ce sont des fêtes auxquelles il contribue assez souvent.

Quant aux Hercules qui brandissent leur arme avec un geste terrible, ils ne diffèrent guère et pourtant l'un dit : « Si tu entres, je t'assomme! » l'autre répond : « Si tu sors, je t'écrase! » Le porte-massue de droite n'est guère hospitalier; celui de gauche l'est trop, et la compensation ne s'établit pas.

FERDINAND, ROI DES ROMAINS.

Entre les plus beaux types de l'architecture aragonaise, je citerai encore le palais d'Argillo sur la place où s'élevait jadis la Tour Neuve. Mais pourquoi faut-il que le regard, attiré par la délicatesse et l'élégance de ses lignes, s'arrête sur l'encadrement noir qu'un barbouilleur a tracé autour des fenêtres! Ainsi décorée, la façade évoque le souvenir d'une lettre de faire-part conviant à un service funèbre. A l'intérieur, le palais des comtes d'Argillo rappelle les dispositions générales des maisons moresques. La cour ou *patio* est entourée d'un portique à deux étages. Les frises en bois qui répondent au premier plancher sont ornées de sculptures charmantes représentant les signes du Zodiaque. Le stillicide saillant est d'une grâce exquise sans avoir pourtant la richesse et l'importance de celui de la façade extérieure. Le premier étage est loué et occupé par le collège de San Felipe. Le rez-de-chaussée sert d'entrepôt. De leurs maîtres actuels, les concierges semblent ignorer jusqu'au nom. Un jour ou l'autre un incendie se déclarera dans le magasin, il gagnera les étages, il se communiquera aux frises, aux galeries, aux charpentes, et de cette belle demeure il ne restera que les fenêtres dont le grand deuil alors sera de circonstance.

Hélas, tel a été le sort d'un palais de grand renom, la Casa de Zaporta où l'on avait également installé une école et une fabrique de pianos. Un beau matin le feu prit au milieu des copeaux et ce fut par miracle ou plutôt au prix d'incroyables efforts que le patio, l'escalier et la belle lanterne de boiserie qui le surmonte purent être préservés des flammes. La Renaissance aragonaise a produit des monuments d'un goût plus épuré, d'un art plus délicat que le palais de Zaporta, mais il faut pourtant louer sans réserve la belle porte qui s'ouvre sur la rue Saint-Georges. Les sculptures de ses pilastres sont d'un goût exquis. Par malheur, elle souffre du voisinage d'un affreux balcon placé à la fin du siècle dernier devant une fenêtre ouverte à coups de pioche dans la muraille au milieu du couronnement. Cette porte donne accès dans le patio. Le premier étage est soutenu par huit colonnes cannelées à leur base et ornées sur leur fût de groupes de nymphes et de satyres, de guirlandes de fruits ou de fleurs et de draperies qui voilent les membres inférieurs des person-

*

nages. Une architrave où courent des animaux fantastiques supporte le balcon de la galerie. Celle-ci est formée de vingt-quatre arceaux, six de chaque côté, dont les archivoltes sont portées par de légères colonnes au profil délicat et dont les bases s'appuient sur de charmants piédestaux. Entre ces piédestaux, on a disposé des médaillons en haut-relief représentant des hommes d'armes et des chevaliers en costume du temps de Charles Quint.

L'escalier ne le cède point au patio ; il l'emporte, au contraire, par la beauté de sa rampe sculptée, la superbe colonne qui appuye la première volée et enfin l'élégante coupole qui le couronne. Comme celles de la Casa Consistorial de Barcelone et de la paroisse de la Seo, cette coupole est de style mudejar. La marqueterie de bois repose sur quatre trompes ornées de belles coquilles au fond desquelles se détachent des personnages mythologiques. Une partie de ces trompes a souffert ; en revanche la boiserie est à peu près intacte ou serait très facile à restaurer.

Le palais de Zaporta bâti pour l'opulent Don Gabriel de Zaporta, dont le tombeau de famille se trouve dans une chapelle de la Seo, est sans doute la première œuvre de Martin de Tudela à qui l'on doit aussi le magnifique cloître de Santa Engracia achevé en 1536 et incendié pendant la guerre de l'Indépendance, le chœur de la Madeleine détruit lors de la réparation de l'église, et enfin les célèbres bas-reliefs de la Seo achevés après sa mort et comparables, sinon supérieurs, aux plus belles œuvres de son rival Berruguette.

Des souvenirs historiques s'attachent à ce palais. Charles Quint l'habita. A la fin du siècle dernier, il abrita les amours de l'Infant Don Luiz et de la Vallabriga, cette merveilleuse beauté qu'il épousa, mais que la cour, humiliée de son origine et inflexible sur la question d'étiquette, exila sans rémission. Enfin il fut possédé par le fameux chanoine Pignatelli, dont le nom est à jamais associé aux travaux du Canal Impérial.

PORTE DU PALAIS DE LUNA. — D'APRÈS UNE PHOTOGRAPHIE.

Ce canal qui jouit en Espagne d'une incomparable célébrité passe aux portes de Saragosse, à la Casa Blanca. Si l'on se reporte à l'époque où il fut conçu, et si l'on considère les difficultés qu'opposa le terrain, son exécution fut une entreprise audacieuse où la persévérance et l'entêtement bien connu des Aragonais trouvèrent un utile emploi. Il part des environs de Tudela, rejoint l'Ebre après un parcours de 130 kilomètres et complète une excellente voie de communication entre la mer et deux riches provinces. Mais que de vicissitudes a traversées l'œuvre entreprise par Charles Quint, que d'années ont nécessité son exécution, que de souverains se sont succédés pendant les trois siècles qu'ont duré les travaux.

Ce fut d'abord une rigole d'irrigation qui conduisit les eaux de l'Ebre jusqu'aux villages de Peraman et de Pinsèque. En 1770, Charles III confia au chanoine Pignatelli le soin de transformer en une voie navigable la rigole tracée par ses prédécesseurs. Elle atteignit Saragosse en 1784.

On rapporte à ce propos que, peu après l'ouverture du canal, Pignatelli vit un jour baisser les eaux et les barques rester sur la vase. Sa surprise fut grande et son inquiétude cruelle. Un courrier vint bientôt lui révéler la cause de cet accident : les Navarrais des environs de Tudela, insurgés contre un travail qui ruinerait, croyaient-ils, l'industrie des muletiers, venaient d'ouvrir une large brèche.

Pignatelli monte à cheval, réunit un régiment de lansquenets et se dirige du côté de Tudela. Arrivé près

REDDITION DE SARAGOSSE. — D'APRÈS LE TABLEAU DE MAURICE ORANGE (MUSÉE DE CHERBOURG).

de la brèche, il envoie des détachements dans les villages voisins, avec ordre de lui amener les habitants de tout âge et de tout sexe.

« Vous voyez cette ouverture, leur dit-il, je la comblerai avec des têtes humaines, et c'est vous qui fournirez les matériaux. »

Quelques incrédules de sourire ; Pignatelli fait saisir deux d'entre eux, ordonne de les décapiter, et jette lui-même les têtes dans le canal. Les sourires, figés sur les lèvres, s'étaient transformés en rictus de terreur. « Qu'on désigne les coupables ! » s'écrie le chanoine. Pas une voix ne s'élève. « Apportez deux autres têtes ! » ajoute-t-il avec un accent plus impérieux. Les soldats obéissent. Onze victimes payent ainsi l'enjeu de cette partie d'entêtement et de solidarité. Enfin les paysans se décident à dénoncer les auteurs de la faute. Pignatelli les fit saisir et se contenta de les retenir pendant plusieurs années dans les prisons de Saragosse. Pour un homme tel que lui, c'était de la mansuétude.

Dans une salle du palais du Canal Impérial d'Aragon, on conserve encore le portrait du terrible chanoine. Il y tient compagnie à celui du duc de San Carlos, peint par Goya en 1815, œuvre superbe où la pureté de la ligne, la noblesse de l'attitude, le disputent au charme de la couleur. Le maître qui, par son amour de la nature, sa sincérité, le sentiment de la forme, la variété et l'éclat de sa palette, mérite de prendre place à côté de Velazquez, y triomphe sans conteste. Il existe pourtant de Goya des œuvres plus renommées ; deux d'entre elles se trouvent côte à côte dans l'Académie de San Fernando à Madrid. Elles y sont inscrites sous les titres bien discrets de *la Maja desnuda* et de *la Maja vestida*. Que ne raconte-t-on pas à leur sujet !

L'une et l'autre seraient les portraits, d'après nature, d'une très grande dame, Maria Teresa de Silva, duchesse d'Albe. Le duc, ayant appris que sa charmante femme se rendait souvent dans l'atelier de Goya, en conçut des soupçons. Il acheta les domestiques de l'artiste et apprit bientôt qu'elle posait devant le peintre à la mode dans un costume paradisiaque lui seyant à miracle. S'il avait payé cher le renseignement, il n'était pas volé.

Espagnol et grand du royaume, il entre dans une fureur proportionnée à sa double qualité, jure d'interrompre la pose dès le lendemain et de faire du modèle et de son peintre de la pâtée pour sa meute. Le cas était grave, l'étiquette de la cour d'Espagne allait apparaître dans une singulière posture. Les délateurs le comprennent, s'en émeuvent, préviennent la duchesse et lui arrachent quelques doublons en récompense de leur fidélité. Le lendemain, le duc d'Albe se présente à l'atelier, accompagné d'alguazils et de soldats de police. Il enfonce la porte, et, en présence de la duchesse, correctement vêtue, calme, contrariée toutefois qu'on eût trahi le secret de la surprise qu'elle ménageait à son cher seigneur, il est obligé de présenter des excuses. Dans la nuit, Goya avait pris un calque de la *Maja desnuda* et peint la *Maja vestida*, certain que si l'on avait décrit la pose, il pouvait au moins tromper sur le costume.

L'anecdote serait de tous points délicieuse si elle était véridique. Mais il ne semble pas que la duchesse dont Goya était en effet fort épris et dont il a laissé d'inoubliables portraits, ait terni ce jour-là le blason de la famille d'Albe. La jeune personne qui contribua si galamment à la gloire de l'artiste était la bonne amie du prince de la Paix, et ces deux portraits furent commandés par Godoï lui-même. La vérité est plus prosaïque que la légende ; ne vous en désolez pas ; elle sera tôt ou tard étouffée par sa rivale.

. . . .

Je reviens du marché. J'aime ces promenades matinales pendant lesquelles on se mêle au peuple des villes, on coudoie les paysans des campagnes, on apprend à connaître les fruits des vergers et les légumes des jardins maraîchers, on s'instruit du prix de la vie, on s'informe de l'aisance ou de la gêne des habitants, on glane des traits de mœurs parfois curieux, on prend une leçon de gens et de choses toujours intéressante et souvent profitable.

La place où se tient le marché est rectangulaire, entourée par de hautes maisons appuyées sur des galeries voûtées. En arrière de ces arceaux s'ouvrent une multitude de boutiques étroites mais très profondes, dont la valeur locative est considérable. Le commerce sérieux, stable, occupe ces boutiques où l'on trouve les objets utiles à la classe moyenne : de bonnes étoffes, des chaussures solides, du linge confectionné, de l'épicerie, de la quincaillerie, de la pharmacie. Engagés à demi sous les arcades se dressent les éventaires portatifs des boulangers, des marchands de poulets, de pigeons et de lapins. Un peu plus bas, de larges espaces sont occupés par des montagnes de légumes et de fruits : les pastèques à la peau brillante d'un vert sombre, à la chair rose taillée à facettes et cristalline comme une neige fraîchement tombée ; les pêches de Casetas aussi grosses que la tête d'un nouveau-né ; les raisins, les uns couleur de miel ou d'or bruni, les autres noirs ou pourpre, aux grains pareils à des prunes et si lourds que pour les vendre on doit en diviser les grappes. Ici, les figues entr'ouvertes laissent échapper le suc de leur maturité ; plus loin, l'ocre rouge des tomates contraste avec le violet des aubergines monstres et le vermillon et le jaune des piments doux.

Au-dessous de ces marchands de profession, de plus en plus arrogants et orgueilleux à mesure qu'ils se rapprochent des arcades, se tiennent les villageois timides, embarrassés, les pieds dans le ruisseau, poussés secoués, déplacés sans cesse par les allants et les venants, et regardant d'un air piteux les acheteurs qui les

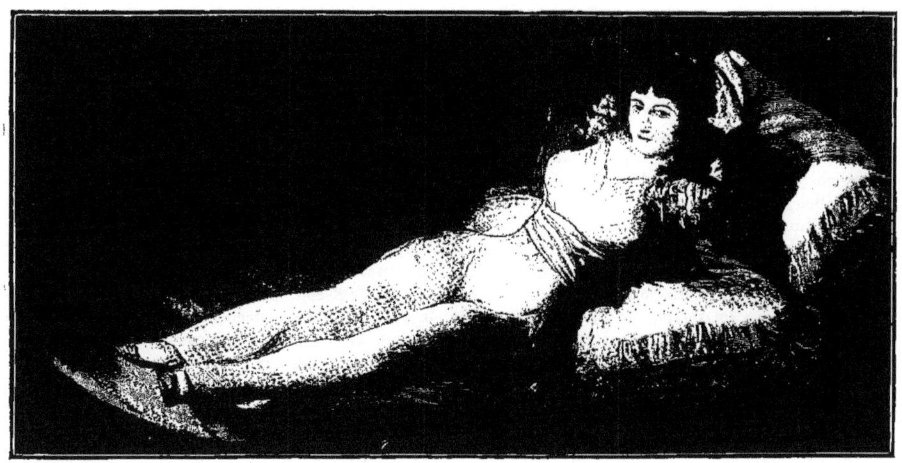

LA « MAJA VESTIDA », PAR GOYA.

dédaignent et courent à l'appel des marchands patentés. En somme, une population affairée, d'un caractère très marqué, d'un type très pur : les femmes, la tête fine couronnée de cheveux noirs aux reflets lustrés ; les hommes encore fidèles aux modes locales, le grand chapeau de feutre noir posé sur un foulard enroulé, — ce turban oublié sur des crânes de chrétiens, — le gilet de velours, la chemise de grosse toile filée à la main, la culotte de drap ouverte aux genoux sur le caleçon blanc, les bas noirs ou bleus, et, aux pieds, les alpargates, ces chaussures de chanvre dont l'usage remonte à une très haute antiquité.

Parfois les discussions engagées à propos d'un marchandage exagéré dégénèrent en tempêtes. Quelques surveillants, portant au bras l'insigne de leur fonction, se promènent, la cigarette aux lèvres, paisibles devant des orages plus menaçants que terribles. Bientôt, en effet, ils se dissiperont en paroles, les visages redeviendront calmes, puis souriants, et, quand on se séparera, un : *Vaya usted con Dios*, lavera toutes les injures.

Le peuple des campagnes est fort malheureux cette année. Les grandes pluies, l'extrême sécheresse qui leur a brusquement succédé, ont détruit les espérances des agriculteurs. Aussi bien, le laboureur ne sait-il de quel bois faire monnaie pour payer son fermage, car, à l'encontre de la France, l'Espagne ne possède pas cette race laborieuse de petits agriculteurs qui cultivent eux-mêmes leur héritage. Dès qu'il devient par accident propriétaire du moindre champ, le paysan espagnol joue au seigneur, abandonne à des valets la bêche et la charrue, ou loue son bien à de plus pauvres que lui.

En continuant ma promenade à travers l'espace libre d'éventaires, j'ai observé longtemps un groupe de paysans composé d'un jeune ménage et d'une vieille mère. Chacun d'eux tenait par les pattes de derrière un lapereau dont la tête pendait lamentable. Et à force d'offrir leur marchandise à tout venant, ils avaient fini par l'oublier et leurs regards mélancoliques suivaient avec résignation les cuisinières qui les laissaient se morfondre dans le cloaque boueux du milieu de la place pour courir aux éventaires achalandés. Un peu plus loin, et avec aussi peu de succès, d'autres villageois offraient des œufs, des pigeons, heurtés et bousculés par les marchands de la ville désireux de rendre la place intenable à ces intrus. Aucun d'eux ne protestait, aucun d'eux ne murmurait. Doivent-ils aux Mores ces qualités de résignation et d'endurance, et serait-il resté dans ces esprits simples un peu de fatalisme oriental ? Ces têtes dures, au front serré, au galbe fin, au nez busqué, au teint olivâtre, aux yeux noirs et au regard incisif, à la bouche fine, dédaigneuse, conserveraient-elles sous le foulard qui les entoure quelques croyances héritées des musulmans ? Le contact des deux races n'a pas duré moins de huit siècles, et si dans la zone où il s'établit l'arabe fut la langue commune des chrétiens et des musulmans, si l'alphabet du Coran fit oublier celui de l'Évangile, si le costume s'unifia, il serait bien étrange que dans le domaine de la pensée et dans le caractère, il ne se soit opéré aucune pénétration. Les religions n'opposent pas à la propagation des idées les hautes barrières qu'on pourrait supposer.

C'est, en effet, parmi ces paysans résignés et silencieux que sont nés les héroïques soldats de la guerre de l'Indépendance et que, dans ces dernières années, on a recruté les jeunes troupes qui sont parties sans une protestation, et sont allées mourir sans une plainte aux îles Philippines et à Cuba. Il n'est pas dans toute l'armée espagnole de meilleur contingent que celui de l'Aragon.

Les Français le savent du reste. Et l'eussions-nous oublié que Saragosse se chargerait de nous le le rappeler. Dès que l'on entre dans la ville, on vit au milieu des souvenirs tragiques du siège de 1809. Ils se réveillent sans cesse, on en est comme obsédé. Du sol des rues et des places, des murailles en ruine, des constructions neuves s'élèvent comme en un chœur d'Eschyle le nom des héros qui, dans les deux camps, défendirent l'honneur de leur patrie.

La population de Saragosse ne dépassait pas 50 000 âmes. Seulement, à l'approche de l'armée française, des villageois, en nombre presque aussi considérable, vinrent y chercher un asile et y abriter leurs meubles, leurs troupeaux et leurs familles. Saragosse n'avait point de fortifications proprement dites; depuis des siècles, ses vieilles murailles étaient détruites ou englobées dans les constructions. L'Èbre la défendait bien d'un côté, le Huerva la protégeait de l'autre; mais entre les deux cours d'eau, difficiles à franchir, il n'existait qu'une muraille de trois ou quatre mètres de hauteur sur 1 mètre d'épaisseur. Malgré sa faiblesse on ne pouvait songer à enlever la place d'assaut. Il fallut entreprendre un siège régulier.

Saragosse fut investie le 28 décembre 1808. Au bout de vingt-sept jours de tranchée ouverte, nos soldats pénétrèrent dans le couvent de Santa Engracia où la défense s'était concentrée. Ils n'étaient pas encore maîtres de la ville; il fallait emporter chaque maison d'assaut. Aussitôt que les nôtres y pénétraient, ils étaient à l'instant écrasés sous une grêle de balles partant des étages supérieurs, des soupiraux des caves ou des barricades construites en travers des rues. Il n'y avait d'autre ressource que de cheminer de maison à maison, de s'avancer à couvert contre un ennemi à couvert lui-même, et de procéder lentement pour ne pas perdre une armée dans ce terrible combat. Rien ne saurait mieux peindre cette guerre atroce, où les femmes mêmes disputèrent à l'assiégeant le moindre pan de muraille, qu'une lettre du héros d'Essling, du maréchal Lannes adressée à Napoléon.

« Au Quartier général de Saragosse, 28 janvier 1809.

« Jamais, Sire, je n'ai vu autant d'acharnement comme en mettent nos ennemis à la défense de cette place. J'ai vu des femmes venir se faire tuer sur la brèche. Il faut faire le siège de chaque maison. Si on ne prenait pas de grandes précautions, nous y perdrions beaucoup de monde, l'ennemi ayant dans la ville 30 à 40 000 hommes, non compris les habitants. Nous occupons depuis Santa Engracia jusqu'aux Capucins où nous avons pris 15 bouches à feu.

FRISE SCULPTÉE DU PALAIS ARGILLO. — DESSIN DE GOTORBE.

« Malgré tous les ordres que j'avais donnés pour empêcher que le soldat se lança trop, on n'a pu être maître de son ardeur. C'est ce qui nous a donné 200 blessés de plus que nous ne devrions avoir... Le siège de Saragosse ne ressemble en rien à la guerre que nous avons faite jusqu'à présent. C'est un métier où il faut une grande vigueur et une grande prudence. Nous sommes obligés de prendre à la mine ou à l'assaut toutes les maisons. Ces malheureux se défendent avec un acharnement dont on ne peut se faire une idée. Enfin, Sire, *c'est une guerre qui fait horreur*. Le feu est en ce moment sur quatre points de la ville, elle est écrasée de bombes : mais tout cela n'intimide pas nos ennemis. On travaille à force à s'approcher du faubourg. C'est

LE MARCHÉ DE SARAGOSSE. — DESSIN DE MIGNON.

un point très important. J'espère que quand nous nous en serons rendus maîtres, la ville ne tiendra pas longtemps. »

Ces soldats qu'on ne peut retenir, ces femmes qui s'avancent jusque sur la brèche et viennent y mourir ne sont-ils pas également dignes de l'immortalité?

Malgré l'obstination des soldats et le fanatisme des moines qui avaient pris une part très active à la défense, en dépit de l'habileté des ingénieurs espagnols, quel que fût le courage indomptable de la population, la ville allait succomber. Aux maux provoqués par la guerre s'ajoutait la peste; chaque maison prise d'assaut devenait un charnier d'où les corps laissés sans sépulture exhalaient des miasmes mortels. Palafox, l'héroïque organisateur de la défense, était mourant. Seules quelques femmes de condition bien différentes, qui se battaient depuis le commencement du siège, s'opposaient à tout projet de reddition. Saragosse conserve pieusement leurs noms : c'étaient lá comtesse Bureta, Manuela Sancho Bonafonte, Maria Augustina, Casta Alvarez et, entre toutes, l'immortelle Agostina qui, toujours la mèche à la main, courâit de batterie en batterie afin de servir les pièces dont les canonniers avaient succombé.

Pourtant, la Junte, touchée par les tortures que souffrait la population, résolut d'envoyer un parlementaire. Depuis le commencement du siège, les moines et le clergé des paroisses entretenaient le peuple dans l'idée que les armées françaises étaient partout battues et que les troupes massées sous les murs de Saragosse seraient bientôt contraintes de lever le siège et d'évacuer le pays à leur tour. Le parlementaire demanderait l'autorisation d'envoyer un émissaire au dehors pour savoir si réellement la victoire était favorable aux Français comme les assiégeants le criaient aux assiégés tout en se battant, et si la résistance d'une ville si malheureuse était désormais inutile.

Lannes répondit qu'il ne donnait jamais sa parole en vain et qu'il répugnait à ces ruses de guerre. On devait l'en croire quand il affirmait que les Espagnols étaient vaincus des Pyrénées à la Sierra Morena, que les restes de la Romana étaient pris, que les Anglais s'étaient embarqués et que le Duc de l'Infantado n'avait plus d'armée.

Dans ces conditions, les chefs espagnols ne pouvaient songer à prolonger plus longtemps la résistance.

Il fut convenu que la garnison sortirait par la principale porte, celle du Portillo, déposerait les armes et serait prisonnière de guerre, à moins qu'elle ne consentît à entrer au service du roi Joseph. Sur 100 000 soldats, habitants ou réfugiés, 54 000 avaient péri. Un tiers de la ville était incendié, renversé, ruiné. Partout les maisons étaient percées de boulets, souillées de sang, remplies de cadavres en putréfaction. Les rues encombrées de débris ou coupées par des barricades étaient parfois effacées sous les matériaux.

Enfin, les défenseurs sortirent de la ville au nombre de 12 000; hâves, décharnés, pareils à des spectres ils défilèrent devant l'armée française. A leur vue, l'émotion et la pitié saisirent les vainqueurs. Ils oublièrent leurs souffrances pourtant bien grandes en face d'un pareil désastre, le spectacle de tant de maux fit tomber leur colère. Et cependant, de notre côté, sur 14 000 hommes employés au siège, 3 000 avaient été mis hors de combat. Sur 40 officiers du génie, 27 avaient été tués ou blessés. La moitié des sapeurs avait péri.

O sainte poussière formée des corps de tant de héros, qui pourrait te recueillir et te rapporter au delà des monts d'où vinrent les soldats à l'âme forte, au cœur fier! Nul ne saurait réunir les ossements de ceux que désigna pour la mort le Dieu des combats. Si la voix de l'Ange de la résurrection doit réveiller un jour les générations disparues, les vaillants tombés à Saragosse formeront parmi les braves une cohorte d'honneur. Grandissez, arbres et fleurs qui ombragez et embaumez l'avenue ouverte sur cette terre abreuvée de sang, à travers les jardins qui bordent le Huelva. Soyez doux aux pauvres âmes qui errent peut-être sur ces rives. Vos corolles ne sont-elles pas teintes dans la pourpre de France qui arrosa le sol, et les corps qu'elles quittèrent ne fertilisent-ils pas toujours la terre, autour de vos racines vigoureuses! Gloire aux héros tombés loin de la mère patrie, gloire aussi à la cité *très noble et très héroïque!*

Il semble que les défenseurs de Saragosse soient très loin de nous et que leurs exploits même les reculent jusque dans les temps légendaires; et pourtant ils ne sont guère que les bisaïeuls de la génération actuelle; on les a vus, on les a connus. Encore en 1860, vivaient une douzaine d'entre eux. Ils se réunirent, se groupèrent et se firent photographier. On m'a montré une épreuve de ce curieux cliché et ma déception a été extrême, presque pénible, en regardant ces pauvres êtres décrépits, ridés, voûtés, parcheminés comme des momies. Dieu aime les héros qu'il rappelle à lui dans la plénitude de leur force et de leur beauté! La vieillesse ne convient qu'aux gens qui ne prendront jamais place dans l'histoire. C'est leur revanche sur ceux que la renommée marque de son doigt à la fois doux et pesant.

FACE ET REVERS DU SCEAU DE CHARLES III.

PORTAIL DE L'ÉGLISE SAINTE-MARIE À CALATAYUD. — DESSIN DE GOTORBE.

CHAPITRE VIII

Calatayud. - La forteresse. - Les églises de Sainte-Marie et du Jésus. - Comédie et bal. Chansons aragonaises. - L'inondation. - Tudela. - Sa cathédrale.

UNE RUE DE CALATAYUD. DESSIN DE BOUDIER.

Quatre gares desservent la capitale de l'Aragon. Ce luxe inusité trouble l'esprit du voyageur novice ; il court à l'Est, c'est à l'Ouest qu'il fallait aller ; il remonte vers le Nord, on le fait descendre vers le Midi. S'il dévore un surcroît de poussière, s'il subit un supplément de torture et les secousses qu'infligent les fondrières des voies d'accès, du moins il n'a pas à craindre d'arriver en retard, eût-il visité les quatre points cardinaux. Les indicateurs des chemins de fer sont des objets d'exportation destinés à renseigner l'Europe, mais que ne consulte jamais un bon Espagnol, fût-il chef de gare ou mécanicien. Et nous nous vantons en France de connaître et de pratiquer la liberté !

Le train s'ébranle et court d'une haleine jusqu'à Casetas. Embranchement, longue station. Les voyageurs pour Tudela, Vitoria et Pampelune descendent ; ceux à destination de Madrid restent ou montent dans le train. A quelques erreurs près, chacun se case. Les voitures s'emplissent de pastèques et de paniers de fruits ; puis des gargoulettes, que des âmes compatissantes remplissent à la fontaine, passent de main en main. Nous avons quitté Saragosse depuis une heure à peine, et déjà nos voisins ont épuisé leur provision d'eau. Ce peuple est le plus altéré de la terre.

Les tunnels succèdent aux viaducs ; la stérilité des crêtes contraste avec la luxuriante végétation des bas-fonds : un ruban de paradis entre les deux parois de l'enfer. Cette route rappelle beaucoup la traversée du Monserrat.

Un coup de sifflet, le décor change et nous entrons dans une belle et large plaine qu'arrose le *Nil de l'Aragon*. Fier de ce titre pompeux, le Jalon fait au moins ses efforts pour s'en rendre digne. L'Espagne n'est pas si riche en terres fertiles et propres à l'irrigation qu'elle les dédaigne. Dès l'antiquité, une ville forte s'éleva sur les hauteurs rocheuses qui forment un vaste cirque autour de cette oasis. Ce fut la Bilbilis des Celtibères, célèbre par la trempe de ses armes de guerre, renommée pour ses vaillants cavaliers. Les Romains s'y installèrent et le poète Martial y vécut (43 à 104 ap. J. C.). Les Mores l'occupèrent à leur tour. Mais ils la reconstruisirent un peu plus près de la vallée et lui donnèrent le nom de *Kalè* ou forteresse d'Ayoub en l'honneur du Vali de Séville. Elle l'a conservé. Pour résumer son histoire, j'ajouterai qu'Alphonse Ier s'en empara en 1120, et, qu'à dater de ce moment elle s'agrandit et s'enrichit. Les Rois Catholiques s'y arrêtèrent durant leur voyage en Aragon, y tinrent leur cour, y reçurent les grands du royaume et y firent prêter serment de fidélité à leur fils, ce jeune prince qui devait mourir peu d'années plus tard et tromper ainsi leurs plus chères espérances. En échange de cette promesse, ils jurèrent en son nom de conserver à l'Aragon ses coutumes et ses Fueros. On sait le cas que leurs successeurs firent de ce serment.

Aujourd'hui encore Calatayud apparaît rébarbative, hérissée de forts, couronnée de tours et de murailles assises sur des escarpements couleur de rouille et dont les flancs semblent percés d'embrasures à l'aspect inquiétant. Illusion ! Les courtines sont en ruines et ne forment plus qu'un pittoresque décor. Quant aux embrasures, ce sont les simples fenêtres des habitations, moitié grotte, moitié maison, les *cuevas*, creusées dans le roc et fermées par une muraille. Les portes s'ouvrent sur d'étroites terrasses que desservent des lacets raides, étroits, à peine accessibles aux ânes et aux mulets. De temps immémorial les *cuevas* sont habitées par des familles d'agriculteurs que régissent de vieilles coutumes. Hommes et femmes, fort pauvres d'ailleurs, mais vigoureux et bien portants, cultivent la plaine qu'ils surveillent de leurs nids de vautours. Des aires ménagées en contre-bas des grottes témoignent que la récolte des céréales l'emporte sur les autres.

D'un aspect bien différent sont les quartiers qui dévalent de la montagne vers la plaine. Ils se montrent charmants, précédés de jardins luxuriants, défendus par le Jalon qui leur fait une ceinture de roseaux, de peupliers et de saules, surmontés de clochers en briques rouges, de style *mudejar*. Ces abords radieux font ressortir encore la noblesse solennelle des antiques palais, au ton vineux et aux formes massives, bâtis sur le bord de la rivière comme autant de gardiens vigilants. Hélas, la ville ne tient guère mieux que les fortifications des crêtes les promesses qu'elle fait au voyageur. Ses rues sont étroites, souvent en pente rapide. C'est miracle qu'une charrette ou une voiture puisse s'y engager sans emporter les angles des maisons ou accrocher les balcons des fenêtres.

ENTRÉE DE LA FONDA DE CALATAYUD. — DESSIN DE MIGNON.

Afin de nous faire regretter son établissement, le directeur de l'hôtel où nous étions descendus à Saragosse nous a recommandé avec chaleur la Fonda que dirige à Calatayud un de ses anciens employés. Elle est située dans une ruelle obscure et ne se signale que par un débit de vin et d'eau-de-vie installé au rez-de-chaussée. Au moment de partir pour un monde meilleur, le patron négligea d'en prévenir son confrère de Saragosse, mais il est largement remplacé par sa femme, la créature la plus ronde, la plus replète dont j'aie gardé le souvenir. De son corps émerge une tête petite, assez jeune encore, mais à laquelle la bouffissure a donné quelque ressemblance avec ces balles de caoutchouc représentant la lune ou le soleil. Des manches du corsage dont l'étoffe semble craquer sortent des mains et des doigts ronds comme ceux d'un baby qui aurait dix nourrices et dix estomacs pour épuiser leur lait.

Auprès des nouveau-venus s'empresse Pepe, un domestique de confiance, vif alerte, intelligent, le visage soigneusement rasé suivant la mode aragonaise. On aperçoit aussi le fils de la maison, un grand garçon blême qui opère à la cuisine sous l'inspiration de sa mère, quand il n'y a ni fête, ni danse, ni course de taureaux à dix lieues à la ronde. Dans ces circonstances solennelles, il passe le tablier et la poêle à Pepe. Celui-ci, à son tour, le délègue à deux petites servantes aux ordres de leur maîtresse, de son fils, de Pepe et même des voyageurs.

La première question de l'hôtesse, tout en montant jusqu'à la chambre qu'elle nous destine, porte sur le temps.

« Il pleut à Saragosse, n'est-ce pas?... L'heureuse nouvelle nous en est parvenue, ajoute-t-elle en levant ses petits boudins vers le ciel comme si elle appelait le déluge. Peut-être connaîtrons-nous les bienfaits de l'orage, à moins que Notre-Dame del Pilar ne garde l'eau pour les siens... Je m'en méfie... Ici pas une goutte d'eau n'est tombée depuis six mois ! Tout est sec !... les pommes de terre !... les pois chiches !... pauvres pois chiches !... Les légumes sont hors de prix ! »

LES CUEVAS À CALATAYUD. — DESSIN DE J. LAVÉE.

Me voici dans une chambre sombre, mal aérée. En revanche, accrochés à la muraille, au fond de cadres voilés d'une mousseline transparente apparaissent les amours de Pyrame et de Thisbé, Notre-Dame del Pilar, un enfant Jésus serrant dans ses bras roses un agneau peint en rouge et les portraits des deux sœurs de la maîtresse du logis, entrées récemment au Carmel, et photographiées la veille de leur prise d'habit.

Au dire de Pepe, une journée suffira pour visiter la ville. Le digne garçon est heureux de servir de guide à des étrangers. Et à mesure qu'il rencontre des gens de connaissance — Pepe connaît le Tout-Calatayud — il les informe avec orgueil de cet événement. Calatayud deviendrait-il célèbre ?

Nous traversons d'abord le marché. Ses fruits, ses légumes diffèrent peu de ceux de Saragosse. Mais la place où il se tient a de la couleur, avec ses lourds portiques de maçonnerie, son cadran solaire vieillot et les rues commerçantes qui s'ouvrent dans ses angles. L'une d'elles aboutit à une place correcte, sévère, une sorte de vaste parvis. A droite se dressent les lourdes constructions d'un couvent transformé en collège. Ses murs sont massifs, percés de rares fenêtres. Ils s'élargissent au sommet sous les stillicides de bois sculpté et y forment une galerie élégante rappelant celles des anciens palais de Huesca ou de Saragosse bâtis à la même époque.

Et comme contraste avec cet édifice de style aragonais, se dresse un bijou de la Renaissance, le ravissant portail de Sainte-Marie. Avec son archivolte enguirlandée de précieuses têtes d'anges, ses balustrades ornées de faunes et de satyres d'un goût bien païen, ses huisseries délicates sculpées en plein bois, il doit être placé parmi les spécimens les plus gracieux de l'art plateresque, cet art que l'Espagne reçut de l'Italie asservie et dont elle tira ses inspirations artistiques, comme elle demandait au Nouveau-Monde l'or qui devait payer ses architectes, ses peintres et ses sculpteurs. Par quelle infortune faut-il que le temps ait maltraité cette œuvre exquise ? Sous peine de tomber en ruine elle a dû subir une restauration. Depuis six ans déjà d'énormes charpentes voilent la façade sur toute sa hauteur. Peut-on dire quand on la reverra ?

Calatayud est une ville pieuse et possède, elle aussi, une multitude d'églises, une infinité de chapelles et d'innombrables couvents. La plupart offrent un intérêt médiocre. Pourtant, l'église des jésuites est renommée pour ses autels de bois sculpté. L'ornement est de pur style churrigueresque, traité avec une profusion de détails qui rompt la ligne et fatigue le regard. Les personnages des bas-reliefs, plus grands que nature et peints assez largement, ont une certaine valeur décorative. Je leur préfère pourtant les bas-reliefs de la collégiale du Saint-Sépulcre, qui appartint jadis aux Chevaliers de Jérusalem.

Mais le soleil approche du zénith. Les portes des églises se ferment ; il faut en remettre l'étude à plus tard. Pendant notre visite, une brume légère s'est levée. Elle éteint le bleu du ciel. Un vent violent se déchaîne, gronde, mugit, entraînant des nuages lourds. Poussés par la tempête, ils roulent, ils bondissent, ils se déforment pour s'agglomérer à d'autres et se reformer plus sombres et plus menaçants.

« Enfin, voici la pluie! » s'écrie Pepe en délire.

Et quand on rencontre des amis, on s'arrête, on se congratule, on se communique de mutuelles espérances :

« L'orage est là !

— Que n'est-il venu plus tôt !

— Nous aurions sauvé les pois chiches !

— Et les pommes de terre !

— Encore les maïs pourront en profiter.

— Le raisin gonflera.

— Et puis l'on pourra labourer. Quelles belles semences ! quelle belle récolte pour l'année prochaine ! »

Perrette, Perrette, vous êtes une coureuse! Vous avez porté en Espagne votre pot au lait et vos espérances.

En effet, voici la pluie! Elle tombe d'abord comme une brume légère où se perdent les cimes des montagnes, leurs derniers contreforts, les lointains, la plaine, les clochers des églises, la ville elle-même. Le brouillard se condense en larges gouttes qui délayent le matelas de poussière créé par une sécheresse de six mois.

Pepe est un garçon intelligent. Désireux de nous laisser un souvenir agréable de notre passage à Calatayud et se doutant que la chambre noire et malsaine où nous sommes logés n'y contribuerait guère :

« Je vais vous conduire au cercle Bilbilitin, dit-il. Vous y attendrez la fin de l'orage. Du reste on y prépare une grande fête pour ce soir même ; les préparatifs sont superbes.

— Un cercle particulier ?

— Certainement. On y donnera la comédie. La pièce est composée par un membre du cercle ; elle sera jouée par des amateurs.

— Comment nous présenter ? »

Ici le visage de Pepe devient majestueux, il se hausse sur la pointe des pieds, ramène d'un geste fier le revers de son étroite veste d'Aragonais comme il le ferait du pan d'une large mante :

« Avec moi, vous entrerez partout. Je vous présenterai à M. le Président, vous lui demanderez deux tasses de café, vous les payerez et vous serez admis au cercle pour toute la durée de votre séjour à Calatayud. »

Bravo! On est un peu plus formaliste au Jockey.

Et nous voilà cheminant, frôlant les murs pour éviter les gouttières, profitant de la saillie des balcons comme de parapluies placés sur notre route par la Providence.

Il y a grande animation au cercle. Les jeunes filles décorent de guirlandes de fleurs et de verdure la cage de l'escalier. Les garçons s'agitent, les appels retentissent, les ordres se croisent et se contrarient. Notre présentation au président du cercle, un modèle du genre :

« Ces Messieurs si distingués... »

Commencé sur ce ton, notre éloge va toujours croissant. Sancho Pança n'annonçait pas l'arrivée de son maître avec plus d'emphase ! A son tour, le président se fond en compliments de bienvenue. Nous répondons à ses politesses en demandant, selon le conseil de Pepe, deux tasses de café.

JEUNES CARMÉLITES LA VEILLE DE LEUR PRISE D'HABIT.
D'APRÈS UNE PHOTOGRAPHIE.

Il pleut encore. Nous dînons au logis. Au dessert, l'hôtesse apparaît. Elle est dans tous ses atours : robe de soie noire garnie de dentelles, mantille posée avec grâce sur les cheveux soigneusement lissés, fleurs rouges près de l'oreille, éventail minuscule à la main, l'air heureux et satisfait. Elle parade, elle coquette un moment devant nous, se tourne, se retourne, fait la roue. Quels magiciens que le plaisir et la toilette ! Un corsage bien taillé, une dentelle

LE MARCHÉ DE CALATAYUD. — DESSIN DE J. LAVÉE.

bien drapée, un rayon de joie dans les yeux, et le phénomène de tantôt devient presque une jolie femme.

A notre tour nous gagnons le cercle. La porte en est largement ouverte et entourée d'une troupe de pauvres diables descendus des cuevas pour entendre au moins le bruit des violons. Sans souci de l'eau qui ruisselle sur leurs vêtements misérables, ils sont tout yeux, tout admiration, tout silence et immobilité devant l'escalier fleuri, illuminé qui, vu de la rue, produit un effet charmant. Une multitude de femmes en gravissent lentement les degrés, riant, caquetant, aussi expertes à jouer de la prunelle qu'à manier l'éventail.

Toutes paraissent légères, vaporeuses comme leurs robes roses ou bleues, toutes semblent monter vers le paradis de leur rêve, oublieuses des soucis d'ici-bas.

Dans les salles où elles s'entassent, les déesses de l'escalier redeviennent de simples mortelles. Le calme ne leur sied pas, et elles supportent mal un long examen. Leur charme, mousse légère, tombe dès qu'on cesse de la battre. Incidences heureuses, éclairages néfastes, que de surprises, que de désillusions, que d'erreurs n'avez-vous pas causées !

La salle est bondée ; tous les hommes sont debout, et les dames arrivent à flot.

« Messieurs, encore une *porcion de señoras !* » gémit le président en s'adressant aux commissaires.

La portion fait son entrée, on l'encaque entre les portions déjà placées, et la pièce commence. La diction est médiocre. En revanche, la pantomime est d'une animation extraordinaire. C'est un désordre, une furie inconcevables : courses d'un bout à l'autre de l'étroite scène, bras levés au ciel, roulements d'yeux, éclats de rire, sauts de carpe, gambades de joie, bonds de colère, pirouettes de surprise. On croirait à une résurrection du télégraphe aérien.

L'auditoire est satisfait et le témoigne bruyamment. Respectons l'intimité de ces effusions.

La pluie tombe toujours, égale, fine, bien établie. Elle met en joie toute la ville. On chante dans les rues, sous l'averse, sans être ni mendiant ni aveugle. Des voix se rapprochent, soutenues par le grincement des guitares. Un groupe de sept ou huit jeunes gens remonte l'étroite ruelle où s'ouvre la porte de la fonda. En l'absence de sa maîtresse, Dolores est au comptoir. Sont-ce les yeux noirs de l'enfant ou les reflets ambrés de l'aguardiente qui attirent les musiciens ? Bacchus et Vénus, eussent dit les contemporains de Martial, sont

*

peut-être complices et, avec eux, Neptune et Mars, les dieux de la mer et des batailles, car le guitariste est un marin de la flotte. Dans trois semaines il s'embarquera.

Autour de la petite salle règnent des bancs de bois. Les jeunes gens s'asseyent; le héros de la fête replie sa jambe droite sur son genou gauche afin d'y bien appuyer son instrument, et d'une voix claire, haute, pure, entonne une chanson locale. Le rythme est étrange ; la phrase, arrêtée sur une note aiguë, révèle une origine arabe. Elle est à la musique de danse que l'on joue au cercle voisin, ce que les palais, les clochers mudejars sont aux façades élevées par les architectes de l'Espagne moderne, les foulards enroulés des muletiers aux feutres des élégants, et la mantille de la Maja au chapeau empanaché de la dame.

A Notre-Dame del Pilar
Je te compare.
Tu en as le regard
Et le joli visage.

Belle vierge del Pilar,
Aragonaise piquante,
Qui sur les rives de l'Èbre
Voulus avoir ta chapelle.

Saragosse est un rosier
Qui est né en Aragon,
Et la vierge du Pilier
En est le plus beau bouton.

La vierge del Pilar dit
Qu'elle ne veut pas être Française,
Qu'elle veut être Commandante
Dans les troupes aragonaises.

Tous les Aragonais
Nous l'avons pour patronne,
La vierge del Pilar,
Et nous l'adorons tous.

En l'honneur de Notre-Dame del Pilar nous demandons à Dolores de servir de l'anis. Elle remplit un de ces grands verres qui, en Espagne, reçoivent plus souvent de l'eau claire que de l'alcool, et le fait circuler à la ronde. Chacun y trempe ses lèvres et déjà la gaieté brille dans les yeux ; le chanteur retrouve sa voix qui faiblissait, il va nous dire les jolies strophes que lui apprit sa mère ; ses camarades répéteront en refrain le dernier vers sur un air connu de tous :

Pour les orangers, Valence.
Pour les fleurs, l'Aragon.
Pour la voix, votre gorge,
Pour l'agilité, moi.

Pour les tours, Castille.
Pour les cloches, Aragon.
Pour les filles très belles,
La rivière du Jalon,

Où vit l'Aragonais,
Ne campent pas les Valenciens,
Ni les majos Andalous,
Ni les vaillants Navarrais.

Si tu vas à Calatayud,
Demande la Dolores,
C'est une bonne fille
Qui aime donner ses faveurs.

Et encore ces strophes plus sentimentales :

La première femme, Dieu la créa;
Et elle trompa notre père Adam.
Si celle-là fut créée par Dieu,
Comment donc seront les autres?

On me dit de craindre la mort,
Mais je n'en ai pas peur ;
Moins dure le voyage,
Moins souffre le voyageur.

Quand mon corps fera pousser des fleurs,
Je ne te demande qu'une chose,
Que tu les mettes sur ce cœur
Où je ne pus être vivant.

Pauvre petit marin, aux grands yeux bleus, aux cheveux blonds, au visage encore enfantin, quelle lugubre vision passe devant tes yeux !

Dolores !... Dolores !... de l'anis !... A ta santé, matelot !... A ta gloire !

Dix heures sonnent. Sur le seuil du débit demeuré ouvert, le sereno apparaît, sa lanterne à la main, les clefs des maisons attachées à la ceinture. C'est l'heure du couvre-feu pour le débit de vin.

Les portes se ferment, et le quartier retombe dans le silence.

. . . .

O Jalon ! Ce n'est pas en vain qu'on t'a surnommé le Nil de l'Aragon ! Tout le pays est inondé, submergé, ravagé, et ce désastre s'est produit en quelques heures.

Après avoir écouté le charmant concert improvisé sous les auspices de Dolorès, j'avais regagné ma chambre et m'étais endormie du juste sommeil d'un voyageur secoué la nuit précédente dans les voitures d'un train espagnol. Soudain, un fracas terrible me réveille. Je cours à la fenêtre, mais je la referme bien vite. Un vent furieux, une sorte de cyclone tourbillonne sur la ville. Les tuiles volent, les chevrons les suivent et vont s'abattre sur des jarres de terre placées dans la cour. Les murailles tremblent, secouées par l'ouragan. Après quelques minutes de tourmente effroyable une pluie diluvienne se mêle enfin aux matériaux qui tournoient et aux cheminées qui s'effondrent. Elle tombe avec les grondements d'une cataracte s'échappant d'une digue

LA GARE DE TUDELA. — DESSIN DE MIGNON.

rompue, et sa violence même arrête l'effort du vent. Un calme relatif se rétablit, tandis que, du plafond, se détache le plâtre en larges eschares et que l'eau y passe comme à travers un tamis. Pyrame et Thisbé réclameraient bien un parapluie pour abriter leurs amours, mais, en voisine égoïste, je préfère installer ce meuble utile au-dessus de ma tête... Comme les pois chiches eussent été contents si cet orage fût tombé un mois plus tôt!... La vigne a plus de bonheur, elle profitera de l'aubaine.

Le jour se lève triste, sombre. Les portes de la fonda sont ouvertes, la maison est vide. Dans la rue, que couvre une épaisse couche de vase et d'immondices laissés par les eaux en se retirant, des groupes désolés, affairés, pataugent à qui mieux mieux. Les femmes en pleurs serrent de petits enfants dans leurs bras, en traînent d'autres accrochés à leur jupe. Elles suivent des hommes portant des matelas, des couvertures, des paniers pleins de poulets, tirant à la corde des porcs qui crient effroyablement et refusent d'avancer.

« Nous allons aux *cuevas*! crient les femmes. Là peut-être nous serons en sécurité!... Le malheur est sur Calatayud! »

D'instinct, je suis la foule gémissante et j'atteins un plateau d'où le regard embrasse le champ de l'inondation. Plus de cinq cents personnes y sont rassemblées, la plupart mornes et désespérées, d'autres traduisant leur émotion par des pleurs et des cris.

Aussi loin que s'étend la vallée, on ne voit au-dessus des eaux que les toitures des rares maisons encore debout et la cime des arbres. Par instants, quand les gros nuages couleur de plomb fuient vers la montagne emportés par le vent, les eaux qui reflètent le ciel miroitent comme une plaque d'argent bruni. Chacun communique ses craintes à son voisin. Dans cette maison où se sont réfugiées plus de vingt personnes, les murs sont en briques cuites jusqu'au premier étage; au-dessus, en briques séchées au soleil. Si l'eau les atteint, c'en est fait des habitants. Les propriétaires de cette vaste demeure ont-ils pu se sauver? L'on n'en a point de nouvelles.

Dans d'autres groupes les préoccupations sont moins graves, mais désolantes tout de même. Il s'agit encore des récoltes perdues sans espoir. Hier, les doléances me laissaient calme; aujourd'hui, je ne peux les entendre sans un serrement de cœur. Pauvres gens! avec quelle sincérité, avec quelle douleur ils se plaignent! Le mal est d'autant plus grand qu'ils ont payé leur fermage avec le blé, comptant sur les récoltes secondaires pour les nourrir et les rémunérer de leurs peines. Alors, c'est la misère, la misère noire, dure, atroce, dans un pays où la terre seule nourrit le pauvre, où l'on ne trouve à louer ses bras à personne, car il n'existe aucune industrie.

DOLORES. — DESSIN DE M. DIEULAFOY.

J'aurai aussi ma part du désastre, bien petite, il est vrai, auprès de tant de maux. Calatayud est séparé de la voie ferrée par toute la largeur de la plaine inondée; songer à traverser cette zone, couverte en certains points de deux mètres d'eau serait puéril. Il faut attendre l'abaissement de la crue avant de songer à continuer mon voyage.

Les renseignements recueillis au télégraphe ne sont pas encourageants. La voie est rompue en plusieurs points sur la ligne de Madrid, un pont est emporté, la circulation est interrompue et l'on ne saurait dire, étant donnée l'importance des dégâts, à quelle époque elle sera rétablie. Dans la direction de Saragosse, les nouvelles sont meilleures. Tous les ouvrages ont résisté et dans trois ou quatre jours, s'il plaît à Dieu, la compagnie reprendra le service.

Je descends vers la ville basse. Ses rues sont transformées en autant de torrents. Aux fenêtres on aperçoit des gens anxieux. Ils se penchent au dehors et regardent avec angoisse les eaux monter toujours. Dès le commencement de la crue, une grande partie de la population, la plus pauvre, a évacué les maisons qui devaient être cernées. Les personnes riches ont refusé d'abandonner leurs demeures, ont calfeutré les portes et les fenêtres basses, décidées à attendre les événements, assurées de la résistance de leurs murailles. Les eaux s'élevant toujours et atteignant une hauteur qui dépasse toutes les prévisions, les isolés s'inquiètent enfin, prennent peur et s'affolent.

La circulation n'étant plus possible entre la ville haute et la rivière, on a établi un passage à travers l'hôpital construit au siècle dernier sur un point culminant. Ses portes ont été largement ouvertes et la population des maisons envahies encombre les cours où l'eau commence à sourdre. A ces réfugiés se mêlent les malades enveloppés dans leurs couvertures ou leur draps. Les plus valides transportent au premier étage les lits du rez-de-chaussée et aident les sœurs à sauver les provisions amoncelées dans les celliers. C'est un désarroi indescriptible.

LES AMOUREUX. — DESSIN DE M. DIEULAFOY.

Vu de près, le fléau est encore plus terrible. Le Jalon ne passe plus seulement sous le pont qui mettait en communication la plaine et la ville. Ses eaux rouges, épaisses, chargées de limon, forment de chaque côté des culées un chenal énorme dans lequel elles se précipitent. Un moulin superbe construit un peu en amont et qu'alimentait un barrage dont on ne soupçonne même plus la présence, vomit des cascades de boue par les baies du premier étage. Les fenêtres, les contrevents ont été emportés ; la maçonnerie de briques rouges, très massive, très épaisse a seule résisté.

J'avais la mine longue en rentrant au logis et en retrouvant ma chambre obscure et ses nombreuses gouttières. Jusqu'à Pyrame et Thisbé qui sont compromis dans cette aventure. Atteints par les eaux, détrempés, détachés de leur cadre, ils gisent sur le sol, mouillés et grelottants. Fâcheuse situation pour des amoureux ! J'en suis navrée.

Pepe, au contraire, constate le désastre sans en paraître trop ému. Il n'est pas encore propriétaire et peut considérer d'un cœur ferme et d'un œil sec le malheur de ceux que secoue la tempête. Cet homme refait Lucrèce, à moins que ce ne soit le vieux poète qui ait deviné l'âme de Pepe.

« Et les pois chiches ? lui dis-je avec dépit.

— On les payera un peu plus cher ; la belle affaire ! » répond-il d'un ton dédaigneux.

Peu lui importe : le plaisir de nous héberger durant quelques jours calmerait bien des douleurs.

Il est une heure et personne n'a songé au déjeuner.

Dolores prend un panier gros comme sa maîtresse, elle sort et revient un quart d'heure plus tard, déclarant que les boucheries sont vides, que les approvisionnements font défaut au marché où l'on n'a pas dressé un étal. Serait-ce déjà la famine ? Pepe ceint le tablier de son jeune maître qui ne s'est point réveillé depuis son retour du bal, saisit un grand couteau, attaque un jambon, — autant de personnes, autant de tranches, — et les fait sauter à la poêle, tandis que Dolores déniche dans une armoire une salade de pommes de terre dédaignée la veille.

La journée se passe à faire la navette du Jalon à la fonda sous une pluie diluvienne. L'odeur qui se dégage des toits, des murs, des balcons, des cours privées d'eau depuis plus de six mois, saisit et écœure à la fois. C'est un air infecté, un air lourd de miasmes, un air qui sent la fièvre.

Ce soir le jeune maître s'est réveillé et a daigné tortiller de sa noble main une *tortilla* (omelette) au jambon et griller quelques côtelettes. Puis, comme en ces temps calamiteux le respect se détend et qu'il faut vivre en bons frères, il a dépouillé sa toque et son tablier et s'est installé vis-à-vis de nous pour dîner.

Trois jours plus tard.

Les nuages se sont dissipés, le Jalon est rentré dans son lit, le service est rétabli dans la direction de Saragosse. L'omnibus est à la porte :

« Adieu, adieu ! Allez avec Dieu, disent les femmes.

— Recommandez-nous à d'autres voyageurs ! » ajoute Pepe.

Voilà qui est fait. Quitter l'enfer vaut mieux que gagner le paradis, assure un proverbe catalan. J'en reconnais la sagesse avec cette distinction que le tourment de l'eau avait remplacé celui du feu et qu'un paradis espagnol n'est pas un terme de comparaison bien enviable. Tout doucement notre train redescend vers Saragosse ; nous l'abandonnons à Casetas où s'embranche la ligne de Tudela et de Pampelune.

Tudela est une petite ville très pieuse, très carliste, très fanatique, placée comme Saragosse au bord de l'Èbre et que signale à l'attention une cathédrale réputée.

A peine avons-nous franchi le seuil de la gare, que nous sommes accostés par une femme de bonne figure, assez pauvrement vêtue. Elle me remet une carte où je lis le nom d'un hôtel, et me prie à voix basse de la suivre. Nous nous excusons ; un hôtel nous est inutile, car nous devons coucher ce soir à Tarazone. Alors notre interlocutrice insiste ; ce n'est pas à Tarazone que nous sommes attendus, mais ici même, à Tudela, et l'adresse de l'hôtel qu'elle nous donne est le signe de reconnaissance. Elle a l'ordre de nous conduire. Après un long pourparler à l'écart, la méprise s'explique. Tudela est un centre carliste très important. Il y a quelques années la guerre entre l'armée régulière et celle du prétendant y fut terrible, furieuse ; le vieux levain fermente toujours. Les gens notables du parti se réunissent dans la ville à certaines époques et sur certaines convocations. Quelques Français doivent se rendre, j'imagine, à ces conciliabules, et l'on nous a pris pour eux. Malgré nos protestations, la messagère insiste :

UNE RUE DE CALATAYUD PENDANT L'INONDATION. — DESSIN DE MIGNON.

« Vous êtes dans votre rôle, riposte-t-elle ingénûment, vous redoutez quelque piège... suivez-moi... vous retrouverez bientôt vos amis. »

LA PLAINE DE CALATAYUD INONDÉE PAR LE JALON. — DESSIN DE MIGNON.

Et sur ces paroles, elle prend les devants et s'engage dans une rue qui conduit à la cathédrale. Soudain s'ouvre devant elle la porte d'une grande maison d'aspect féodal, noblement écussonnée. Elle s'y précipite plutôt qu'elle n'y rentre et revient bientôt accompagnée de trois ou quatre hidalgos de fière et martiale figure. Ces gentilshommes ne se trompent pas à notre mine, c'est justice à leur rendre. Les gens attendus arriveront demain... ou la semaine prochaine. La porte se referme. Je me doutais que je n'étais pas carliste ; désormais j'en suis certaine. Me voici libre de visiter la ville sans escorte ni garde d'honneur.

De tout temps Tudela se signala comme une ville patriote attachée à ses traditions. En 1808, notre armée sous les ordres des généraux Lannes et Moncey y triompha des Espagnols commandés par Castaños et Palafox. Le succès fut chèrement acheté. Aujourd'hui encore en dépit du chemin de fer et du télégraphe, elle n'a rien perdu de ses vertus, de son esprit religieux, ni même de son caractère sévère.

Le long des grands murs circule une multitude de chanoines graves, au manteau balayant le sol. Plus vifs et plus alertes, courent de droite et de gauche, les élèves des séminaires, vêtus comme des prêtres. Le contraste est frappant entre la sévérité de l'habit et l'aspect juvénile du visage ; on sent la gêne des jambes s'embarrassant dans les plis de la soutane. Beaucoup ne résistent pas à la tentation de la relever dans la ceinture et se livrent ainsi aux ébats de leur âge.

Tudela est habitée par une population trop pieuse pour que les fêtes profanes qu'on y donne ne gardent pas un caractère spécial. Ainsi, sur les murailles, de vieilles affiches datant de la veille de l'Assomption annoncent au public une course de taureaux donnée à l'occasion de la fête et le préviennent que les offices seront avancés, sans doute pour permettre aux âmes ferventes de commencer dans l'ombre du sanctuaire les méditations qu'elles termineront sous le soleil du cirque. Pourquoi mêler la pensée de la mère du Christ à cette manifestation sanglante, profane, vile par certains côtés ? L'habitude de matérialiser les choses de la religion et de paganiser pour ainsi dire le culte conduit à ces sortes d'aberrations. Encore un effort, et l'on installerait au cirque la statue de la Vierge coiffée de la mantille espagnole et l'éventail à la main, comme jadis les Grecs portaient au théâtre la statue de Dionysos afin qu'elle présidât au concours dramatique organisé en son honneur.

C'est au milieu d'un inextricable écheveau de petites rues qu'il faut chercher la cathédrale, une belle église ensevelie au milieu des maisons appuyées à ses murailles. Son origine est ancienne, une porte latérale de pur style roman en témoigne. La nef, le chœur, les collatéraux, dont à l'extérieur on ne devinerait pas la beauté, sont de l'époque ogivale et rappellent à bien des points de vue la Seo de Saragosse ou Sainte Eulalie de Barcelone, ces sœurs jumelles, ces prototypes des églises de l'Aragon bâties au XIVe et au XVe siècles.

A droite de l'église et à l'extrémité de la nef latérale se présente une chapelle où reposent en paix des personnages jadis très grands... L'un d'eux, un saint évêque, fonda ou plutôt fit construire le pont jeté sur l'Èbre. Il fut humain, secourable; depuis trois cents ans on bénit son nom et l'on conserve sa cendre avec respect et piété. L'entrée de la chapelle où il dort est fermée par une haute grille de fer ciselé. La bordure qui la couronne est une admirable dentelle où se jouent d'élégants entrelacs, d'où s'élancent des fleurs et des feuillages d'une grâce adorable. Cette *grille* mérite d'être louée entre les œuvres du même ordre épanouies sous le marteau et le ciseau de maîtres qui savaient tirer d'une matière vulgaire les bijoux précieux.

Il existe encore à Tudela une vieille église romane dédiée à Sainte-Marie, mais elle a été percée à tort et à travers d'ouvertures malencontreuses et enduite d'un badigeon si horrible qu'on a peine à retrouver ses grandes lignes au milieu de ces transformations.

MARCHANDS DE FRUITS À TUDELA. — DESSIN DE DERBIER.

VUE DE TARAZONE. — DESSIN DE GOTORBE.

CHAPITRE IX

La Vallée du Queiles. - Tarazone. - L'Évêché, la Cathédrale. - Huesca. Antiquité de son origine. - La Cathédrale, la Paroisse. - Le Retable de Damian Forment. - Les Représentations théâtrales données autrefois dans la Cathédrale. - Le Palais municipal, le Musée. - San Pedro el Viejo. - Les Couvents de Huesca. Piété de la population. - L'Université. - L'Hermitage de San Jorge.

PETITE FILLE EN HABIT RELIGIEUX.

Un chemin de fer à voie étroite relie Tudela et Tarazone. Un train journalier y circule, animé d'une sage vitesse, à la manière d'un omnibus. Il s'arrêterait même pour prendre les voyageurs en route si, dans la vallée fertile comme dans la lande stérile, les maisons ne formaient des agglomérations qui toutes, minuscules ou grandes, ont droit à leur station.

Au sortir de Tudela, on aperçoit de petits blockhaus construits par les carlistes au cours de la dernière guerre et grâce auxquels les rebelles tinrent en échec pendant plusieurs mois les troupes demeurées fidèles au gouvernement. On a eu le tort de ne point les raser ; en huit jours on remettrait bon nombre d'entre eux en état de défense.

J'ai pour compagnon de voyage un jeune homme de haute mine. D'abord silencieux comme un gentleman en face d'inconnus, il se présente enfin lui-même et me tend sa carte armoriée. Il est héraut d'arme de Sa Majesté et vient se reposer dans son antique palais de Tarazone d'un voyage d'étude à Paris, car à ses fonctions officielles il joint la qualité de numismate. De son séjour sur les bords de la Seine, il a gardé un bien charmant souvenir, mais c'est en vain que je l'interroge sur nos musées, nos bibliothèques ou même sur le cabinet des médailles. Il ne les a point visités. Ne connaît-il pas les collections de Madrid? Son indifférence orgueilleuse trouve bien des excuses. La légende elle-même la lui ferait pardonner :

« C'était à cette heure douloureuse où Jésus transporté sur la montagne fut exposé à la tentation :

« — Considère les royaumes de la terre, regarde tous les trônes de l'univers et choisis, dit Satan.

« Jésus détourna la tête.

« Il n'avait pas vu l'Espagne, les Pyrénées la lui avaient cachée ; autrement il eût succombé », conclut la chronique.

Et les vieux conteurs, dans leur admiration naïve pour la terre natale, ajoutent encore :

« Bien légère est la France auprès de l'antique et noble Ibérie. Le Père Éternel le sait bien, car, s'il n'était pas Dieu, il voudrait régner sur l'Espagne et avoir le Roi de France pour cuisinier. »

En poussant plus loin cette enquête, on découvrirait évidemment quelque disposition analogue chez le Saint-Esprit, car on est ici trop bon catholique pour diviser, même sur les choses de ce monde, la Sainte Trinité.

De Tudela jusqu'à Tarazone se déroule une vallée très fertile qu'arrose une rivière, le Queiles, et où se succèdent presque sans interruption des vignobles, des plantations de chênes-lièges et des bois d'olivier. On se croirait en Roussillon. Peu à peu la voie s'élève à flanc de coteau et bientôt, à l'extrémité d'un vaste épanouissement qu'entoure un cirque de montagnes, on aperçoit Tarazone. L'aspect en est grandiose et charmant. Cette impression se fortifie quand on approche de ce nid d'aigle et quand on gravit les pentes escarpées qui le séparent de la ville nouvelle, bâtie entre le Queiles et la gare. De chaque côté d'un ravin profond, desséché en été, torrentueux à la fonte des neiges, s'étagent des maisons pittoresques, aux balcons chargés de fleurs. La gaîté de leurs murs blanchis à la chaux, les longues tentes de coutil blanc et rouge qui les voilent en partie, les jupes jaunes, vertes, écarlates, jetées au soleil sur les rampes de bois ou de fer contrastent avec les sévérités majestueuses des grands murs de briques qui élèvent très haut sur une vaste terrasse l'ancienne citadelle arabe. Après l'expulsion des Mores, les rois d'Aragon l'habitèrent. Aujourd'hui, elle est occupée par l'archevêque. A peu de distance de ce palais et presque au sommet du plateau, la jolie tour de la Madeleine rappelle par son style les clochers mudejars de Saragosse et saillit comme un élégant fleuron au milieu des édifices qui couronnent l'escarpement.

En venant de la vallée, on accède à la vieille ville par des rues en pente rapide, coupées de degrés. A part quelques rares boutiques où l'on vend du vin, des azerolles, des sandales de corde fabriquées sur place, les maisons paraissent closes et semblent inhabitées tant les rues sont mornes et désertes. Par instants, un écho s'éveille entre les hautes murailles ; c'est une chèvre dont le sabot vif retentit sur la pierre, c'est quelque bohémienne qui passe, portant une cruche sur la hanche et regagnant le quartier où, de temps immémorial, vivent ceux de sa race.

SERVANTES DE TARAZONE.
DESSIN DE M. DIEULAFOY.

Après l'expulsion des Mores, la cité périclita et descendit des crêtes fortifiées dans la plaine, car la cathédrale construite peu d'années après l'affranchissement du pays s'élève dans la ville basse. Vue à distance, avec sa coupole arrondie, ses pinacles, ses corniches de pierre dorées par le soleil, incrustées de briques d'émail vert, son escalier monumental coupé de paliers et terminé en terrasse, elle trompe le regard. S'approche-t-on, on reconnaît qu'elle fut édifiée par un architecte encore barbare et des ouvriers ignorants.

Sans être une merveille, la grande nef construite, elle aussi, sur le type de la Seo de Saragosse, vaut mieux que son habit. Elle renferme d'ailleurs deux monuments précieux : deux autels de la fin du xve siècle d'une admirable pureté de style. Celui de Santiago surtout, avec sa belle statue de bois polychrome et ses tableaux encadrés dans de délicates sculptures, est une perle digne de figurer parmi les œuvres de choix.

C'est un des côtés charmants de l'Espagne de ménager aux chercheurs des surprises et de réserver toujours une récompense à leur patience et à leur persévérance. Calatayud, Tudela ne se comparent pas à nos grandes villes, et pourtant il en est peu dont le souvenir se graverait avec des caractères aussi nets et aussi accusés que ces vieilles cités de l'Aragon. De Tarazone émane le même charme. Comme ses sœurs, l'antique forteresse possède quelque philtre secret, quelque soporifique qui endort la sensibilité matérielle et retient captives les facultés de l'âme. Inondation, soleil, poussière, insectes, gamins pires que les pires moustiques, heures et jours éparpillés en interminables attentes, impatiences, contrariétés, autant en emporte la brise.

Mais qui oublierait jamais ces murs ensoleillés, ces ruines aux larges profils, cette couleur si chaude que revêtent les êtres et les choses, ces chefs-d'œuvre épars, comparables aux grains d'un immense rosaire dont chacun évoquerait un mystère de beauté?

ALCAZAR DE TARAZONE ET TOUR DE LA MADELEINE. — DESSIN DE BOUDIER.

Les siècles ont depuis longtemps terni la gloire de Huesca, l'ancienne Osca, où Sertorius, qui en avait fait la capitale de la Celtibérie, se plaisait à réunir les jeunes enfants pour les instruire dans les lettres latines et grecques. Il ne demeure presque rien de la ville romaine ni de la ville sarrasine, et il ne reste guère non plus de la cité du Moyen âge.

Une voie large, droite, couverte de poussière en été, boueuse en hiver, part de la gare et aboutit aux boulevards qui occupent la place des anciens fossés. C'est le Coso, clair, aéré, vivant, habité par une population d'ouvriers et de marchands. Pour atteindre le plateau où se dresse, orgueilleux et hautain, le quartier savant, religieux, administratif et aristocratique, il faut suivre les rues silencieuses, coupées de trottoirs, dont les stries profondes sont destinées à retenir le pied. Elles se tordent, se courbent, se retournent, mais elles gardent un peu d'ombre bleue au bas de leurs murailles, tandis que le soleil enflamme les façades et les larges chaussées exposées à ses rayons. Et puis, quand le ciel se drape de deuil et pleure le soleil disparu, elles se transforment en un torrent boueux, et il n'est pas un détritus de la ville ancienne qui n'aille s'abattre sur la nouvelle, à la grande joie de ses nobles habitants.

De temps immémorial, le tracé de ces antiques voies ne s'est point modifié, car Huesca a toujours été jalouse de conserver ses traditions et les souvenirs d'un passé glorieux. Pourtant leurs noms ont changé, mais pour effacer les anciens de la mémoire des habitants, des ordres sévères n'ont point suffi ; on a dû faire appel à la piété des fidèles. C'est ainsi qu'en 1596 l'évêque Don Diego de Moreal accorda 40 jours d'indulgence aux gens dévots qui désigneraient la rue des Mores sous le nom de rue de San Martin qu'elle porte encore aujourd'hui. La même faveur fut consentie à ceux qui appelleraient place San Lorenzo l'ancienne place arabe. Sans manquer de respect à ce bon évêque, j'estime que ses ouailles rachetaient à peu de frais les peines que méritaient leurs péchés.

Sur le sommet du plateau où aboutissent d'ailleurs toutes les rues anciennes, s'étend une place dont les jeunes arbres et le dessin moderne contrastent avec les édifices qui l'encadrent : la cathédrale, l'évêché, le palais municipal ou Casa Consistorial et un immense couvent désaffecté, transformé aujourd'hui en musée de peinture.

Comme les cathédrales des grandes villes de l'Espagne, celle de Huesca est tout un monde avec ses cloîtres, ses salles capitulaires, ses réfectoires, ses parloirs pour les pauvres, ses archives, ses magasins, ses jardins réunis à ceux de l'évêché, ses cours, ses portiques et enfin la paroisse qui en est distincte bien qu'elle soit contiguë. Sa porte surtout attire le regard et elle le retiendrait davantage si la pierre dans laquelle elle est taillée n'avait cruellement souffert. Aujourd'hui il est plus aisé d'admirer la forme pure de l'arc ogival que la décoration sculpturale jadis fort vantée. Cette porte est l'œuvre de Juan de Olotzaga. Les sept arcs qui l'ornent représentent les sept ciels, et les statues disposées dans leurs intervalles sont chacune au rang indiqué par le protocole céleste. Rien de commun entre les prophètes, les anges, les vierges, les martyrs, les séraphins, les dominations, si ce n'est les unanimes sentiments d'adoration que l'artiste leur a prêtés et qu'il s'est efforcé de rendre. Marie et son divin enfant en sont les saints objets.

Dans les gorges courent des guirlandes, tandis que la naissance des arcs s'appuie sur les dômes qui couronnent d'autres statues. Ici l'artiste s'est trouvé dans un grand embarras. Il lui fallait quatorze statues pour supporter ses sept ciels, et il avait beau compter et recompter, il ne trouvait jamais que douze apôtres. Les chanoines consultés ne pouvaient, malgré leur désir, en multiplier le nombre. On tourna la difficulté en adjoignant aux premiers disciples du Christ, saint Laurent et saint Vincent, martyrisés à Huesca. Les images des apôtres sont plus grandes que nature, encore plus dégradées que les statues abritées sous les arcs, mais au jour de la Fête-Dieu, quand on les revêt de robes et de chapes magnifiques, conservées dans le trésor de l'église, elles prennent un caractère archaïque, grandiose et naïf qui fait oublier leurs mutilations.

Au XVIe siècle, on a démoli la façade au-dessus de l'arc ogival et on lui a substitué un parement de pur style Renaissance. Il faut convenir que cette transformation n'est pas à l'avantage de l'édifice ni à la gloire de l'auteur. Chaque partie est belle par elle-même, mais ce mariage désassorti leur nuit grandement.

BOHÉMIENNE DE TARAZONE. — DESSIN DE MIGNON.

Une large baie, aux vantaux de bronze retenus par des clous merveilleusement ciselés, donne accès dans le sanctuaire. Au fond, derrière l'autel majeur, rayonne le célèbre retable de Damian Forment. En l'apercevant, on oublie l'église dont la nef est pourtant belle.

L'Espagne fut toujours pieuse, mais dans sa piété un peu païenne les sens ont une part égale à celle de l'âme. Ses peintres, ses sculpteurs s'appliquèrent à le démontrer et en vinrent parfois jusqu'à sacrifier l'idéal religieux. Aucune erreur de ce genre n'apparaît dans l'œuvre de l'incomparable artiste dont la vie, pourtant assez longue, s'employa tout entière à exécuter trois ou quatre grands retables, aussi remarquables par la beauté de la composition que par la sincérité du sentiment et la perfection de la technique.

Le retable de Huesca, commencé en 1522 et sculpté dans l'albâtre, est divisé en trois registres où se suivent et s'enchaînent les scènes de la Passion. Bien que le ton uniforme des tableaux soit une cause de monotonie, les personnages, les uns à peine saillants, les autres en demi-relief, quelques-uns détachés des fonds, sont disposés avec une telle intelligence des plans que la composition n'en souffre guère. Combien il devait être plus admirable encore quand il était rehaussé de la peinture et de la dorure que de consciencieux lavages lui ont enlevées, mais dont on retrouve les traces manifestes! Entre les tableaux, sur les pilastres que couronnent d'élégants pinacles, sont placées des statues de femmes; leur charme et leur grâce sont incomparables et montrent que le talent de Damian Forment eût également trouvé son emploi dans un art soumis à moins de contrainte que la sculpture religieuse. Les archives de la cathédrale nous apprennent que l'artiste travailla treize ans à cette œuvre. L'admiration qu'elle provoqua fut unanime, et dès lors plusieurs églises se disputèrent l'honneur d'occuper le grand artiste. Notre-Dame del Pilar de Saragosse l'emporta sur ses rivales.

LAVEUSES DE TARAZONE. — DESSIN DE MIGNON.

La paroisse qui, en Espagne, est presque toujours distincte de la cathédrale, possède un second retable de Forment, de moins grande importance que celui de la cathédrale, quoique d'une égale valeur artistique. Il fut exécuté pour la célèbre abbaye de Monte-Aragon, et transporté à Huesca, lors de la ruine de ce puissant et magnifique monastère.

La cathédrale et ses dépendances forment un ensemble encore très beau, en dépit d'un abandon qui tient davantage à la pauvreté de la ville qu'à un refroidissement de sa piété. En parcourant cette agglomération de monuments religieux, on y découvre même au passage des manifestations d'art infiniment intéressantes, telles la jolie chaire mudejar accrochée au mur du réfectoire d'un ancien couvent, connu sous le nom de salle des aumônes. Plus loin, de curieuses pierres tombales, des chapiteaux délicatement sculptés, des ogives au pur tracé rappelant celui de la meilleure période gothique; des bas-reliefs puis des statuettes dont la couleur disparaît sous une épaisse couche de poussière.

Le cœur de la ville chrétienne palpite depuis bien des siècles sous ces voûtes et les plaisirs y trouvèrent un asile aussi bien que le recueillement et la prière. Sous la forme d'*Autos sacramentales* et *naticiales*, l'art dramatique y fit entendre ses premiers vagissements, y prit ses premiers élans. On y célébrait d'interminables fêtes, on y chantait des *villancicos*, on y tirait des feux d'artifice. Il eût été bien surprenant si de pareilles distractions en de pareils lieux n'avaient engendré des abus; les abus tournèrent même à la licence. Aussi bien, quand, en 1619, on joua *la Concepcion*, et, en 1650, à propos du mariage de Philippe IV, la comédie du *Corpus*, la troupe fut-elle jetée hors de l'église et reléguée dans le cloître. Elle n'allait pas tarder à en sortir et à porter ses tréteaux et ses farces dans les rues et les *corrales* où l'art dramatique devait prendre désormais son développement.

C'était également dans la cathédrale que l'on accordait l'investiture aux docteurs ou aux gradués de l'Université, avec une pompe et un cérémonial comparables à ceux que l'on déployait à Salamanque en semblable circonstance.

Aujourd'hui, la vieille cathédrale n'est que trop paisible et le peu de vie que conserve la cité s'est réfugié dans le palais municipal ou Casa Consistorial, situé vis-à-vis.

Avec ses tours massives couronnées de galeries ajourées, son attique supporté par de légères colonnes, son auvent très saillant et précieusement sculpté, ses fenêtres rares. ses lourdes grilles, symbolise bien l'orgueil de la commune aragonaise.

Au rez-de-chaussée, que décorent les têtes coupées des rois Mores et l'écu aux barres sanglantes des armes de Sobrarbe, s'ouvre un large vestibule entouré d'antiques stalles et de bancs de bois. L'Alcade y rend encore la justice et y tranche, non plus les têtes, mais les différends, en père de famille. Une belle inscription lui rappellerait son devoir s'il venait jamais à l'oublier :

Quien quiere administrar justicia,
Cierre los ojos al odio y a la amicia.

« Qui veut rendre la justice doit fermer les yeux à la haine et à l'amitié. »

Après des heures de gloire, le vieux palais municipal a connu celles de la douleur, du trouble et du désordre. Dans le désastreux procès intenté par Philippe II à Perez, son ancien ministre, et si tragiquement terminé par le supplice du Justicia d'Aragon et la perte des privilèges de ce royaume, Huesca montra un invincible attachement à ses droits. Elle ne leva pas de troupes, elle ne marcha pas contre son seigneur et maître, mais son attitude fut une protestation solennelle qui ne passa pas inaperçue. Le Grand Inquisiteur écrivit au monarque : « La République est si émue que tous, jusqu'aux clercs, aux frères, jusqu'aux religieuses, ne parlent d'autre chose que de se mettre en péril pour la défense de leurs libertés. »

LA CATHÉDRALE DE HUESCA. — DESSIN DE BOUDIER.

Le palais municipal est englobé dans un ancien couvent où sont installées les sociétés savantes, un collège et une collection de peintures léguées à la ville par un enfant du pays, le peintre Carderera. Mêlés aux œuvres médiocres du donateur, se trouvent une vingtaine de toiles ou de panneaux fort intéressants. Je citerai une descente de croix de style primitif, mais d'une couleur et d'un sentiment exquis ; puis une série de panneaux provenant d'un retable et représentant des scènes empruntées à l'Ancien et au Nouveau Testament. Les personnages m'ont paru un peu plus grands que nature. La composition est naïve comme le dessin ; le coloris est d'une véritable richesse, les fonds dorés en plein sont couverts de guillochis. Le même travail exécuté au burin, mais d'une main plus légère, se retrouve sur les vêtements des personnages et y forme des damas ou des semis d'un effet somptueux et d'une harmonie surprenante. Les larges auréoles d'or sur lesquelles se détachent les têtes, sont composées, elles aussi, de minces anneaux concentriques. Ce procédé décoratif présente la plus grande analogie, s'il n'en est une copie servile, avec le procédé employé jadis pour colorer et dorer les statues et les retables polychromes que l'Espagne goûta si justement avant de subir l'influence de la Renaissance italienne. Ces peintures remontent au XVe siècle et au commencement du XVIe. Elles ne portent aucun nom d'auteur. A cet ensemble si

LA PLACE DU CHARBON DEVANT SAN PEDRO EL VIEJO. — DESSIN DE J. LAVÉE.

curieux, au point de vue de l'histoire des arts nationaux, Carderera avait joint quelques triptyques d'origine italienne, mais encadrés dans les délicates dentelles où excellèrent les sculpteurs espagnols quelle que fût la matière, bronze, fer ou bois, offerte à leur ciseau. Ces diverses œuvres proviennent des couvents de la ville, saccagés pendant la révolution de 1837, de sinistre mémoire pour l'art, la science et la civilisation.

Le don de Carderera eut une excellente influence. Jusque-là Huesca s'enorgueillissait de sa vieille réputation universitaire, elle se glorifiait de son goût pour les lettres ; depuis qu'elle possède un musée de peinture, ses sentiments artistiques se sont développés ; des dons particuliers sont venus grossir l'embryon primitif. Et comme entre la pratique des arts et leur histoire le lien s'établit indiscontinu, la passion des vieux monuments s'est emparée à son tour de Huesca.

A côté de la salle de peinture s'ouvre un musée archéologique. Avec un respect touchant, on y a réuni quelques objets préhistoriques, des momies d'Égypte salées au natron, des bras et des jambes de statues romaines, des inscriptions latines et une belle série de chapiteaux enlevés d'un cloître roman ou provenant de l'église San Pedro, en pleine restauration. Au-dessus de cette macédoine moisissent les portraits de quelques princesses d'origine française, alliées à la Maison d'Espagne. A voir leur air maussade, on croirait qu'elles ont entrevu l'asile suprême, presque aussi gai que leur cour, où elles perdent le fard de leurs joues et les perles de leur robe, sous l'effet de l'humidité.

Une Société Archéologique devait naître et grandir auprès d'une collection aussi triée. Elle s'est en effet constituée et se recrute parmi de braves gens que leurs études ou leur carrière ne destinaient guère à l'honneur de porter le titre d'académicien : des photographes, des pharmaciens, des épiciers à l'aise, des militaires retraités. Ah ! il ne s'agirait pas de mettre en doute la valeur scientifique de ses membres ! Ils préféreraient avouer qu'ils ne distinguent pas un positif d'un négatif ; un cataplasme d'un sinapisme ; un pain de sucre d'un morceau de savon ; un sabre d'une épée. Ces Immortels ont la foi, et chacun sait que la foi sauve.

PALAIS MUNICIPAL DE HUESCA. — DESSIN DE BOUDIER.

En fait, la Société Archéologique, animée des sentiments communs à ses pareilles, collectionne et restaure, avec l'aide de l'État et de la Ville, s'entend. Son effort s'est porté sur le plus ancien de ses édifices, l'église romane San Pedro el Viejo, dont la porte, bien conservée, s'ouvre sur la place du marché au charbon. La nef romane est simplement intéressante. Je ne m'y attarde pas. Pourtant, sur un pilier massif se détache dans son cadre aux lourdes feuilles dorées un bel ivoire sculpté en bas-relief et représentant *Saint Jérôme au désert*. Le saint est presque nu, on peut compter ses os et ses nerfs sous une peau rappelant plutôt l'habit transparent d'un squelette que l'enveloppe de muscles vivants. C'est une copie ou une réplique d'une sculpture vénérée à Burgos dans la chapelle du connétable.

Je n'aurais garde non plus d'oublier les reliques de San Justo y Pastor, pour la possession desquelles Huesca faillit jadis devenir rebelle à son roi. Le bruit ayant couru que le monarque avait décidé d'en dépouiller San Pedro el Viejo pour en gratifier une chapelle d'Alcala, ce fut dans la ville une émotion extrême, une levée générale de toutes les bannières des églises et des couvents. Le monarque, craignant une révolte à main armée, fit mine de transiger et se contenta d'un fragment des corps. Encore dut-il s'appuyer sur un bref spécial du Souverain Pontife. Les reliques n'étaient pourtant pas au bout de leurs vicissitudes. Là où la foi avait échoué, la ruse réussit. Un matin, une rumeur s'éleva dans la ville comme un grondement précurseur des orages. Les reliques avaient disparu. Désespérés, les habitants s'adressèrent à l'archevêque de Saragosse pour retrouver un trésor qu'une piété jalouse avait pu seule leur ravir. Celui-ci eut recours aux grands moyens, engagea une bande de voleurs renommés, et, par l'intermédiaire de ces consciencieux bandits, rendit à Huesca les reliques qu'on lui avait dérobées. A voleur, voleur et demi.

Malgré leurs aventures, l'authenticité des reliques de San Justo y Pastor n'a jamais été mise en doute par personne, et bien mal avisé serait celui qui la discuterait.

« Des reliques et de l'Inquisition, ne dis jamais rien que de bon », conseille un vieux proverbe.

Encadré dans l'arceau roman d'une porte de la nef, apparaît le cloître traversé par les rayons du soleil qui cernent en traits d'ombre et de lumière des arceaux pesants, des colonnes accouplées, des chapiteaux d'une naïveté charmante. Au sortir de l'église sombre, ses pierres, blanches encore du nettoyage qu'elles viennent de subir, jettent dans l'esprit une note gaie bientôt éteinte.

JEUNE CARMÉLITE LA VEILLE DE LA PROFESSION. — DESSIN DE GOTORBE.

Sur l'une des façades du cloître, s'ouvrent des galeries où s'alignent des sarcophages plus ou moins riches. Dans ce Panthéon reposèrent longtemps en paix des monarques, des pasteurs d'âmes, des guerriers, des femmes qui furent belles. Les révolutions, funestes aux vivants, ne le furent pas moins aux morts. Quelques-uns, peut-être, ont gardé leur place dans ces demeures funèbres, sous ces lourds couvercles de pierre; combien en ont été expulsés ! Vis-à-vis d'un bas-relief emprunté à un édifice romain, et qui signale la tombe, incrustée dans la muraille, du roi Ramiro II, des ossements gisent dans une promiscuité troublante, et s'amoncellent, sur deux mètres de hauteur, en une pyramide qui s'écroule et roule sur le sol. Le soleil caresse leur ivoire vieilli, les dore et semble rire sur ces crânes brisés, ces têtes détachées, ces bras qui se glissent entre les fémurs et les tibias. Ce furent des êtres qui s'agitèrent pour le bien et pour le mal. Ils aimèrent, ils furent aimés; ils souffrirent et ils firent verser des larmes; aujourd'hui on relève leurs squelettes à la pelle, on les ramasse au balai.

Le spectacle d'une pareille destruction que l'antiquité recherchait comme un excitant à la gaîté, — les sculptures des vases à boire de Boscoreal en témoignent, — et qui chez nous éveille des pensées graves ou amène des retours salutaires, laisse l'Espagnol dans une indifférence parfaite. Fataliste comme ses aïeux musulmans, il ne redoute de la mort que les souffrances admises dans son cortège. En contemplant cet ossuaire, qui pourrait éprouver un doute et s'inquiéter de l'au-delà parmi ces âmes naïves, croyantes, éprises de merveilleux, toujours dans l'attente d'une volonté supérieure manifestée par le miracle, sans souci d'aucune loi naturelle ?

Le quart de la population de Huesca est consacré à Dieu; c'est à croire que la vocation religieuse vole dans l'atmosphère, qu'on la respire avec cet air que font vibrer les cloches et qui n'apporte plus le chant des guitares amoureuses. Puis l'on est pauvre, et comme c'est une sorte de déshonneur dans certaines maisons de faire œuvre manuelle, et que le souci de la vie matérielle se dresse inquiétant, on va chercher dans un cloître un abri, le pain quotidien assuré par des donations pieuses, la paix sinon le bonheur. Sur dix personnes circulant dans la ville haute, quatre d'entre elles portent le costume ecclésiastique ou la robe monacale. Et si les femmes y sont moins nombreuses que les hommes, c'est que la plupart ont accepté une clôture sévère et brisé à jamais les liens qui les attachaient au monde.

Les personnes qu'attire la vie monastique ont l'embarras du choix entre les couvents de règle différente; mais celui des Carmélites semble l'emporter sur ses rivaux. Cette faveur tient en partie à ce que, dans certaines occasions, on y donne de grandes fêtes religieuses où les parentes des nonnes sont admises par exception. Le 17 octobre, fixé pour la glorification annuelle de sainte Thérèse, les filles des affiliés du tiers ordre, revêtues de l'habit religieux et coiffées du bonnet carré des docteurs en souvenir de leur sainte patronne, sont même autorisées à figurer dans une procession solennelle dont les anneaux se déroulent à travers les cours et les cloîtres du monastère. Combien de vocations ne sont pas écloses parmi ces enfants blanches et roses sous la bure monacale et la coiffure des maîtres de l'Université !

Les prises d'habit font aussi abaisser par instants les grilles de quelques couvents. La veille du jour béni, la novice joue le dernier acte de sa vie mondaine. Tenant à laisser à ses parents et à ses amis un souvenir de sa jeunesse et de sa beauté, elle se rend chez un photographe, et, couronnée de la fleur virginale des épousées, voilée de tulle blanc, vêtue de la robe de soie noire des mariées espagnoles, qu'elle portera le lendemain quand elle viendra demander au pied de l'autel la permission de prendre l'habit monastique, elle se placera émue, anxieuse, devant l'objectif. Puis, ayant dépouillé la livrée du monde et revêtu les insignes du Carmel, elle posera une seconde fois. Juxtaposées, les deux épreuves conserveront à sa famille l'image d'une fille ou d'une sœur tendrement chérie. Et qui sait si, plus tard, une carmélite jaunie par la clôture, maigrie par les austérités, ne regardera pas en cachette ce lointain et dernier témoignage de sa jeunesse et de sa beauté ?

Huesca est mieux qu'un vaste couvent ; il est encore le conservatoire de coutumes étranges et d'antiques traditions sans équivalent dans les autres pays de la chrétienté. Ainsi une des causes qui, de très vieille date, contribue à l'appauvrissement de la population est l'usage suivi par un grand nombre de gens de « déclarer leur âme leur héritière », c'est-à-dire, en bon français, de léguer la plus grande partie sinon la totalité de leurs biens à l'Église pour faire dire des messes à leur intention. La coutume est ancienne et l'histoire en offre d'illustres exemples. Par testament Philippe IV dispose que, le jour de sa mort, il sera dit dans la ville où il expirera autant de messes qu'il sera possible aux autels privilégiés et que dès le lendemain seront célébrées cent mille messes dans les diverses parties du royaume. Sur ce grand nombre de sacrifices, s'il en est de superflus, et dès qu'il sera quitte envers le ciel, l'excédent sera d'abord appliqué au soulagement des âmes de ses ascendants paternels et maternels, puis à celles de ses prédécesseurs. Enfin si Dieu leur a déjà fait miséricorde, elles viendront en aide aux Espagnols qui en auront besoin au purgatoire. Encore de nos jours, à Huesca, l'acquittement des dettes terrestres passe après le payement des messes demandées par testament.

A voir les bâtiments de l'Université, à visiter les salles de cours et les laboratoires, on comprend de reste que les étudiants abandonnent ses bancs et se dirigent sur Barcelone dès qu'ils ont les moyens de vivre loin du foyer familial.

PAYSANNE DES ENVIRONS DE HUESCA.
DESSIN DE BIGOT-VALENTIN.

L'édifice bâti sur plan octogone, à la place qu'occupait le palais royal alors que Huesca était la capitale de l'Aragon, se dresse à l'extrémité du plateau occupé par la ville. Sa porte, très ornée, donne accès dans une cour où se dégagent les amphithéâtres et le laboratoire de physique et de chimie. Je ne doute pas que ce dernier ne soit parfaitement aménagé pour y préparer un excellent chocolat. Quant à la bibliothèque, elle regorge de livres de théologie apportés en masse lors du pillage des couvents.

L'Université n'est point embarrassée de ses élèves pendant ces jours d'été. Seuls, quelques enfants que leur famille oublie de réclamer jouent gaiement dans la cour ensoleillée, sous l'œil paternel d'un concierge. On rit, on chante, on fait le lézard, sans songer aux événements tragiques qui, dit-on, se déroulèrent jadis en ces lieux.

Armé d'un trousseau de clés énormes qui tintent comme des battants de cloches, le concierge ouvre une porte basse, d'aspect rébarbatif, descend quelques marches et nous introduit dans une salle voûtée, construite en pierre de couleur sombre et à peine éclairée. On y respire une forte odeur de champignons, d'autres disent de sang. Cette salle doit en effet son nom, *la Campana* (la cloche), à un épisode funèbre.

C'était au temps lointain de Don Ramire II, roi d'Aragon. Arraché du couvent de San Ponce de Tomeras pour recevoir la couronne, le Moine-Roi eut à lutter contre une aristocratie turbulente dont l'arrogance lui fit souvent regretter la paix du cloître. Découragé, il prit un jour la route du monastère de Sahagun, dans le désir de consulter l'abbé. Celui-ci était un lettré. Il ne répondit pas aux questions du roi, mais armé d'une gaule, tout en marchant, il fauchait les fleurs les plus élevées du jardin où il se promenait en compagnie du monarque. Cette pantomime classique fut comprise. Dès son retour, Ramire manda les rebelles, s'en saisit, et comme ils se plaignaient de n'avoir pas été consultés au moment de l'élection royale, ainsi qu'il était de leur droit, il leur coupa en même temps la parole et la tête. Après l'exécution, seize trophées sanglants furent posés à distance égale autour de la salle. Le plus redoutable des rebelles, Ordaz le Mauvais, restait seul debout.

« Suspendez sa tête au milieu de la coupole, dit froidement Ramire, ce sera le battant de la cloche. »

Le calme régnait dans Huesca.

L'UNIVERSITÉ DE HUESCA. — DESSIN DE BOUDIER.

D'un air convaincu, avec une mine de circonstance, le gardien désigne un gros clou et une ficelle sinistre qui pend couverte de toiles d'araignées à la clé de voûte. Et des petits écoliers venus sur mes talons, nous regardent d'un œil interrogateur. Auraient-ils conçu des doutes sur l'érudition de leur brave concierge? En tout cas ce serait pécher que démolir une légende aussi terrifiante. Et pourtant, le sévère Ramire mourut en 950, tandis que la construction de cette salle date du XIVe siècle. Son style vaut un extrait de naissance. Le célèbre ministre Canovas del Castillo a puisé dans cette sanglante aventure le sujet d'un roman historique: *La Campana del rey Monje* dont le succès fut grand. Pourtant un bon Espagnol doit éprouver quelque peine à faire marcher d'accord l'histoire avec ses sentiments. Loue-t-il le Moine-Roi de sa sévérité, le blâme-t-il de sa cruauté? Si l'on consultait les gens de Huesca, petits et grands voteraient, j'en suis sûre, pour la louange. Le caractère aragonais est indépendant et fier, mais le cœur est dur, peu accessible à la compassion ou à la pitié. Jusqu'à l'âme de l'enfant qui se cuirasse d'indifférence.

Désireux de considérer au soleil couchant le spectacle de la ville, nous nous étions engagés hier sur une route qui conduit à l'oratoire de San Jorge, bâti en 1550 en commémoration de la célèbre bataille d'Alcoraz gagnée sur les Mores par Pedro Ier, roi d'Aragon, et qui fit tomber Huesca entre les mains des chrétiens. Le matelas de poussière dont elle était couverte en avait éloigné les promeneurs. Sur le long ruban blanc qu'elle formait entre les peupliers plantés sur ses bas-côtés, on n'apercevait ni âme qui vive, ni âne qui braie.

Soudain, à demi cachés entre les arbres, apparaissent sept ou huit gamins de douze à quatorze ans, immobiles, silencieux. Quand l'Espagnol crie, sa colère s'exhale en paroles, il n'y a rien à craindre ; s'il se tait, défiez-vous. Ces enfants assistent à un véritable duel engagé entre deux camarades qui ont roulé au fond du fossé dans l'ardeur de la bataille. A notre approche, l'un des combattants détale, mais, avant de s'enfuir, il a traité de telle façon son adversaire que celui-ci gît sans connaissance. Quant aux camarades, ils ont été les spectateurs de cette scène comme s'il se fût agi d'un incident de cirque. Pas un n'a songé à intervenir. Personne ne vient au secours de l'espada quand il lutte contre le taureau, la bête fût-elle trop rusée ou trop valeureuse.

Il faudrait des jambes de quinze ans pour courir après le petit misérable ; nous y renonçons, mais indignés nous admonestons les témoins de ce combat. Alors ces vauriens nous lancent un mauvais regard ; à demi voix ils se consultent. Ils sont en nombre et de force à nous faire payer notre audace. L'apparition de quelques laboureurs qui reviennent des champs, la charrue attachée en travers sur le cou de leur mule, calme leur ardeur et c'est à qui se dérobera.

Le soleil disparaissait derrière la montagne quand nous avons atteint le petit édifice sans caractère où, chaque année, la population monte en procession à la suite de son Ayuntamiento. Entre le plateau sur lequel il se dresse et le soulèvement qui couronne la ville se creuse une vallée fertile. L'or des blés coupés ruisselle jusqu'aux frondaisons dont le vert sombre signale, au pied des remparts, le cours de la rivière. Puis dans le crépuscule commençant se profilent les clochers de Huesca, ses hautes maisons de briques rouges, ses tours et ses murs ruinés. Les détails s'estompent, les grandes masses s'unissent aux fonds d'un gris violacé, s'éloignent et s'effacent. Mais au moment de disparaître la ville jette vers le ciel une plainte très douce. Peu à peu la mélodie s'étend en longues vibrations : c'est l'Angélus que sonnent ensemble les carillons de la ville, c'est la prière des cloches qui commande celle des âmes. Les voix sonores des gros bourdons se mêlent aux notes aiguës des cloches plus petites en un concert qui semble venir des étoiles et que la distance rend harmonieux. Les cloches se taisent presque en même temps. Puis, après une pose, un dernier accord retentit : comme l'amen attardé d'une longue prière. Huesca retombe dans le silence, elle se perd dans la nuit, isolée, solitaire.

Mais alors, sur la cime des monts, une lueur se montre discrète d'abord, de plus en plus éclatante à mesure que le ciel s'assombrit davantage. Moins haut, d'autres flammes brillent, scintillent plus colorées. Des charbonniers brûlent la forêt et des pâtres incendient l'herbe de la montagne. Pendant le jour le soleil tue leur lumière, elle n'apparaît que la nuit comme un signe de vie sur ces crêtes que l'on croirait inabordables et désertes. Il en était de même au temps des Romains. Les siècles s'écoulent, et l'Espagne, immuable, perpétue à travers les âges les traditions que lui a léguées le passé.

BAS-RELIEF DE LA PORTE DE L'HÔPITAL DE HUESCA. — DESSIN DE GOTORBE.

PORTE DU ROSAIRE À TARRAGONE. — DESSIN DE TAYLOR.

CHAPITRE X

Le Balcon de la Méditerranée. - La Muraille cyclopéenne. - Les Constructions romaines. Le Musée. - La Bibliothèque. - L'Aqueduc. - Le Tombeau des Scipions. - L'Arc de Bara. La Cathédrale. - Le Cloître. - François Ier à Tarragone. - Tarragone.

SANCTUAIRE DE SAN PABLO À TARRAGONE. DESSIN DE BOUDIER.

DEPUIS la gare jusqu'à la ville, entre des faubourgs de construction récente, une côte raide, droite, sans palier. Les trois mules qui traînent un fantastique omnibus la montent de mauvaise grâce. Vieille habitude sans doute, et protestation prévue. Sur le siège trois hommes, — autant de mules, autant de bons chrétiens, — s'installent côte à côte suivant les règles du protocole qui détermine les droits des diverses classes de cochers. L'un tient les rênes, c'est le pontife suprême. Il porte un grand chapeau de feutre gris et une veste de velours; il a l'air important, solennel, satisfait. Le second s'arme du fouet et s'en sert. Le troisième distribue aux mules des encouragements assaisonnés d'insultes variées; injures à leurs ascendants, injures à leur vaillance, injures à leur vertu, injures à leurs descendants! Pauvres mules! Rien n'y manque; il y a même du superflu. Un répertoire choisi d'ailleurs, et auquel les victimes, en filles de bonne maison, se montrent sensibles. Quoi qu'il en soit de leurs sentiments intimes, de la délicatesse de leur peau, de la révolte d'un amour propre injustement humilié ou de l'émoi d'une pudeur bien placée, l'attelage, l'omnibus et son contenu, bêtes et gens, paniers et gargoulettes vides débouchent sur la Rambla de San Juan. Cette avenue large et belle, plantée de jeunes arbres et tracée en terrasse à mi-hauteur de l'escarpement sur lequel la ville s'étale en éventail, est due à la sollicitude d'une municipalité jalouse de la gloire des Haussmann et des Alphand. Au milieu de la Rambla s'élève un kiosque d'inspiration chinoise.

Par les beaux soirs la musique militaire y attire une foule compacte et jolie, à l'inverse des foules qui sont toujours laides. Des yeux étincelants fendus et frangés à miracle, des cheveux splendides orgueilleusement dressés sur des fronts d'impératrices, des tailles sveltes. Et les robes de forme élégante, roses et blanches croisent les vestes ajustées et les chemises empesées que ne cache aucun gilet; et les regards se provoquent; et les rires se répondent et se font écho; et les éventails minuscules mais singulièrement agiles et bavards disent tantôt oui, tantôt non, suivant la fantaisie du moment, avec tout autant d'adresse qu'au temps où il était de mode de les porter aussi grands que les ailes de moulins auxquels s'attaqua Don Quichotte. Quelle audace ont ces éventails! Le bâton du chef de musique s'est arrêté, l'orchestre s'est tu, les belles de nuit ont replié leurs ailes.

Au retour du soleil l'on est tout de suite séduit par le charme et frappé par l'excellence du site; l'on s'explique que de tout temps il ait tenté des conquérants. L'impression est surtout très vive si, tour à tour, l'on se place aux deux extrémités de la Rambla. Également beaux, les deux paysages qu'on y découvre se font valoir par leur contraste même. Au Nord se déroule une chaîne aux lignes simples, aux contours adoucis, aux couleurs indécises voilées par la brume, mais dont les teintes différentes trahissent des soulèvements s'étageant les uns derrières les autres; un lointain mystérieux d'où ne surgit aucun détail, une belle toile de fond qui semble se lever sur les verdures de la plaine, sur les vignobles à flanc de coteau, sur la ville basse groupée autour du port. Ici l'on se croirait très avant dans les terres, au pied de l'une de ses sierras qui hérissent l'Aragon et la Navarre.

Retournez-vous, parcourez quelques centaines de mètres, et à l'autre extrémité de la Rambla, le paseo de Santa Clara élève très haut sa terrasse splendide, *El balcon de la Mediterráneo*, comme l'a somptueusement baptisée Castelar. De tout côté on aperçoit la mer comme si la nature avait pris plaisir à créer ce promontoire pour la faire mieux admirer.

LA TOUR DE L'ARCHEVÊQUE À TARRAGONE. — DESSIN DE TAYLOR.

Ce jour-là, le ciel d'une clarté cuivrée avivait le bleu des eaux. Pas une ride ne se formait sur elles, pas une vague n'écumait sur le rivage, pas un souffle d'air n'effleurait les flots tranquilles, pas un oiseau aux longues ailes ne fendait l'air au-dessus d'elles, pas une voile ni au loin ni auprès ne troublait son repos. On eût dit un lac sans limite, sur lequel aucun mortel n'avait jamais lancé un esquif, laissé tomber une rame, tenté quelque entreprise téméraire; un lac magique réservé aux divinités et que les fées et les génies des ondes avaient seuls le droit de traverser.

La nature aussi sait mentir. Sur cette plaine d'azur à l'aspect enchanté, se sont avancés des conquérants nés sur les rivages que dore le soleil levant, accoutumés à suivre les côtes et à créer sur leur passage des établissements où se perpétuait leur race.

D'abord vinrent les conquérants auxquels la légende a laissé le nom de cyclopes. Peut-être les premiers, ils s'installèrent sur l'amphithéâtre rocheux qui domine le port. Et pour défendre ce trône de leur puissance nouvelle, ils construisirent une enceinte en blocs énormes qui témoigne d'une civilisation bien barbare, mais d'une force de volonté supérieure aux obstacles.

Puis arrivèrent les Phéniciens, ces hardis navigateurs, ces commerçants infatigables désireux d'établir des comptoirs et de servir d'intermédiaires entre l'Asie et l'Europe. Ce furent ensuite des Grecs aux goûts raffinés et délicats. Enfin apparurent les galères romaines et bientôt après les légions qui avaient suivi la route de terre et traversé la Gaule Narbonaise. Il semble qu'à partir de cette époque la mer ait cédé à la terre le soin de vomir des ennemis et de donner passage aux invasions. Et païens et chrétiens, et Latins, et Visigoths et Germains apprirent à tour de rôle l'importance stratégique de Tarragone et se complurent à lui laisser un témoignage de leur puissance ou un souvenir de leur amour.

Tarraco quanta fuit, ipsa ruina docet.

Entre les constructions d'âges si divers et d'époques si différentes élevées sur l'emplacement de l'aïeule des cités espagnoles, c'est encore la plus antique, la muraille cyclopéenne, qui a le moins souffert du temps et de la volonté destructive des hommes. On la retrouve dans toute sa beauté formidable quand on sort par la porte du Rosaire ou des Prédicateurs ainsi qu'on l'appelait au Moyen âge. A droite elle se continue et sert de base à une muraille romaine très belle.

FEMME DE TARRAGONE — DESSIN DE MIGNON.

Au delà de la muraille romaine, le mur cyclopéen réapparaît plus élevé, plus complet, et atteint sans doute encore sa hauteur primitive, c'est-à-dire sept à huit mètres. Les blocs qui le couronnent sur une assez longue partie ne portent trace d'aucun travail et n'apprennent rien sur les procédés employés à la construction. Il est à supposer qu'on élevait des terre-pleins à mesure que la muraille s'exhaussait, qu'on y roulait les monolithes et que leur mise en place ne nécessitait aucun appareil de levage. Cette méthode dut être générale dans la haute antiquité.

Plus loin encore se dresse la tour de l'Archevêque aux fondements cyclopéens, aux flancs romains, à la tête couronnée de ces mâchicoulis qui, à dater du Moyen âge, servaient à défendre le pied des murailles. Ceux-ci présentent un intérêt spécial, parce que la couverture formée de dalles de pierre mobiles, à l'imitation des panneaux de charpentes employés ailleurs, est encore en place.

De cette tour jusqu'à celle du Capiscol s'étend une courtine de quatre-vingt mètres de longueur, cyclopéenne à la base, romaine dans les parties supérieures. Elle serait due aux Scipions, et aurait été réparée sous Octave.

On suit l'enceinte jusqu'au sommet de la colline où s'assied Tarragone, on tourne avec elle, on redescend, et l'on atteint l'angle oriental de l'antique prétoire connu sous le nom de château de Pilate. On voit encore ses portes, ses tours, ses courtines, ici très élevées, là démolies jusqu'à mi-hauteur et servant d'appui, soit à l'enceinte romaine, soit à des restaurations qui datent du XIIe et du XVIe siècle, soit à des palais et à des maisons particulières percées de fenêtres, chargées de balcons et de jalousies à la dernière mode espagnole. Mais partout où elle se montre, elle apparaît faite de pierres énormes à peine dégrossies, disposées en lits réguliers, et calées simplement au moyen de pierres plus petites.

Les marques laissées sur chaque bloc témoignent de son origine aussi bien que la forme de l'appareil. Ces marques se retrouvent à l'intérieur de l'enceinte sur l'un des côtés de la rue basse du rempart. A cet indice on reconnaît que la courtine, épaisse de cinq ou six mètres, était constituée par deux murs en parement entre lesquels on avait jeté de la pierre sèche. Cette disposition a permis aux habitants de la ville de déblayer l'espace ménagé entre les deux murs et de s'y installer après avoir percé des ouvertures sur la rue.

Quand on a fait le tour de la ville et avant de revenir à la porte du Rosaire, on rencontre une des plus belles entrées de ce rempart de géant. Elle est haute de 2^{m} 46 et large de 1^{m} 45; ses jambages, formés de trois blocs superposés, portent en guise de linteau un monolithe dont la longueur atteint 4^{m} 40. L'épaisseur de la muraille en ce point est de 6^{m} 11. Aucun indice ne permet de supposer qu'elle comportait des huisseries de bois, de fer ou de bronze. On se contentait de la barricader en temps de guerre avec des troncs d'arbres ou des blocs aussi difficiles à manier que ceux de la muraille.

Le mur cyclopéen était construit dans l'unique dessein de constituer un camp retranché sévère comme lui. Avec les Romains l'enceinte devint la protectrice d'une cité riche et brillante. Tarragone dédia des temples aux dieux, aux héros et aux empereurs. Elle eut son Forum et son Capitole; elle éleva des palais pour ses maîtres étrangers, elle construisit des édifices publics où, à l'imitation de Rome, elle offrit à ses habitants les plaisirs du cirque et de l'amphithéâtre. C'eût été miracle si ces belles constructions avaient échappé aux hordes d'Euric qui ravagèrent le pays au Ve siècle, aux Arabes qui l'envahirent et s'y installèrent au VIIIe siècle, aux sièges et aux innombrables combats qui eurent lieu sur son territoire entre chrétiens et musulmans jusqu'à l'expulsion de ces derniers. De tant de merveilles il ne reste que des fragments d'architecture, quelques pans de murailles compris dans la cathédrale ou dans des maisons particulières, enfin des bas-reliefs décoratifs et des statues conservées dans le musée provincial.

Une ville aussi riche de souvenirs devrait posséder des vestiges nombreux du passé. Elle les offrirait sûrement à la curiosité des savants et des voyageurs si l'amour des monuments profanes était d'aussi vieille date que le respect des reliques saintes. Heureusement qu'à l'exemple des nations voisines, l'Espagne a compris l'intérêt qui s'attache à l'étude des documents figurés ; et si elle ne fouille pas le sol foulé par tant de peuples, elle recueille et classe les objets que le hasard permet de découvrir. Le musée de Tarragone mérite d'être vu après celui de Madrid.

Il renferme entre autres objets, des poteries et quelques bronzes romains, des fragments de sculptures, des vases ornés d'inscriptions koufiques et tire un juste orgueil d'un lampadaire antique. Ni à Florence, ni à Naples, ni à Rome, je ne me souviens d'en avoir vu de plus beau. Enfin, trophée bien précieux, il conserve deux écus en bois recouvert de cuir peint. Ils proviennent du monastère de Santa Cruz et appartinrent l'un à Dona Guillerma de Moncade connue sous le nom de l'Invincible Amazone; l'autre, à son mari, Ramon de Cervello, qu'elle arracha aux prisons des Mores.

Parmi les statues qui ont trouvé un asile dans les salles du musée à la suite du pillage, de l'incendie ou de la démolition d'un grand nombre d'églises et de monastères, je signalerai une vierge du XIIIe siècle, connue sous le nom de Vierge du Miracle. On la vénérait jadis dans une église placée sous son vocable et qui appartenait à l'ordre des Templiers. Sa provenance ne saurait être mise en doute; puis elle est d'un bon style, et à ces deux points de vue elle mériterait d'être citée. Mais son origine et ses qualités artistiques comptent peu auprès d'une particularité de son costume. Elle porte le manteau des frères de l'Ordre. C'est là pour la Vierge un vêtement inattendu et un peu prématuré ; c'est surtout un indice de l'orgueil de ces moines-guerriers. Si on les y eût poussés, ils eussent sans doute gratifié la mère du Christ de leur harnais de guerre, d'une lance et d'un palefroi caparaçonné.

LAMPADAIRE ROMAIN DU MUSÉE DE TARRAGONE.
DESSIN DE BOUDIER.

Dieu a fait l'homme à son image, les Templiers rendaient à la Vierge la politesse qu'ils avaient reçue du Créateur.

Il existe encore à Tarragone une bibliothèque intéressante où l'on a recueilli, comme dans le musée, les épaves des couvents. Les ouvrages religieux sont la richesse commune de ce genre de collections. Celle-ci est privilégiée, car elle comprend un grand nombre de manuscrits historiques, des bulles pontificales, des diplômes, des autographes et des chartes de grande valeur. On y montre volontiers un manuscrit sur velin consacré à l'interprétation des noms propres hébreux, des poèmes latins, et, sous le n° 126, l'*Histoire de l'arrivée de Charlemagne en Espagne par l'Evêque Turpin*. Le plus précieux de ces manuscrits, un commentaire de l'Apocalypse de Saint-Jean, remonte au XIe siècle. La bibliothèque possède aussi une collection d'incunables, mais l'inventaire n'en est pas terminé et il est difficile de se prononcer sur sa valeur.

A l'exception du château de Pilate et des murailles élevées sur la base cyclopéenne, les vestiges de cette domination romaine si favorable aux peuples conquis ne se trouvent plus que dans la campagne. A chaque pas on y relève des ruines de villas, de thermes, de sanctuaires antiques. Entre tous, l'aqueduc mérite la réputation dont il jouit.

Les eaux du Gaya destinées à l'alimentation de Tarragone, sont captées à plus de six lieues de distance de la cité et s'engagent dans une conduite de maçonnerie qui serpente en suivant les crêtes sinueuses des derniers soulèvements de la Cabra. Après avoir traversé la roche dure en souterrain, elles s'élancent sur un magnifique aqueduc qui franchit une dépression de quarante mètres de hauteur. Il est composé de deux étages; le premier compte onze arches, le second vingt-cinq. Au delà, la conduite se prolonge jusqu'à la montagne *Del Olivo* et atteint la cité sur un autre ouvrage qui fut réparé au XVIIIe siècle par les soins de Don Joaquin de Santyan, évêque de Tarragone.

Dans une direction un peu différente de celle de l'aqueduc et à près de six kilomètres de la cité, sur la route de Barcelone, on rencontre un autre édifice de la même période, connu dans le pays sous le nom de tombeau des Scipions. C'est une tour rectangulaire, bâtie en grosses pierres juxtaposées, sans ciment ni mortier. Au-dessus du soubassement et sur une des faces se détachent deux statues en haut relief aujourd'hui très frustes. Du couronnement il n'est rien resté, soit que les siècles aient amené sa destruction, soit que la main de l'homme l'ait provoquée.

PORTE CYCLOPÉENNE À TARRAGONE. — D'APRÈS UNE PHOTOGRAPHIE.

L'attribution de ce monument est contestable et contestée par les archéologues espagnols. Il serait singulier, en effet, qu'après les catastrophes de Castulon et d'Alcaniz, si funestes à l'armée romaine et où périrent les deux Scipions, les légions vaincues aient recueilli les corps de leurs généraux et leur aient donné une pareille sépulture.

On est un peu mieux édifié sur l'arc de Bara, bâti à une assez grande distance de Tarragone, dans le voisinage du village de Vendrel. Sa masse puissante, haute de plus de douze mètres, se dresse encore à cheval sur l'antique voie romaine. Il est orné de pilastres striés sur chacune de ses faces. Au-dessous d'une corniche d'un profil élégant court une inscription. Elle indique que l'arc a été consacré par testament de L. Licinio Sura, fils de Licio, de la tribu Sergia.

Dans une ville d'origine antique, il n'est pas une voie, pas un monument qui ne puisse se prévaloir de nobles ancêtres. Les vieux édifices ont disparu, désagrégés, démodés, anéantis comme les générations qui, depuis longtemps couchées dans la poussière ne pouvaient plus ni les défendre ni les entretenir. Moins fragiles que les hommes, les siècles leur comptent comme à ceux-ci les années. Ils meurent pourtant, le plus souvent dédaignés, vieillis après avoir eu leur jeunesse et leur beauté, après avoir excité l'admiration et provoqué l'orgueil. Tarragone serait humiliée si elle faisait exception. Une voie triomphale terminée par un escalier monumental conduisait à la plate-forme où s'élevaient jadis le Forum, le Capitole, le temple du divin Auguste dédié à l'immortalité d'Octave et enfin le temple de Jupiter Capitolin. On la suit encore aujourd'hui quand on monte à la cathédrale de San Salvador qui se dresse sur la place même où l'on sacrifiait au dieu suprême de l'Olympe.

C'est une histoire mêlée de gloire et de sombres drames, que celle du siège métropolitain de la Tarragonaise et de ses titulaires dans les premiers siècles de l'ère chrétienne. Tour à tour ses évêques furent aux prises avec les hordes d'Euric et avec l'hérésie arienne. Mêlés aux innombrables conciles de la monarchie

*

gothique, en guerres perpétuelles parfois sanglantes, blâmés, loués, suspendus, rétablis par le Pape, ils disparurent emportés par l'invasion arabe. A la fin du XIIe siècle, et très peu d'années après l'expulsion des Mores, le siège épiscopal ayant été restauré, l'évêque, soutenu par la ferveur des fidèles, conçut la pensée d'élever une église digne du Dieu dont on venait de rétablir la loi et le culte.

L'emplacement des temples était couvert de ruines et de débris amoncelés pendant la domination arabe. On le déblaya, on choisit les pierres qui pouvaient être utilisées dans la nouvelle construction, et l'œuvre fut commencée. On était probablement en 1131, et sous l'épiscopat du saint évêque Ologario.

A cette époque les architectes du Nord de l'Espagne étaient tributaires des artistes français, mais ils déployaient dans les églises un plus grand luxe d'ornementation et de sculptures que leurs maîtres. Ainsi se manifestait d'une façon matérielle, mais durable, l'explosion de joie, l'enthousiasme patrioque et l'élan de foi que causait la délivrance. Il n'est pas une ville de l'Aragon, de la Catalogne, de la Navarre qui n'en garde encore quelques témoignages.

Entre toutes les églises de cette période, la cathédrale de Tarragone devait être la plus belle. Son plan était grandiose, ses formes majestueuses, son étendue considérable. Rien ne devait être épargné pour l'embellir.

Vus de l'extérieur, l'abside, les chapelles, les bas-côtés montrent quelle eût été la splendeur de l'édifice si, pendant la durée de sa construction, les architectes se fussent résignés à montrer moins d'indépendance. Quel charme que d'admirer ses murailles de marbre antique, d'étudier ses fenêtres au tracé si noble, de considérer ses corniches élégantes où s'entremêlent les modillons et les rosaces délicatement sculptées! Et puis, si l'on revient sur ses pas, comme l'on s'isole avec joie des parties plus modernes, comme les deux baies en plein cintre ouvertes dans la façade l'emportent sur la porte prétentieuse, d'un dessin gauche et d'une exécution médiocre, qui semble vouloir les écraser de toute sa hauteur! Pourtant cette porte est précieuse, car elle est une des premières manifestations de l'art nouveau qui florissait au Nord des Pyrénées et qu'avaient porté à l'Espagne les moines français. Bientôt l'ogive allait triompher dans la cathédrale de Léon, une merveille, dans celles de Tolède et de Burgos beaucoup plus vantées, et le style roman allait tomber dans le discrédit. Il fut bientôt dédaigné, méprisé. Sa chute fut si rapide que Tarragone eût rasé son église si l'œuvre n'eût été aussi avancée et déjà livrée en partie au culte.

Longtemps suspendue, la construction fut reprise au XIIe siècle, sous les auspices du puissant évêque Aspargo de la Barca, tuteur, ami et conseiller de Don Jaime Ier le Conquérant. Un moine, frère Bernard, dont le nécrologe de l'église a conservé le nom avec le titre de *Magister operis hujus ecclesiæ* fut chargé de la direction des travaux. Le raccord était difficile entre la nef en partie construite et le complément qu'on désirait lui donner, mais dont on voulait modifier les formes. Frère Bernard ne s'embarrassa pas pour si peu. Jugeant que la nouvelle voûte perdrait de son élégance si on prolongeait l'abside sans augmenter sa hauteur, il éleva un tympan sur l'arc doubleau qui limitait cette dernière et y appuya sa voûte d'arête sans autre souci de l'unité. Les petites portes romanes ouvertes à droite et à gauche de la nef centrale et qui donnent accès dans les nefs latérales ne le gênèrent pas davantage. Elles furent encadrées dans la nouvelle façade en dépit de leur forme disparate; encore faut-il le louer de ne les avoir pas sacrifiées à de fausses idées de symétrie. Enfin ce fut à l'infant Don Juan, évêque et patriarche d'Alexandrie, qu'advint l'honneur de consacrer l'église cathédrale et de la placer sous le vocable de Sainte-Thècle. On était en juin 1332.

FONTAINE AU BAS DE L'ESCALIER DE LA CATHÉDRALE DE TARRAGONE. — DESSIN DE GOTORBE.

La cathédrale appartient au chapitre, il y règne en maître absolu. On le devine à ces hautes murailles

FAÇADE DE LA CATHÉDRALE DE TARRAGONE. — D'APRÈS UNE PHOTOGRAPHIE.

derrière lesquelles il s'enferme durant les offices. Ici au moins les inconvénients du chœur sont en partie rachetés par la beauté de la clôture. Ses grilles sont magnifiquement repoussées au marteau ; ses stalles sont dues au ciseau d'un habile artiste de Saragosse, Francisco Gomar, qui reçut en payement onze mille pesetas ; ses orgues furent conçues et exécutées en 1563, par Don Juan Amigo, curé de Tivisa à qui l'on attribue aussi un Christ de grandeur naturelle placé devant le pupitre et diverses œuvres d'art conservées dans les chapelles de l'église.

Appuyé à la clôture du chœur, mais en dehors de l'enceinte canonicale, se dresse un tombeau de marbre blanc formé de monuments assemblés depuis peu. Ici reposent les ossements profanés du roi Don Jaime Ier et d'un grand nombre de princes et princesses de sa famille. Eût-on jamais pensé que ce conquistador, ce puissant monarque qui avait cru s'assurer une demeure inviolable dans le célèbre monastère de Poblet, serait arraché de cet asile par la tourmente révolutionnaire (1858), et qu'au milieu des squelettes jetés avec le sien, on en serait réduit à chercher les ossements du vaillant capitaine!

Une grille de fer d'un travail aussi soigné que celui de la grille du chœur ferme l'entrée du sanctuaire. Il faut choisir l'instant qui sépare la fin de la messe du chapitre et la clôture des portes pour la franchir et s'approcher du retable de l'autel, une merveille perdue dans l'ombre. Les comptes conservés dans les archives apprennent qu'il remplaça un retable plus ancien dont on ne retrouve aucune trace. Cette transformation fut exécutée sur les ordres de Don Pedro Çagarriga et de Don Dalmatio de Mur, désireux d'embellir leur église métropolitaine. Il est dû à la collaboration des sculpteurs Pedro Juan et Guillem de la Mota. Sous les pinacles charmants qui le couronnent apparaît un bas-relief représentant la Vierge et le divin enfant. A droite et à gauche deux figures fort belles, plus grandes que nature, considèrent le groupe avec une pieuse émotion. D'un côté se tient saint Paul qui, si l'on en croit la tradition, aurait évangélisé la Tarragonaise; de l'autre, sainte Thècle, disciple zélée de l'apôtre, qui fut martyrisée en ce lieu même. Au-dessus des statues et comme pour les abriter, se dressent des clochetons ajourés d'une forme très élégante. Par malheur les bas-reliefs, comme les statues, sont éloignés du regard et perdus dans une obscurité profonde. On en devine la beauté, mais on ne saurait aller au delà de cette impression, pourtant très nette. Il faut se contenter d'admirer les bas-reliefs inférieurs que cache le maître-autel. En se glissant entre son coffrage et le mur qui porte le retable, en s'aidant d'allumettes dont le sacristain, je lui rends cette justice, se montre prodigue, on peut se faire une idée de la splendeur d'une œuvre dont on ne voit bien que la partie sacrifiée. Ici la sainte apparaît, le visage séraphique, le corps nu, les mains jointes, priant au milieu des flammes qui l'enveloppent sans la brûler. Plus loin, elle garde la même sérénité parmi les reptiles et les bêtes malfaisantes. Il fut un grand maître et un homme d'un sentiment infiniment idéaliste, celui qui modela ce corps aux formes graciles, ces seins à peine indiqués, ces côtes légèrement apparentes, ces bras souples et fins, celui qui sut donner à la femme un pareil caractère de pureté et de simplicité chaste.

ABSIDE DE LA CATHÉDRALE DE TARRAGONE. — DESSIN DE TAYLOR.

L'étude de la nature humaine n'a pas fait oublier à l'artiste celle de la flore et de la faune. Les fleurs, les feuillages, les animaux de la terre et des eaux mêlés dans la composition, sont traités avec une conscience qui égale l'habileté de l'exécution. Il n'est pas jusqu'à la petite mouche posée sur l'épaule du taureau qui va traîner et meurtrir le corps de la sainte qui ne semble prête à s'envoler. Dans les intervalles ménagés entre les bas-reliefs, d'élégantes statuettes représentant des personnages de l'Ancien et du Nouveau Testament, s'appuient sur de gracieux culs-de-lampe ornés de guirlandes entre lesquelles sourient de charmants visages de femme. Des nervures encore dorées, des traces de peinture restées dans la profondeur des plis des vêtements, en dépit de lavages énergiques, prouvent que cette œuvre admirable était peinte et rehaussée d'or.

PORTE ROMANE DE LA CATHÉDRALE DE TARRAGONE. — D'APRÈS UNE PHOTOGRAPHIE.

A droite de l'autel, sous une voûte de pur style ogival creusée dans l'épaisseur du mur, en cette place où les princes de sang royal avaient seuls le droit de chercher un dernier asile, apparaît, couchée sur sa tombe, l'image funéraire de l'Infant Don Juan d'Aragon, troisième fils du roi Jaime II dit le Juste, abbé de Montearagon, archevêque de Tolède, administrateur de l'église tarragonaise, mort en 1334. Il avait vingt-sept ans. Son suave et doux visage légèrement incliné sur l'épaule, ses mains ramenées sur la poitrine avec une sorte d'onction, sa jeunesse radieuse sous la mitre et les ornements pontificaux, la noblesse et la simplicité de la pose, la pureté de la ligne classent cette statue funéraire entre les plus parfaites que la sculpture ait produites. C'est une œuvre d'une beauté antique exécutée dans un sentiment tout chrétien. Par un bonheur rare, le monument a échappé à toute détérioration ; il est intact, immaculé, couvert seulement de la patine d'or que laissent les siècles sur les beaux marbres.

Des peintures, des sculptures plus ou moins remarquables, des bronzes ciselés, des travaux de ferronnerie traités avec ce goût qui caractérise les œuvres des artistes aragonais ornent à profusion les chapelles latérales. La plupart sont de véritables musées de l'art chrétien. Les vastes proportions de quelques-unes d'entre elles, leurs portes closes, en font des églises complètes, indépendantes. Entre toutes, la chapelle de Sainte-Thècle dédiée à la patronne de l'église se signale par le luxe inouï de son ornementation, par la beauté des jaspes et des marbres précieux employés à ses colonnes et à ses revêtements, par les bas-reliefs et les bronzes ciselés qui enrichissent ses panneaux. Dès 1722, l'archevêque Don Manuel de Sauvaniego en conçut le projet; mais cinquante ans s'écoulèrent et deux prélats se succédèrent sur le siège épiscopal avant que la chapelle fût consacrée.

Son plan est de proportion majestueuse, son élévation, sa coupole, sa porte d'entrée sont d'un beau caractère, mais le luxe trop grand de sa décoration la rend vulgaire; le détail tue l'ensemble et jette le regard dans une inexprimable confusion. Que dire des bas-reliefs de marbre blanc qui surmontent le maître-autel? Que penser de ces évêques dont l'attitude maniérée contraste avec la noblesse des vêtements pontificaux?

Les sculpteurs aragonais n'avaient pas attendu jusqu'à cette période de décadence et de mauvais goût pour introduire dans les œuvres d'un caractère sévère des sujets convenables à la décoration d'un salon ou d'un boudoir. J'en veux pour preuve les monuments funéraires élevés dans la chapelle de la Conception au chanoine Giron de Rebolledo mort en 1682 et à son frère Godefroi, administrateur de la Catalogne. Le chanoine en particulier est fort bien partagé. Quatre bas-reliefs représentent les arts et les sciences sous les traits de jeunes femmes fort belles, très parées quoique peu vêtues et entourées des attributs qui caractérisent leur art. La musique est exquise. Seul un bas-relief représentant la résurrection apporte une note pieuse dans cette œuvre d'apparence si profane et indique que les délicieux enfants qui se jouent à travers les guirlandes de fleurs sont des anges et non pas des amours.

Digne chanoine, dormez en paix ; personne ne pleure au-dessus de vos cendres.

Dans la chapelle du baptistère se présente une cuve de marbre taillée dans un monolithe. Elle provient des bains d'Auguste. Les boules sur lesquelles on l'a posée et les lions étiques préposés à sa garde ont été ajoutés après coup. Singulière destinée des choses ! La piscine où se plongeait peut-être un persécuteur des chrétiens sert à donner le baptême.

A l'origine, la cathédrale n'était pas seulement un temple où s'assemblaient les fidèles; dans ses dépendances immédiates existait également un couvent. Les chanoines réunis en communauté y menaient une vie austère, sous la règle de saint Augustin. Il y a bel âge que les chanoines ont été sécularisés. Le cloître où ils devisaient des splendeurs du ciel et peut-être même des choses de la terre appartient à la construction primitive ; il est appuyé sur les murs du palais de l'Arce et semble occuper l'emplacement d'une cour ménagée au cœur de l'édifice antique. En venant de l'église on y pénètre par une magnifique porte romane. Elle serait mieux à sa place, semble-t-il, sur la façade principale, entre les deux baies de moindre proportion qui s'y trouvent encore aujourd'hui. A l'époque où l'on prolongea la grande nef, on lui aura sans doute substitué la porte actuelle, de même style que la nouvelle construction.

Vu de l'intérieur des galeries, le cloître est majestueux, avec ses arcs en plein cintre appuyés sur des colonnes jumelées que couronnent de très beaux chapiteaux. La fantaisie s'y joue à travers les feuillages et les fleurs, pour mêler les scènes de l'Ancien Testament ou de l'Évangile aux fables et aux légendes populaires. Voici Adam et Ève dans le jardin d'Eden; ils sont heureux. Mais survient le serpent tentateur. Le péché est commis ; la punition est proche. Adam saisit une bêche et va cultiver la terre. Ève, d'un air fort maussade, prend sa quenouille et fait tourner le fuseau. Nos premiers parents, on le voit, avaient l'esprit inventif. Il ne leur fallait pas grand temps pour extraire et forger le fer et choisir parmi les animaux ceux dont la toison se transformait en étoffe bien chaude.

CLOÎTRE DE LA CATHÉDRALE DE TARRAGONE. — DESSIN DE BOUDIER.

Sur le côté d'un autre chapiteau se déroule une fable en action. Rien n'y manque, pas même la morale.

Un chat vient de rendre son âme au dieu des félins. Longue a été la maladie; cruelle, l'agonie si l'on en juge à sa maigreur. Déjà les rats se sont emparé du cadavre de leur ennemi ; ils l'ont placé sur une civière et le portent à sa dernière demeure. Riants, tranquilles, ils n'ont rien regretté pour des funérailles qu'ils veulent solennelles. Les rats du voisinage ont été convoqués, et tous se sont empressés de venir prendre leur part d'une pareille réjouissance. Mais ils ont trop tôt chanté victoire. Le défunt ressuscite et, peu reconnaissant des honneurs qu'on lui rend, saute sur les gens du cortège, croque les uns, tue les autres et, le ventre gonflé, se félicite, en digérant, du succès de sa ruse.

« Même quand tu l'enterres, redoute encore ton ennemi. »

De la cathédrale il n'y a qu'une rue à traverser jusqu'au séminaire. Le prélat qui occupe aujourd'hui le trône archiépiscopal de la Tarragonaise vient de le faire bâtir. Il est fort beau. Pourtant je n'aurais pas songé à le signaler à cause de son caractère moderne s'il ne conservait à l'angle de la cour principale une petite chapelle dédiée à San Pablo. Ses murailles sont contemporaines de l'abside romane de la cathédrale, tandis que sa voûte, de style ogival, est bien proche parente de celle qui couvre la nef de ce même édifice. En outre sa porte et certains détails rappellent les monuments antiques. A ce point de vue ce petit édifice est intéressant et bien précieux, car il marque l'époque ou l'architecture romane du midi de la France allait faire oublier à l'Espagne les traditions héritées de la Rome Impériale.

INTÉRIEUR DU CLOÎTRE. — DESSIN DE GOTORBE.

A la suite du séminaire s'élève le palais archiépiscopal. Brûlé pendant la guerre de l'Indépendance, reconstruit depuis, il occupe l'emplacement d'un ancien édifice où vécut pendant quelques jours François Ier après la défaite de Pavie. La galère qui le portait et celles qui lui faisaient escorte, durent relâcher dans le port de Tarragone pour échapper à une tempête terrible. Il fut décidé qu'on débarquerait le royal prisonnier en attendant que la mer plus clémente permît de mettre le cap sur Valence où la flotte était attendue. Le soir même une émeute éclata parmi les soldats préposés à la garde du monarque. Sous prétexte qu'ils n'étaient point payés, ils déclarèrent qu'ils mettraient le feu aux portes si, le lendemain, à l'aube, on ne leur avait point remis leur solde.

Cette mutinerie avait été préparée par les gens de la suite du roi, dans l'espoir de profiter de la bagarre pour le faire échapper. Mais le Gouverneur et l'Archevêque ayant eu vent du complot et ayant parfait les fonds à l'heure dite, la tentative échoua. Le roi fit bon visage à mauvaise fortune et témoigna, paraît-il, le désir d'entendre la messe du chapitre comme on venait de l'achever. L'archevêque, qui lui devait bien cette compensation, ordonna d'en chanter une seconde. Ces pauvres chanoines durent être bien fatigués ! Aussi ont-ils laissé, par écrit, le souvenir de cette terrible et mémorable journée.

Peu de jours après, François Ier reprenait la mer, après avoir touché les écrouelles d'une douzaine de malheureux. L'histoire ne dit pas s'ils éprouvèrent quelque soulagement, mais comme ils n'avaient aucune raison d'État pour croire aux vertus miraculeuses du roi de France, il est probable que les lois de la nature ne furent pas bouleversées à cette occasion.

La chronique du Chapitre est muette à ce sujet. Il est vrai qu'elle regorgerait si elle contenait toutes les histoires dont la mémoire de ses membres est pleine. La plupart, au demeurant fort innocentes, ont pour héros des moines jalousés à cause de leur influence et les desservants des paroisses à qui les chanoines ne témoignent qu'une médiocre estime. Les religieux d'abord. On en peut parler sans les offenser, remarque un excellent prébendé dont je me fais l'écho, car ils se dénigrent tout les premiers quand ils n'appartiennent pas au même ordre.

Un cordelier et un Jacobin s'étant rencontrés par hasard, s'en allaient de compagnie devisant tout le long du chemin. Ils se trouvèrent bientôt devant une petite rivière que la fonte des neiges avait grossie jusqu'au bord. Comme il n'y avait ni pont, ni barque, ni bac, ni aucun moyen de la passer à pieds secs, le Jacobin dit au Cordelier :

« Mon frère, puisque vous allez pieds nus et que vous ne craignez point de vous mouiller, prenez-moi donc sur vos épaules et faites-moi franchir cette rivière de malheur sans m'exposer à l'humidité.

— Volontiers », répondit le Cordelier.

Et sans se faire prier davantage il tendit le dos et enleva gaillardement son compagnon de route.

Quand ils furent au milieu de la rivière, le Cordelier s'arrêta et s'adressant au Jacobin :

« Mon frère, votre escarcelle est-elle pleine ?

— Pleine et vide. J'ai six réaux, mon frère.

— Six réaux ! pardonnez-moi. La règle me défend de porter de l'argent. Tirez-vous d'affaire en homme riche. »

Et ce disant, il secoua si bien le Jacobin qu'il le jeta dans la rivière où celui-ci pensa se noyer.

Aux desservants maintenant :

Une bonne femme étant tombée malade, envoya querir son curé pour la confesser. Satisfaite de sa diligence à lui pardonner ses péchés et croyant n'avoir plus faim de toute sa vie, elle dit à sa servante d'offrir sa plus belle poule au digne prêtre. Celui-ci remercia et emporta une volaille blanche et grasse à plaisir.

Quand la bonne femme fut guérie, ne se souvenant plus de son cadeau, elle réclama sa poule.

« Sur votre ordre je l'ai offerte à M. le Curé le jour même où il est venu vous confesser, répondit la servante.

— Dieu me soit en aide ! Il n'est pas de jour que cette poule ne se soit perdue et que je ne l'aie donnée au diable sans qu'il l'ait jamais prise, et pour une fois que je l'ai promise au curé, il l'a emportée sans crier gare ! »

MARTEAU DE PORTE DE LA CATHÉDRALE. — DESSIN DE GOTORBE.

LA RUE DES HÉROS À SAGONTE. — DESSIN DE J. LAVÉE

CHAPITRE XI

Murviedro-Sagonte. - Le Théâtre et la Forteresse de Sagonte. - La Huerta. - Valence. - Le Tribunal des Eaux. - La Lonja de la soie. - Grandeur et décadence.

JEUNE FILLE DE VALENCE.
D'APRÈS UNE PHOTOGRAPHIE.

MURVIEDRO, Sagunto !. . Tres minutos !

C'est ainsi, qu'en langage de chemin de fer, l'on annonce le bourg situé au pied de l'acropole de Sagonte. La gare n'affiche aucune prétention architecturale, elle n'éveille aucune idée héroïque, elle ne rappelle ni Rome, ni Carthage, ni la Grèce. La gloire et la richesse font rarement commerce d'amitié.

Une route d'une blancheur éblouissante dessert la station. Les charrettes aux roues pleines qui s'y aventurent s'enfoncent dans la poussière, la soulèvent en épais nuages et disparaissent bientôt aux regards. Ce n'est plus un équipage en marche, mais un tourbillon qui se déplace avec lenteur, accompagné par les grincements de moyeux échauffés. De droite et de gauche, le long de la voie, s'élèvent des maisons d'assez pauvre apparence. Dès huit heures du matin, leurs fenêtres sont closes; il n'est guère d'autre moyen de se préserver de la chaleur et de se défendre des mouches insupportables. Si Belzébut, le dieu de ces horribles insectes, leur remit le soin de torturer les fils de Sagonte, il plaça bien sa confiance.

Le quartier bas de Murviedro est habité par les familles de pêcheurs. Elles vivent de la pêche du thon que l'on trouve en abondance sur la côte et gagnent quelque argent à sécher ce poisson avant de l'expédier dans l'intérieur. Le marché est encombré de cette chair noire, d'aspect peu engageant, devenue dure comme du cuir. Les paysans sont groupés plus avant dans la vallée du rio Palancia.

C'est l'ambition de tous les cours d'eau d'arroser les terres riveraines, mais le Palancia prend sa tâche trop à cœur, car longtemps avant d'atteindre la mer, il est sec, sec à faire concurrence au désert du Sahara et à désespérer le Mançanarès lui-même. Sa plate et large embouchure qui, paraît-il, est en hiver un havre excellent, apparaît telle qu'une plaine caillouteuse très propre au séchage du linge les jours de grand calme, quand le vent capricieux ne fait point tourbillonner la poussière de son lit. Pourtant il serait impoli de prendre Murviedro-Sagonte pour un village ou même pour un bourg. En 1368, elle a reçu du roi Alphonse XII, le titre de *cité*, en récompense de sa fidélité à la maison de Bourbon. Ce fut elle qui proclama la première les droits à la couronne du jeune prince exilé.

Le matelas de poussière qui commence au seuil de la station conduit à une place irrégulière dévorée par le soleil. Au delà s'ouvre une rue qui se dirige vers l'acropole. Elle porte un nom superbe : la rue des Héros. Un troupeau de chèvres y cherche l'ombre d'une maison un peu plus haute que ses voisines. A la rue des Héros succède un chemin qui serpente entre des touffes d'aloès arborescents aux larges feuilles bleutées, charnues, terminées par des piquants terriblement acérés. Du cœur de la plante s'élance la hampe fleurie portant ses boutons couleur d'ivoire jusqu'à plus de trois hauteurs d'homme. On monte, on monte encore, mais à mesure que le chemin devient plus raide, on a moins de peine à le gravir, car on a l'aide de la brise de mer dont le souffle passe au-dessus du village. Bientôt on aborde d'interminables lacets. Ils se développent sur les flancs d'un soulèvement rocheux élevé de plus de 120 mètres au-dessus de la plaine alluvionnaire au milieu de laquelle il paraît s'élancer comme la proue d'un navire.

Sur ses crêtes, des courtines, des tours, des massifs de maçonnerie, de vieux murs crénelés, des ruines d'époques diverses auxquelles la ville, paraît-il, doit son nom (muri veteres-murviedro) détachent leur profil rose sur le ciel d'un bleu d'acier. La pureté de l'atmosphère en dépit du voisinage de la mer permet de distinguer les larges assises romaines, le petit appareil des constructions arabes et les bâtiments modernes élevés à la hâte dans les circonstances difficiles. Sur ces hauteurs s'élevèrent jadis les bûchers de l'héroïque Sagonte, cette antique colonie grecque qui, sous la domination romaine, fut assez prospère pour exciter la jalousie de Carthage.

PAYSANNE DES ENVIRONS DE SAGONTE.
D'APRÈS UNE PHOTOGRAPHIE.

Mais avant d'atteindre le plateau que couronne la forteresse apparaissent les ruines d'un théâtre antique enveloppé dans le croissant que décrit la colline. C'est un noble édifice construit en granit; la paroi, restée bleue dans les parties intérieures privées de lumière, semble au dehors avoir fixé la pourpre du soleil.

La scena, le proscenium, le pulpitum ont été démolis en 1807 pour réparer les fortifications de l'acropole et les mettre en état de défense. Une partie du mur qui couronnait les derniers rangs de sièges a eu le même sort, mais les gradins inférieurs, les galeries latérales, les couloirs de dégagement sont à peu près intacts.

Le temps plus clément que les hommes n'a point ébranlé les larges blocs employés sans mortier ni ciment. Pourtant, dans les interstices, la nature a entrepris son œuvre de vie si étroitement liée à l'œuvre de destruction et de mort. De ci, de là, des ronces arborescentes végètent, tandis que des menthes délicates et des mousses mauves forment comme un cadre embaumé autour de la pierre où de frêles racines puisent leur nourriture. L'anéantissement des blocs séculaires sera l'œuvre d'une fleur.

Dans quelque direction que se porte le regard la vue dont on jouit du haut des gradins est incomparable. Au loin et un peu sur la droite apparaît la ligne azurée de la mer d'une couleur plus intense et plus vibrante que le ciel sur lequel elle se détache. L'éternité domine ces deux plaines de deux bleus différents; rien n'y arrête l'essort de la pensée ou du rêve dans leur élan vers le créateur de cette nature superbe. A gauche, et à une telle distance que les détails se perdent au profit de grandes lignes, règne la chaîne de

LE THÉATRE DE SAGONTE. — DESSIN DE BOUDIER

monts Idubèques dont le dessin infiniment pur fait songer à l'Hymette. Grandiose, sévère, elle surgit d'un jardin immense qui s'étend sur les rives lointaines du rio Palancia et absorbe ses dernières gouttes d'eau. Là-bas c'est la vie présente, c'est l'œuvre journalière de l'homme et son travail sans répit qui retiennent l'attention. Ici sur les bancs de pierre du théâtre, ce sont les efforts d'un passé lointain qui sollicitent la pensée.

Lorsque nous demandons aux auteurs anciens si leurs contemporains admiraient les grands spectacles de la nature, ils restent muets. Le soin jaloux qui préside au choix des sites où ils construisirent leurs temples, leurs palais, leurs édifices civils, témoignent, à défaut de preuves directes, de leur sentiment à ce sujet. Ils ne les ont point exprimés parce que les paroles sont impuissantes à les dépeindre, mais ils les ont manifestés sous une forme durable.

Par sa position, le théâtre de Sagonte fut certainement entre les privilégiés. Quelles que fussent la richesse de la mise en scène et la splendeur des décors, elles ne firent jamais oublier aux spectateurs le paysage incomparable qui se déroulait au-dessus de la corniche du mur de la scène et où s'unissaient pour le plaisir des yeux et la glorification de la nature, le ciel, la mer, la vallée, la montagne et les soulèvements rocheux dégageant leur sauvage nudité du milieu des jardins d'orangers.

« Un théâtre permanent développerait les instincts paresseux du peuple et lui ravirait ses mâles vertus, » avait prédit en se voilant la face l'austère consul Scipion Nasica, au moment où il requérait la démolition d'un théâtre en pierre élevé sans autorisation. Un siècle plus tard, Pompée n'obtint la permission, jusque-là refusée, que par surprise, dissimulant ses intentions sous un prétexte pieux. Le peuple fut convié à la dédicace d'un temple de Vénus. Au-dessous de la cella on avait ménagé quelques gradins. A dater de ce jour où le peuple eut un théâtre, le goût des représentations tragiques ne cessa de grandir. Rome ne garda pas pour elle seule un moyen d'action si puissant sur les masses. Les colonies eurent leur théâtre comme elles avaient leur cirque et leur amphithéâtre. Dans la péninsule ibérique les proconsuls comme les magistra du Latium, s'appliquèrent à flatter le peuple et à lui donner des spectacles où la splendeur de la mise en scène le disputait au luxe de la figuration. Bientôt les apothéoses, les apparitions, les cortèges d'animaux inconnus, des groupes de cavaliers escortant les dépouilles des nations vaincues ne suffirent plus. De temps à autre, pour relever les platitudes scéniques et lutter contre l'attraction sanglante qu'exerçait l'amphithéâtre, on régalait l'auditoire d'une véritable agonie et de la mort authentique du personnage que ses méfaits rendaient digne du dernier supplice. Un criminel vêtu du costume et coiffé du masque tragique ravissait à l'acteur les suprêmes applaudissements. Et pourtant, les représentations n'eurent jamais auprès du peuple les succès des jeux du cirque ou de l'amphithéâtre ; des médailles ont été frappées en mémoire de la construction de ces derniers monuments, l'érection d'un théâtre n'a jamais, que je sache, mérité pareil honneur.

Le Consul Scipion Nasica ne se trompait guère quand il prédisait l'effet pernicieux que le théâtre aurait sur le peuple. En quête de popularité, les titulaires des grandes charges de la République, ou à leur défaut les candidats, en vinrent à terminer les représentations par des dons d'argent, de vivres et de vêtements. Les plus grandes fortunes s'envolèrent dans ces dépenses ruineuses, tandis que la plèbe perdait l'habitude du travail, devenait la parasite des grands personnages aspirant au pouvoir et chômait la moitié de l'année.

Tout événement devint un prétexte à donner des jeux. Comme les occasions heureuses ne se multipliaient pas assez, les circonstances tristes ou malheureuses les provoquèrent également. Va-t-on livrer une bataille d'où dépend le salut de la République, une épidémie ravage-t-elle le pays, les rivières débordent-elles, les administrateurs ne veulent pas compromettre leur prestige en réclamant l'aide officielle des dieux qui feraient peut-être la sourde oreille, mais ils tolèrent que les candidats aux charges publiques fassent des vœux apollinaires et offrent au peuple des fêtes votives destinées à le distraire de ses inquiétudes et à lui faire oublier ses maux. Sans être aussi bien traitée que la métropole, l'Espagne ne fut pas oubliée, et les Ibères, comme les habitants du Latium, applaudirent à tour de rôle les courses de chars, les combats de gladiateurs, les fines comédies de Térence ou de Plaute et les œuvres tragiques de Sénèque. Ces dernières durent leur être chères entre toutes, en raison de l'origine espagnole de leur auteur.

Au delà du théâtre, et le dominant bientôt, le chemin s'élève sur les flancs de l'acropole. Il serait désert si, par ce temps de sécheresse, les habitants de Murviedro ne venaient s'approvisionner d'eau potable aux citernes antiques de la place forte. Ils montent, la cruche d'aplomb sur la tête ou appuyée sur la hanche, à moins que plus aisés, ils ne fassent la corvée assis sur un âne.

JEUNE FEMME DE VALENCE. — D'APRÈS UNE PHOTOGRAPHIE.

Un pont de bois fort délabré donne accès dans la forteresse. Sur l'étendue du plateau ce n'est que ruines, décombres, pans de murailles désagrégés, casernements provisoires en bois et en plâtre construits à la hâte il y a peu d'années et demeurés à l'abandon. Et de ci, de là, parmi les débris qui jonchent le sol, roulent des fragments de fines et délicates poteries rouges ornées de ces dessins en relief qu'ont loués tour à tour Pline et Martial. En se portant sur la gauche, on atteint enfin l'extrémité de la haute terrasse qui couronne le promontoire. On y jouit d'une vue splendide sur la mer et les jardins d'orangers qui se prolongent le long du littoral jusqu'aux portes de Valence signalée par la jolie tour du Miguelette.

Mais les yeux n'ont plus de regard quand la pensée évoque les drames sanglants de l'humanité.

On était en 219. A la veille de la seconde guerre punique Annibal qui avait juré la ruine de Rome avait attaqué sa fidèle alliée. Le fils d'Amilcar assiégea Sagonte avec des forces considérables. Un saillant de l'enceinte s'avançait dans une vallée ouverte. Ce point étant le plus menacé, était aussi le mieux défendu. Une haute tour le dominait et la garde en était confiée à l'élite des Sagontins. Le général carthaginois poussa de ce côté les mantelets à l'abri desquels le bélier pouvait être conduit jusqu'au pied du rempart et l'œuvre de destruction commença. La résistance fut digne de l'attaque. Sans trêve ni répit, les assiégés couvraient de projectiles leurs ennemis. Puis, lorsqu'ils croyaient les avoir écartés, ils se précipitaient sur les ouvrages et s'efforçaient de les détruire. Dans l'un de ces combats, Annibal eut la cuisse traversée par une javeline. De part et d'autre, les armes employées étaient à peu près les mêmes. Un projectile nouveau surprit pourtant les assiégeants : c'était un javelot en bois de sapin terminé par un fer acéré, long de trois pieds. Au point où le fer s'insérait dans la hampe s'enroulait une étoupe goudronnée que l'on allumait avant de lancer le javelot et dont la vitesse activait la combustion. La *falarique* causait une grande frayeur ; alors même qu'elle s'arrêtait dans le bouclier, elle forçait le soldat à le jeter par crainte du feu, — les boucliers carthaginois étaient en bois — et l'obligeait à s'exposer sans défense aux coups de l'ennemi.

DANS LA HUERTA. — DESSIN DE MASSIAS.

Une place assiégée est une place prise. Cet axiome de la poliorcétique moderne se vérifiait déjà dans l'antiquité. Après une résistance de plus de six mois, les Sagontins se trouvèrent dans l'impossibilité de défendre leurs approches. Annibal lança cinq cents Africains qui minèrent le pied de la muraille. Comme elle n'était formée que de pierres liées par un mortier de terre, une brèche fut ouverte et les assaillants se précipitèrent dans la place. Mais alors le combat recommença, acharné, sanglant. Pourtant l'ennemi était maître d'une partie de la forteresse. De la citadelle emportée d'assaut il commandait les ouvrages restés aux mains des assiégeants. La défense était désormais paralysée.

L'intervention diplomatique de Rome ayant été vaine, il fallut se rendre. Les conditions imposées par le vainqueur furent telles qu'un Sagontin, Alcon, qui négociait pour ses concitoyens, n'osa les leur faire connaître. Annibal ne laissait aux vaincus que la vie et deux vêtements par personne. Ils devaient livrer leurs armes, leurs richesses, abandonner la ville et se rendre dans un lieu qu'il leur désignerait.

Alors Alorcus qui avait été jadis l'hôte de Sagonte, s'offrit à porter ces conditions si dures. Il s'avança de jour vers les sentinelles ennemies, leur remit ses armes et se fit conduire chez un magistrat qui l'introduisit auprès du Sénat. Il n'avait point fini de parler que les sénateurs ordonnaient de dresser un bûcher sur le Forum, y jetaient l'or et l'argent trouvé dans le trésor public ou dans les maisons et couraient se précipiter eux-mêmes dans les flammes. A la nouvelle de cet acte de désespoir, la foule des défenseurs déserte les remparts et accourt au Forum. Mais de grands cris s'élèvent, une tour s'écroule et la colonne d'assaut qui s'élance sur ses ruines apprend aux chefs de l'armée carthaginoise que les remparts sont dégarnis. Annibal accourt à la tête de ses meilleures troupes, s'ouvre un passage facile et commande de tuer sans merci tout homme en état de porter les armes.

« Mesure cruelle, dit Tite Live, mais l'événement justifia la rigueur ; car le moyen d'épargner des hommes qui, enfermés dans leur maison avec leurs femmes et leurs enfants, y mirent eux-mêmes le feu pour y trouver la mort où qui, les armes à la main, ne cessèrent de combattre qu'en expirant. »

Malgré l'autorité de Tite Live, il est probable que le massacre des assiégés ne fut pas général. L'historien raconte lui-même qu'un des premiers soins des Scipions, après avoir repris la ville quatre ans plus tard, en 215, fut de racheter les Sagontins.

Sagonte, Numance, Saragosse! Deux mille ans passent, bouleversant l'univers, déplaçant les rivages, changeant les races et les destinées des peuples, tandis qu'à l'Espagne, immuable comme ses montagnes, les siècles comptent moins que les jours à d'autres peuples. Ce fut dans les mêmes champs de Murviedro que l'armée de Valence, sous les ordres de Blake, fut défaite par le maréchal Suchet qui, après cette victoire,

*

s'empara du fort de Sagonte. Mais nos succès furent passagers, nos efforts aussi infructueux que ceux de Carthage. Après Annibal, Napoléon échoua dans cette tentative pour acclimater un rameau étranger dans le granit de l'Ibérie.

« Valence est une belle au sein charmant sous un corsage de fine soie verte; mais quand je m'approche, elle voile son visage sous le calice de ses fleurs, » a dit un poète, dont les vers sont ternes et bien indigents auprès du modèle qu'il a voulu célébrer. C'est que nul jardin de l'Europe, nulle huerta de l'Espagne ne l'emporte sur cette campagne célèbre où les plantations d'orangers se succèdent, pareilles à une mer que couvrirait une écume odorante. En certaines saisons, les fleurs s'unissent aux pommes d'or du jardin des Hespérides qui ont perdu jusqu'à leur nom pour prendre celui de leur métropole : « La Valence, la belle Valence! » Aux orangers se mêlent les mûriers aux feuilles quatre fois cueillies, les maïs orgueilleux de leur panache blanc. Et au-dessous de cette végétation, la terre produit sans jamais se lasser les légumes, les melons, les pastèques exquises dont la main du semeur veut bien lui confier les germes.

On commettrait pourtant une injustice si l'on ne décernait des éloges qu'à la terre féconde. Le soleil, l'eau et l'homme surtout y doivent avoir une large part.

Les Arabes, sans doute, furent les premiers à établir des barrages sur le Guadalaviar et le Jucar et à dériver une partie de leurs eaux pour irriguer la plaine. La pratique de ces travaux était courante en Égypte, en Mésopotamie, en Perse dont les terres si riches resteraient stériles si l'on ne pouvait associer la chaleur du soleil torride à l'humidité qu'y entretient l'irrigation. Et comme le pays que leur avait livré la conquête ressemblait par bien des côtés à leur patrie, les Mores y avaient porté leur méthode et leurs usages agricoles.

Au-dessus des barrages ou *pantons* qui arrêtaient l'eau des fleuves, ils établirent huit conduites principales, des *acequarias* sur lesquelles s'embranchaient les rigoles secondaires. C'est ainsi que, de grands en petits ruisseaux, la vie agricole se répandait sur le pays et que le fleuve, cette fortune qui marche, propageait la richesse sur une terre jusque-là stérile. Il fallut bientôt en réglementer la jouissance, établir une police. Chacune des huit conduites principales eut son syndic chargé de présenter les griefs de ses mandants ou de répondre aux plaintes formulées contre eux.

Rien n'est changé à cette coutume.

S'élève-t-il quelques difficultés, le conflit est porté devant l'assemblée des syndics dont les jugements sont sans appel. Elle se réunit chaque jeudi sous la porte de la cathédrale où le chapitre a conservé la charge que lui ont léguée les imans de l'ancienne mosquée de faire porter les sièges destinés au tribunal des eaux. C'était jadis un divan où s'accroupissaient des juges en turban, c'est aujourd'hui un canapé où s'assiéent des magistrats en culottes et coiffés du sombrero. Ils y prennent place au nombre de trois, séparés seulement des parties par une grille mobile. Les plaignants exposent leur cause sans le secours d'aucun avocat et les arrêts sont rendus à l'instant après une courte délibération des syndics qui ne sont pas autorisés à se parler sans témoins et en dehors du parvis où ils prennent séance. Leur décision est acceptée sans plaintes ni protestations, non seulement parce qu'elle est juste le plus souvent, mais aussi parce que les agriculteurs, jaloux de leurs privilèges et sachant le prix de la justice royale se garderaient de mettre en doute l'équité gratuite de leurs mandataires.

UNE « BARRANCA » DE LA HUERTA DE VALENCE. — D'APRÈS UNE PHOTOGRAPHIE.

Les habitants de la huerta de Valence ont mauvaise réputation. On dit volontiers que leur paradis est

JEUNE FILLE ALLANT CHERCHER DE L'EAU À LA CITADELLE DE SAGONTE. — DESSIN DE BOUDIER

habité par des démons et on assure même que, jadis, la cour de Madrid y recrutait les brigands et les assassins à gages dont elle pouvait avoir besoin. Et pourtant il est impossible de n'être point séduit par le caractère agreste et honnête des maisons de la huerta, les pittoresques *barracas*, aux murs blanchis à la chaux, au toit de chaume dont le faîte pointu est orné d'une rustique croix de bois. Il semble que ces paisibles demeures perdues sous le feuillage des orangers et des mûriers soient l'asile de la paix, du calme et du bonheur, qu'elles ne soient faites que pour recevoir les rayons du soleil, attirer les bénédictions du ciel et abriter des êtres simples comme elles. Et voilà que les gens de la ville en médisent!

D'autres accusations plus fondées tombent encore sur la huerta. Du côté d'Albufera, ce lac poissonneux autour duquel le gibier est si abondant, la fièvre règne, paraît-il, tenace et rebelle. Les lagunes desséchées avec peine et transformées en rizières sont malsaines. Puis, lorsque coïncident les tourmentes marines et les orages terrestres, les fleuves, les rivières, les ruisseaux grossis par les pluies tombées dans la montagne sortent de leur lit, rencontrent l'eau salée que la tempête a poussée sur la lagune et de ce mariage funeste naissent des miasmes pestilentiels, d'horribles hématozoères que le soleil estival est souvent impuissant à détruire.

Nous ne sommes pas au bout des accusations portées contre la huerta. Décidément elle fait bien des jaloux.

On dit que ses herbes si touffues, si vertes, d'apparence si plantureuse, manquent de sucs nourriciers. Certes les agriculteurs ne leur ménagent ni les fumures, ni les engrais, ni les boues de Valence précieusement recueillies, mais la richesse du sol s'épuise quand même et il le témoigne à sa manière :

« En Valencia la carne es yerba; la yerba, agua; los hombres son mujeres; las mujeres, nada. »

« A Valence la viande est de l'herbe; l'herbe, de l'eau; les hommes sont des femmes et les femmes, rien. »

Que les Valenciens soient de merveilleux laboureux, mais de moins bons soldats que les Asturiens ou les Navarrais, qui oserait leur en faire un grief? la terre est leur complice et le climat leur excuse.

La Valence du Cid si orgueilleuse de son titre s'est laissée dès longtemps prendre et reprendre plus qu'aucune cité du monde. Tour à tour grecque, carthaginoise, romaine, gothique, arabe, elle ne s'est jamais inquiétée de ses maîtres. Aussi bien n'opposa-t-elle qu'une résistance bien molle à l'armée qui l'occupa au nom du roi de Castille en 1094. Alors le Campeador la gouverne pendant de longues années et y acquiert un si grand renom qu'après sa mort les chevaliers chrétiens voulant regagner la Castille, enferment le héros dans son armure, l'attachent sur son cheval de bataille, le célèbre Babieca, lui mettent en main sa fameuse épée et, se groupant autour de cet épouvantail aux moineaux, sortent de la ville et traversent le pays sans que nul ose les inquiéter.

Valence redevint musulmane et suivit, pendant deux siècles, la loi du Prophète. Mais en 1238, don Jaime, roi d'Aragon, el Conquistador, s'en étant emparé, elle renia une fois de plus le croissant et adopta de nouveau la croix. Au village du Puig situé entre la ville et Sagonte, on visite le champ de bataille où les Mores furent vaincus et l'on montre le site où le roi d'Aragon reçut les parlementaires chargés de rendre la place. Après six siècles, on fête encore cette victoire par la *feria de los dulces* ou fête des bonbons. Faute de musulmans à se mettre sous la dent, on y dévore des massepains, on s'y rassasie de sucreries.

Don Jaime réunit à ses états sa nouvelle conquête, et quand l'Aragon s'unit à la Castille sous le sceptre des rois catholiques, Valence fut un des plus nobles fleurons de la double couronne.

Plus tard elle devient la capitale d'un royaume distinct, mais les noms mêmes de ses rues et la dialecte spécial qu'on y parle témoignent qu'elle fut longtemps aragonaise. C'est ainsi que la rue des Serranos signalée encore par sa belle porte, fut habitée par les vainqueurs descendus de la Serrania de Teruel et de Catalogne, que la rue de Saragosse reçut les soldats de cette ville, tandis que les gens de Barcelone s'attribuaient la rue dite depuis des *Avellanos*. De ces mélanges incessants, de ces croisements entre des races venues du midi et du nord, est née une race très belle; à ce sang où l'on rencontrerait des éléments empruntés à tant de races, correspond une population au type accusé bien qu'il participe du caractère particulier de chaque province.

Tout est doux, tout est beau à Valence : le soleil, l'air, le jour, les fruits, les fleurs et les femmes. On pourrait peut-être critiquer les lignes un peu soutenues, les formes un peu lourdes des Valenciennes, mais elles n'en sont pas moins pleines de grâce, de charme et de séduction. Encore aux jours de grandes fêtes religieuses les riches villageoises revêtent le costume national. Les cheveux bruns serrés de très près à la tête et enroulés sur les tempes en grosses rosaces que maintiennent de longues épingles d'or ou d'argent, les épaules voilées sous un petit châle de dentelle ou de crêpe de Chine aux couleurs très éclatantes, le tablier broché d'or, la jupe de soie descendant seulement jusqu'à la cheville et laissant voir le pied chaussé d'un mince escarpin communiquent une allure fière et décidée qui contraste avec l'air sombre et contraint des hommes.

Il est rare de rencontrer les habitants de la Huerta en costume national; seuls les paysans âgés ont conservé le large sombrero de feutre noir, le gilet ajusté et les culottes amples comme des jupes. En revanche la jeunesse dorée est restée fidèle à la cape, cette toge en drap foncé, doublée de rouge, de jaune ou de bleu. Petits et grands s'y drapent en été, dès le coucher du soleil. De même les gens de moyenne condition se croiraient déshonorés s'ils ne jetaient sur l'épaule une longue couverture de laine dont les ornements, la riche coloration et les longues franges laissées à ses extrémités rappellent les étoffes tissées en Syrie ou en Mésopotamie. Pour être d'un usage universel, il faut que la cape et la mante ne soient pas nées d'un caprice de la mode; les rafraîchissements de température, parfois très brusques dans ce climat fort doux, deviendraient dangereux si l'on ne s'enveloppait à volonté dans une laine épaisse et chaude.

Aujourd'hui Valence est une belle et grande cité percée de larges rues comprises entre des maisons neuves, hélas sans aucun style. Des boulevards couvrent les fossés de ses anciens remparts; plusieurs lignes de tramways la parcourent. La plus fréquentée est celle qui conduit à la mer en longeant le Grao et le quartier industriel rejeté hors de la ville. Les boutiques sont bien garnies; les grandes artères, très vivantes; les cafés, pleins de monde. Pourtant Valence est bien déchue de la splendeur qu'elle connut au XIIIe et au XIVe siècles, après son annexion à l'Aragon, et il n'est pas à penser qu'elle recouvre jamais la prospérité ancienne dont Barcelone l'a dépossédée.

Parmi les industries qui firent sa fortune à cette époque, il faut citer, entre toutes, celle de la soie intimement liée à sa richesse agricole. Ses damas, ses brocarts mêlés d'or n'étaient pas seulement appréciés en Espagne, mais admirés dans l'Europe entière où elle les exportait et où ils rivalisaient avec les plus belles étoffes vénitiennes. Un témoignage de l'importance qu'acquit jadis cette industrie se dresse encore sur la place du marché.

PORTE DES SERRANOS À VALENCE. — D'APRÈS UNE PHOTOGRAPHIE.

C'est la charmante Casa Lonja, cette bourse de la soie, où les marchands et les acheteurs se réunissaient et traitaient leurs affaires. Jusqu'au XVe siècle ils se retrouvaient à la Casa del Oli également affectée au marché des huiles ainsi qu'en témoigne son nom. Mais à cette époque elle devint insuffisante et, le 5 février 1482, les syndics décrétèrent la construction d'une nouvelle bourse. Le soin de l'édifier fut confié à un architecte valencien très renommé, maître Pierre Compte « molt sabut en l'art de la piedra » dit un de ses contemporains, Juan de Timoneda.

L'édifice est construit en un beau calcaire jadis fort blanc, aujourd'hui couvert d'une patine d'or. Le grain très fin se prêtait à merveille aux ciselures et à la sculpture. L'architecte a profité de cette qualité en homme de goût et en véritable artiste.

La façade, de style ogival déjà tempéré par l'esprit de la Renaissance est, en effet, d'une sobre et robuste élégance. Les portes, les fenêtres aux meneaux très fins et un peu grêles y mettent une note délicate que relèvent encore la décoration qui les entoure et, par contraste, la sobriété de la façade. Une corniche formée de créneaux couronnés la termine et lui donne un caractère féodal que dément sans doute sa destination, mais qui témoigne de l'importance qu'avait prise à Valence la corporation des marchands de soie.

Parmi les écussons armoriés répandus sur la construction, triomphe l'écu que le Conquistador donna lui-même à la ville : un armet couronné surmonté d'un *rat penat* ou dragon. Des anges d'une grâce idéale l'entourent et le soutiennent avec une sorte de respect pieux; le motif est charmant et d'un beau caractère.

A l'intérieur, la Lonja est divisée en trois sections; le salon des marchés ou la bourse, la tour et le pavillon du consulat. La bourse est sans contredit la partie la plus intéressante; une restauration très bien conduite lui rendra bientôt son ancienne splendeur.

Au dire du gardien, cette salle mesure 36^{m}60 de longueur sur 21^{m}39 de largeur et 17^{m}04 de hauteur. Je l'ai cru sur parole. La voûte qui la couvre est portée sur huit colonnes centrales et sur seize demi-colonnes encastrées dans la muraille. Chaque colonne, très fine, très svelte est cannelée en spirale. Du fond de chaque cannelure se détache une baguette qui traverse le chapiteau comme il le ferait d'un large bracelet et, dès qu'il s'en est dégagé, va former les nervures de la voûte d'arête très aplatie et d'un tracé charmant. Au centre de chaque voûtin les filets venus de directions opposées se réunissent dans un nœud fort gracieux. Les Valenciens prétendent que cet ornement rappelle un écheveau de soie noué par le milieu, mais les Aragonais sont plus près de la vérité quand ils reconnaissent le lien du faisceau de flèches que l'on retrouve dans les armes de leurs rois.

Près d'une tribune qu'occupait jadis le chef des syndics s'ouvre une délicieuse porte ogivale sculptée à miracle. Elle donne accès dans un escalier à hélice qui s'élève jusqu'au-dessus de l'édifice. Ce bijou n'est plus en usage bien qu'il soit en parfait état de conservation. Un escalier de proportions plus vastes et situé dans la salle répond aux nécessités du service. Il dessert des salles encore livrées à une restauration trop lente, une chapelle où l'on enfermait les banqueroutiers, et débouche enfin sur la terrasse qui couvre la Lonja.

De ce point culminant la vue s'étend au loin par-dessus les jardins, court vers la mer bleue qui se perd dans un horizon moins coloré et moins calme que ses vagues paisibles; elle s'élance vers ces montagnes de « l'Air et du Soleil » aux lignes si nettes, aux profils si purs qu'on croirait les toucher en étendant la main, si leurs teintes d'opale ne montraient leur éloignement.

Le pavillon du Consulat est aux mains des ouvriers comme la bourse de la soie. On a copié fidèlement les lambris de bois, les ferrures des portes, les vitraux des fenêtres, la tapisserie des murailles.

Pour restaurer avec ce soin un édifice qui ne saurait répondre à sa destination primitive, il faut que les Valenciens apprécient hautement sa valeur artistique. De tout temps, d'ailleurs, ils ont tiré orgueil de sa beauté au point que l'architecte, maître Pierre Compte, fut nommé alcade à vie, conservateur de son œuvre aux appointements de trente livres valenciennes, somme importante à cette époque. Il a donc existé des gens qui furent prophètes en leur pays !

LA LONJA. — DESSIN D'OULEVAY.

Quelle est la cause de la déchéance de Valence? Elle remonte à une époque déjà bien lointaine et, malheureusement, elle a pour point de départ les passions religieuses qui divisèrent l'Espagne au XIVe et au XVe siècle.

Les Mores avaient apporté sur cette terre fertile leurs traditions agricoles, ils avaient doté le pays d'un admirable système d'irrigation. Après leur expulsion, les Juifs très nombreux et très puissants en Aragon, protégés par des chartes royales y affluèrent en grand nombre, et, par leur industrie et leur entente du commerce, suppléèrent en partie aux pertes que faisait subir au pays le départ des Musulmans. Valence devint une des reines de la Méditerranée et tint tête à Barcelone elle-même mieux située cependant et bien placée sur la grande voie qui réunissait l'Espagne à la Narbonaise et à la Septimanie.

Mais les Juifs excitaient des haines religieuses mal éteintes et réveillaient les plus mauvaises passions. L'envie, la convoitise avaient emprunté le langage de l'intolérance. Des massacres avaient eu lieu dans diverses villes du royaume. A Séville, la persécution avait pris un caractère féroce et les rois loin de réprimer les séditions, les avaient favorisées.

Pourtant la population de Valence hésitait à s'attaquer aux Juifs. Il semblait qu'elle eût conscience du tort qu'elle se causerait en molestant des gens dont l'initiative et l'esprit d'entreprise suppléaient aux qualités dont elle manquait.

Un matin, une cinquantaine d'enfants chrétiens excités par le récit des massacres de Séville ou dirigés par quelque fanatique, attachent un chiffon au bout d'un bâton, forment une croix avec deux roseaux, se rangent en procession et se dirigent vers la Juiverie en chantant un hymne religieux. Ils viennent, disent-ils, pour donner le baptême aux mécréants. Que ceux-ci l'acceptent au plus vite, s'ils ne veulent connaître les rigueurs de l'archidiacre de Séville qui marche sur leurs pas. Ils arrivent ainsi jusqu'à l'Aljama dont les portes sont ouvertes. Les plus hardis y pénètrent et s'aventurent jusqu'à insulter les Juifs assis dans leurs boutiques. Ceux-ci entendent la voix des enfants restés de l'autre côté de la porte et sont frappés de terreur. C'est une avant-garde, les pères suivront bientôt. L'heure terrible a sonné ! Sans songer à leur imprudence, ils veulent résister, se précipitent vers les portes, les ferment et en assujettissent les vantaux au moyen de barres et de verrous. Alors seulement ils s'aperçoivent qu'ils ont fait prisonniers bon nombre de leurs assaillants. Ceux-ci poussent des cris déchirants. Leurs camarades demeurés au dehors courent à la place du marché. Le bruit se répand que les Juifs massacrent les enfants chrétiens. La foule devient furieuse, elle entraîne des recrues sur le point de s'embarquer pour la Sicile, se grossit des vagabonds et s'élance comme une avalanche humaine vers la Juiverie. Les ais de la porte doublés de fer résistent aux coups de bélier.

LE PAVILLON DU CONSULAT. — DESSIN DE GOTORBE.

Pendant ce temps on était allé avertir le lieutenant du roi, Martin, duc de Montblanc. Celui-ci se rend à l'Aljama, essaye de parlementer avec les Juifs, les adjure d'ouvrir leurs portes afin de livrer passage à leurs prisonniers chrétiens. Les Juifs ont de trop bonnes raisons pour se défier des promesses. Alors D. Martin ordonne d'apporter des échelles et commande aux recrues d'escalader le mur d'enceinte. Ils le franchissent sans qu'il leur soit disputé et courent à la porte. A peine les verrous sont-ils retirés qu'une foule grossie de la lie du port s'élance dans les rues, des rues dans les maisons, tue, saccage et pille. Les Juifs s'enfuient, mais où se cacher? toute la ville est armée contre eux. Ils pénètrent dans les églises et, fous d'épouvante, demandent à grands cris un baptême qu'on leur refuse. Ce fut une boucherie effroyable (1391). Sur le soir seulement un frère dominicain arrêta le massacre et sauva un grand nombre de Juifs qui étaient venus s'agenouiller à ses pieds et se mettre sous sa protection. Il s'appelait Vicente Ferrer. On estime que plus de onze mille israélites reçurent le baptême de sa main. Des rabbins de grande science se soumirent également à la suite d'une sorte de congrès contradictoire autorisé par Benoit XIII et dans lequel ils trouvèrent, semble-t-il, leur chemin de Damas. Les fanatiques avaient triomphé, mais la fortune juive avait été détruite sans profit et la base où reposait la richesse et la prospérité de Valence ne devait jamais être restaurée. A dater de cette époque, l'industrie et le commerce n'ont cessé de péricliter; tour à tour les fabriques, les métiers, les fours ont disparu ; l'agonie a été lente, la mort est arrivée quand même. Les hommes obéissent à des mobiles si complexes, le bien et le mal sont parfois unis d'une manière si étroite que s'il est facile à distance de juger le résultat de leurs actes, on éprouve parfois des scrupules à suspecter les intentions.

N'est-ce pas au nom de la religion que l'Espagne refoula les envahisseurs musulmans et préserva peut-être la chrétienté des pires calamités et la civilisation, d'un naufrage ?

N'est-ce pas l'ardent amour d'Isabelle pour la loi du Christ qui permit à Colomb de découvrir le Nouveau Monde ? D'autre part, n'est-ce pas sous l'empire des mêmes sentiments que l'Espagne se livra désarmée aux grands inquisiteurs ? Et eux-mêmes, ils étaient certainement sincères quand, épouvantés par les progrès de la Réforme, ils arrêtèrent dans son essor la Renaissance espagnole, étouffèrent la pensée et jugulèrent l'intelligence, estimant le salut des âmes au-dessus de tous les biens.

C'est l'époque où l'on jetait dans les fers Ignace de Loyola, où l'on emprisonnait Luis de Leon, où l'on condamnait l'œuvre des Bollandistes, où l'on interdisait l'entrée en Espagne de tous les ouvrages suspects et où l'on défendait aux étudiants d'aller s'instruire dans les universités étrangères.

Enfin, aux yeux des Inquisiteurs, le texte original de la Bible devint un objet de défiance. Ainsi un contemporain de Luis de Leon, Arias Montano, de l'ordre de Saint-Jacques, fut décrété d'accusation et arrêté parce que, sur l'ordre de Philippe II, il avait pris la direction de la *Bible Polyglotte*, éditée chez Charles Plantin d'Anvers.

Dès qu'ils avaient quelque renom, les orateurs chrétiens eux-mêmes restaient toute leur existence sous le soupçon d'hérésie.

« Les risques d'un prédicateur ne sont pas peu de chose, dit un historien du pieux Jean d'Avila. Si les inquisiteurs procédaient contre tous ceux qu'on leur dénonce, il ne se trouverait plus personne pour prêcher la parole de Dieu. »

On retrouve la même pensée dans les lettres de sainte Thérèse, quand elle écrit au Provincial des Carmes, le Père Gratian, et lui recommande la plus grande prudence dans sa prédication de Séville. Il lui tarde de savoir qu'elle est achevée et qu'il ne lui est rien arrivé de fâcheux. Cette lettre peint mieux qu'un long commentaire l'état des esprits au XVe et au XVIe siècle.

BARQUE VALENCIENNE. — D'APRÈS UNE PHOTOGRAPHIE.

UNE PLACE DE VALENCE. — DESSIN DE J. LAVÉE.

CHAPITRE XII

Le Miguelete. - La Cathédrale. - Le Sanctuaire de Notre-Dame de Los Desamparados. L'Audiencia. - Ribalta. - Le Musée. - L'Université. - L'École de Valence. - Les Comédiens au 16e siècle. - Les Nocturnes. - Guillen de Castro et Corneille. - Adieu à la patrie du Cid.

MARCHAND D'ALLUMETTES.
DESSIN DE DERBIER.

Le cœur de Valence bat dans les rues, les places et les passages qui entourent le Miguelete, la tour Sainte-Catherine et la cathédrale. Cette dernière forme une ville dans la ville, tant elle est grande et comprend de dépendances. Ses avatars racontent l'histoire de la cité. Ils sont d'ailleurs communs à toutes ses pareilles. Au temple romain succèdent tour à tour une église, une mosquée, puis encore une église chrétienne adaptée au culte musulman après la seconde conquête. L'immortel couteau de Jeannot a rencontré un émule et un concurrent. En vérité, il ne reste de l'édifice fondé en 1267 par le frère André de Albalat que de rares fragments égarés parmi les rameaux de tout style et de tout âge greffés sur le tronc primitif.

En Espagne, la légende intervient toujours, un peu orgueilleuse, pour raconter les merveilles d'un passé bien lointain et presque oublié. Les chroniques assurent donc qu'après la première conquête musulmane, quand les vainqueurs incendièrent le sanctuaire chrétien, les reliquaires, les statues d'argent, la vaisselle sacrée y étaient en telle abondance qu'un fleuve d'or et d'argent fondu roulant des pierres précieuses s'écoula d'une extrémité à l'autre de l'édifice et atteignit jusqu'au parvis. Je dois ajouter en forme de remarque que si ses flots étaient aussi abondants que ceux du Guadalaviar, il n'y a pas de quoi prendre une haute idée de la générosité pieuse des Valenciens.

On entre dans la cathédrale par la porte ogivale de Los Apostoles qui serait fort belle si les sculptures exécutées dans une pierre gélive ne s'étaient effritées. A l'intérieur, le churrigueresque règne en maître souverain. Ni l'ensemble, ni le détail ne retiennent longtemps l'attention. En revanche, dans la chapelle capitulaire, de style ogival, se trouve une série de portraits d'évêques ou de papes, des œuvres de Ribalta et de Goya et quatre toiles de Juan de Joanes.

La cathédrale possède encore une seconde porte, la porte du Palais, ainsi nommée parce qu'elle s'ouvre en face de l'archevêché. Elle appartient à l'édifice ancien et elle est de tout point remarquable. Au-dessus de la corniche que soutient un entablement, apparaissent sept têtes d'hommes et sept têtes de femmes. Les unes seraient les portraits de sept chevaliers qui, après avoir pris Valence sur les Mores et l'avoir dépeuplée par le fer et le feu, se trouvèrent fort désemparés. Les autres sont celles de sept beautés merveilleuses qu'ils allèrent querir dans la montagne, afin de remédier au mal qu'ils avaient commis. Quelle créance, en ce cas, faudrait-il accorder aux prétentions de Lerida qui, par ses femmes, se dit la mère de Valence? Mystère et discrétion!

Tout près de la cathédrale, mais franchement séparée d'elle, comme il était assez fréquent au XIVe siècle, s'élève la tour du Miguelete, à la fois clocher, beffroi, observatoire et régulateur de la vie civile et agricole.

Fondée en 1381 par l'évêque Don Jaime d'Aragon, de la famille du Conquistador, bâtie sur plan octogonal, haute de 51 mètres, massive à sa base, elle s'élégit à son dernier étage. Jadis elle portait un couronnement destiné à suspendre les cloches. Cette partie de l'édifice, toute en charpente, fut incendiée lors d'un feu d'artifice tiré sur le sommet de la tour à l'occasion de la naissance de Don Philippe, fils de Philippe IV. A la suite de ce sinistre, il fut reconstruit tel qu'on le voit aujourd'hui; cet édifice ne porte pas très haut la gloire de ses architectes.

Du haut de la tour, dans le voisinage des onze cloches qui sonnent au-dessus des misères humaines un harmonieux concert, la vue est encore plus magnifique que celle dont on jouit de la terrasse de la Casa Lonja. Il semble que la plaine ne soit qu'une large émeraude tombée du ciel entre les saphirs de la mer et la sertissure sombre que forme le cirque des montagnes de Sagonte et de la Cullera. L'on se souvient, en la voyant, de la seconde strophe du poème composé à la louange de Valence :

« Tu es bien cachée sous les calices de tes fleurs, ô belle à la large poitrine enfermée dans un fin corsage de soie verte, mais celui qui t'a devinée une fois ne saurait t'oublier ! »

LA PORTE DES APOTRES ET LE MIGUELETE. — DESSIN DE BOUDIER.

C'est en fouillant les alentours de sa cathédrale que l'on découvre les monuments ou les sites intéressants d'une ville espagnole. A droite de la porte de *Los Apostoles* se trouve déjà le Miguelete; à gauche se présente le sanctuaire de *Nuestra Señora de los Desamparados*. Tandis que les églises se ferment suivant le bon plaisir du chapitre, du clergé ou des moines dont elles dépendent ou qui les desservent, cette chapelle, ouverte dès l'aube jusque très avant dans la nuit, est hospitalière à toutes les souffrances, compatissante à toutes les douleurs.

La vierge miraculeuse qu'on y vénère n'a rien de légendaire; son origine est relativement moderne et sa réputation n'a point franchi les monts comme la renommée de Notre-Dame del Pilar de Saragosse.

Il y a quelques trois cents ans, des voyageurs, gens de bien, traversant un village, aperçurent un fou que des enfants — cet âge est sans pitié — effrayaient et poursuivaient de leurs quolibets. C'était à cette époque le sort commun de ces infortunés.

Touchés de cette misère, les voyageurs décidèrent de fonder un hospice destiné à recueillir les aliénés et ils le placèrent sous le vocable de Sainte-Marie des Innocents. Plus tard, une confrérie s'organisa, qui, non contente de soigner les fous, résolut d'assister à leurs derniers moments les étrangers, les voleurs et les assassins désignés sous le nom charitable de *Desamparados*.

Et c'est ainsi que la Vierge de l'hôpital est devenue la patronne des malfaiteurs. Elle n'était point née d'une fraîche et pure rosée matinale, elle ne s'était point élevée telle qu'une reine des airs que ne retiennent point les pesanteurs terrestres, mais elle avait répondu à une pensée généreuse et sa main s'était étendue sur tous les êtres désemparés, l'infortune fût-elle la punition de leurs crimes.

Notre-Dame de *Los Desamparados* rayonne telle qu'un soleil lointain au fond de la niche très haute qu'éclaire une multitude de cierges; elle se perd dans le scintillement des diamants qui ruissellent sur sa robe, elle semble ployer sous les perles enroulées autour de son cou et de ses poignets. On l'aime, on l'adore, on l'implore sans cesse, et pourtant qui pourrait affirmer que ses richesses n'ont jamais fait naître de mauvaises pensées?

Jadis la statue miraculeuse sortait aux grands jours de fête, portée à dos d'hommes sur une chaise d'argent. Elle apparaissait au milieu de la foule tumultueuse, passionnée, ardente. Mais l'expression d'un trop grand amour pouvait devenir dangereuse; afin de prévenir les périls d'une retraite aux flambeaux, le clergé en commanda une copie exacte, destinée aux déplacements et corvées de tout genre. Le peuple murmura bien un peu contre cet excès de zèle et de prudence, mais à la longue, il se calma; si ce n'était la Notre-Dame vénérée, c'était une sœur à sa ressemblance.

TOUR SAINTE-CATHERINE. — DESSIN DE GOTORBE.

Les grandes villes de l'Espagne tirent surtout leur orgueil de leurs églises; Valence, plus favorisée, est dotée aussi de beaux édifices civils. Sa Lonja n'est pas seule célèbre. Le palais de l'Audiencia, quoique d'un tout autre caractère, ne lui cède guère en intérêt. Ses formes extérieures, lourdes et massives, rappelleraient celles d'un donjon du Moyen âge, bien qu'il ait été construit en 1510, si ces grands murs n'étaient percés de quelques grandes et hautes fenêtres. Le rez-de-chaussée a malheureusement été divisé en une série de pièces destinées à recevoir les services municipaux, mais l'architecte chargé de ce fractionnement barbare a eu la sagesse de ne point entailler les beaux plafonds bleus, rehaussés d'or, pour y incruster les cloisons. Un coup de marteau, et les divisions légères tomberaient sans laisser de trace.

Le premier étage où se trouve la salle du Conseil ou des Cortès, a été rétabli dans son état primitif. Le plafond de bois, merveilleusement sculpté et orné de belles clés pendantes, s'appuie sur une élégante galerie formant corniche. Au-dessous se présentent des fresques bien conservées et fort intéressantes pour l'histoire locale. Une inscription, datée de 1592, placée entre la fresque et le lambris de faïence, nous renseigne sur la situation et le rang officiel des personnages représentés:

« Sitiada de los Signores deputats de la Generalitat de l'insigne citat de Valencia. »

A droite et à gauche du président figurent les représentants des trois ordres, vêtus à la mode du temps de Philippe II: officiers municipaux en robe rouge, fraise blanche et chapeau noir, et moines portant le costume de leur ordre. Ces tableaux sont dus au pinceau de différents artistes valenciens. Quelques-uns, mais sans preuves suffisantes, ont été attribués au célèbre Ribalta.

Ribalta était né à Castellon, petite ville voisine, devenue par la suite une véritable pépinière de peintres. Son père, fils d'un paysan, avait abandonné la charrue pour les pinceaux. Sans doute il ne s'était pas félicité de ce changement de profession, car il ne donna même pas à son fils les principes de son art. Pourtant, à mesure qu'il grandissait, l'enfant se montrait moins désireux de promener le soc sur la riche alluvion de la plaine, de lier la javelle de blé ou d'effeuiller les mûriers. Il ne rêvait que peintures, vierges immaculées, assomptions triomphantes, saints à l'attitude imposante ou aux regards mystiques. Un jour, il s'enfuit de la maison paternelle et vint à Valence. Les ateliers de peinture y étaient nombreux; il fut admis dans l'un d'eux. Tout au bonheur d'avoir réalisé son rêve, l'élève se montra d'autant plus assidu que le maître avait une fille jeune et jolie. L'amour eut failli à ses devoirs s'il ne s'en fût mêlé, et Ribalta fut chassé de l'atelier. C'était un scandale. Il fallait chercher des leçons ailleurs, s'expatrier, conquérir une renommée afin d'obtenir un jour une fiancée qui avait promis d'être fidèle. A cette époque, les relations artistiques entre Valence et l'Italie étaient fréquentes. La réputation de l'école de Bologne où venaient de se succéder les trois Carrache, avait franchi les mers et pénétré dans les ateliers espagnols. Ribalta part pour Bologne, y passe plusieurs années et devient un maître à son tour. Avec le talent était arrivée l'aisance, sinon la fortune ; il était temps de retourner à Valence où il était toujours attendu.

Le vieil artiste valencien avait pour habitude de passer le dimanche dans une petite maison de la huerta, où il se rendait après la messe. Sa fille l'y accompagnait, insouciante des plaisirs réservés à ses compagnes, inconsolable du départ de son ami.

Un dimanche de mai, comme le maître allait partir, Pepita trouva un prétexte pour rester à l'atelier. Ribalta lui avait annoncé son retour et tous deux, impatients de se voir, avaient attendu le jour où ils seraient seuls.

Ils chantèrent l'éternelle romance des amants. Puis ils causèrent peinture. Que faisait-on dans l'atelier dont le souvenir avait si longtemps poursuivi Ribalta et que sa mémoire lui représentait comme une sorte de paradis perdu ?

« Mon père vient d'achever une madone pour le couvent du Carmel, il s'est surpassé, fit la jeune fille. »

Et, de la main, elle découvrait la toile voilée.

Ribalta regardait et restait silencieux.

« Donne-moi la palette, » dit-il tout à coup.

Un peu tremblante, mais l'amour l'emportant sur la tendresse filiale, Pepita obéit.

Bientôt les yeux inquiets de la jeune fille s'illuminent. Sous le pinceau de son ami, la vierge qu'elle croyait parfaite, s'idéalise. Son visage revêt une expression sereine et pure, ses joues prennent un modelé plus délicat et plus souple, elle devient plus noble et plus belle tout en restant la mère attendrie du divin enfant qui repose sur ses genoux.

A la nuit tombante, Ribalta posa la palette. C'était un chef-d'œuvre qu'il laissait sur le chevalet au lieu d'une image banale. Le vieux peintre était de retour, fatigué, moins content de sa journée de campagne que de coutume. Quand il ne travaillait pas à sa madone, il y songeait, et ce jour-là, il lui était venu à la pensée qu'elle était peut-être un peu sévère. Une petite fossette au coin de la lèvre la rendrait plus souriante et plus douce. A peine entré, il prit une lampe et se dirigea vers le chevalet. Dès le premier regard, il eut un cri de surprise. Et se tournant vers sa fille qui l'avait suivi toute anxieuse :

PORTE DU PALAIS. — D'APRÈS UNE PHOTOGRAPHIE.

— Dieu m'assiste, Pepita... Que se passe-t-il !... Un ange du ciel est-il descendu dans ma maison envoyé par la vierge Marie quand moi, misérable, je l'abandonne pour écouter le chant des cigales et suivre le vol des papillons ?. . C'est un miracle, mon enfant, un grand miracle ! »

Il la vit sourire et la crut incrédule.

« Personne à Valence ne lui aurait donné ce sourire, ce sourire que je rêvais sans jamais pouvoir le rendre !... Vierge sainte !

— Mon père vous l'avez dit, la vierge est bonne, puisqu'elle a permis que Ribalta devînt un peintre capable de vous égaler.

— Ribalta, il n'y a point à Valence de peintre de ce nom !

— Ne vous souvenez-vous plus de lui ? fit-elle rougissante... Ribalta, un de vos anciens élèves... Vous l'avez chassé...

— Moi !... J'ai commis ce crime !

— Vous pouvez le réparer. »

Et d'un signe, elle appelait son ami qui attendait, caché derrière un châssis, le dénouement de cette scène. Les deux hommes s'étreignirent.

« Tu es le maître de cet atelier ! » dit le vieux peintre en pleurant.

— Et Pepita, me la refusez-vous toujours ? »

Le vieillard eut un regard surpris.

« Je t'ai donné l'atelier, crois-tu que je puisse te refuser ma fille ? »

C'est après son mariage que Ribalta commença le grand œuvre de sa carrière artistique, les nombreux tableaux que l'on admire dans les diverses églises et les couvents de la ville et entre tous la série conservée à l'église du Corpus Christi. De la même époque date le *Saint Pierre* au manteau bleu, une de ses plus belles toiles. Elle est aujourd'hui au musée municipal.

LES GIGANTILLOS. — DESSIN D'A. PARIS.

Ce musée disposé dans un ancien couvent semble préparé pour un bel autodafé. Plafond, cloisons, divisions, barrières, tout est en planches. On jurerait que c'est une gageure. Aussi bien y témoigne-t-on une sage crainte de l'incendie « No se permite fumar » frappe à chaque pas les yeux du visiteur. Nul n'aurait même l'idée de braver la consigne, si les gardiens chargés de la faire respecter n'étaient les premiers à la violer. Pourtant, à la vue d'un étranger, ils dissimulent les cigarettes.

« Je fume quand il n'y a personne... » murmure le fonctionnaire galonné, en guise d'excuse.

Et comme il n'y a jamais personne au musée de Valence, les cigarettes brûlent indiscontinues, telles qu'un feu sacré, entretenu par des vestales barbues. Quand vient la nuit, le gardien de service installe son lit sous la pancarte « No se permite fumar » et s'endort en la regardant, tandis que la fumée bleue de la plante divine s'élève de l'autel consacré à son culte.

Dans une salle d'honneur triomphe, à côté de Ribalta, le grand Joanes, un autre peintre valencien. Son *Ecce homo* si souvent reproduit est l'œuvre d'un artiste puissant, en pleine possession de son talent, n'écoutant que ses inspirations, reniant les formules apprises des maîtres italiens et dont il subissait encore l'influence dans son Jésus recevant les Innocents. Joanes était né en 1523. Il mourut à cinquante-six ans (1596), après avoir partagé sa vie entre son art et la pratique d'une austère piété. Une âme d'ascète, un cœur d'artiste. Pendant la dernière moitié du XVIe siècle il fut considéré comme le véritable maître de l'école espagnole et l'on ne doit attribuer l'oubli relatif où il est tombé qu'à l'apparition de l'incomparable Velazquez. Le roi de la peinture espagnole et peut-être de la peinture européenne, à cette époque, n'est représenté au musée que par son portrait peint dans une tonalité sombre, qui ajoute à la sévérité du modèle. L'authenticité de l'œuvre me paraît douteuse, mais la toile n'en est pas moins fort intéressante. On retrouve dans les traits, dans l'attitude, la fierté d'un grand seigneur, la noblesse d'un représentant de cette vaillante maison de Sylva dont Velazquez faisait partie.

Ribera qui naquit dans le voisinage de Valence, à Jativa, en 1589, occupe également une place importante dans le musée, tandis qu'on lui a élevé une statue médiocre, sur une place publique. A l'inverse de Velazquez, Ribera eut l'indigence pour marraine et la misère pour première compagne. Il lutta contre la mauvaise fortune et eût peut-être succombé dans ce combat inégal si un cardinal ayant vu ses œuvres ne fût venu à son secours et ne l'eût recueilli dans son palais. Ses plus belles toiles ne sont pas d'ailleurs en Espagne. C'est Naples où il vécut longtemps qui en a hérité. Dans toutes se manifestent une nature puissante, un talent vigoureux, un génie tout d'instinct; mais elles manquent parfois de noblesse et toujours de grâce et de charme. Il semble que ses débuts si pénibles aient laissé dans l'âme du peintre des souvenirs amers dont ses œuvres portent le reflet. Elles sont du moins sincères et il ne faut attribuer leur caractère qu'à la tournure d'esprit de l'artiste tandis que ses successeurs s'évertuèrent à rechercher l'horrible et à peindre le répugnant.

Ainsi, un tableau du musée, mieux fait pour repousser le regard que pour le retenir, représente l'horrible martyre de saint Vincent. Les bourreaux ont ouvert le ventre du Saint et ils s'ingénient à dérouler ses boyaux et à les disposer avec méthode et symétrie sur une sorte de cylindre. L'invention est atroce et le détail en harmonie avec elle : cette toile est de Sébastien Conco, mort en 1784. Elle fut sans doute goûtée, car il en existe au musée même une assez bonne réplique.

Qu'il tienne à la main une palette, un ciseau ou une plume, l'homme obéit aux lois changeantes qui régissent chaque âge de l'humanité et que l'âge suivant perfectionne à moins qu'il ne les déteste. Dans sa vie si courte, nul ne peut espérer que sa volonté et son énergie modifient d'une manière sensible l'effet des forces qui le sollicitent. Cette loi morale, rigoureuse comme les lois physiques, explique les erreurs de grandes et nobles intelligences. Les artistes espagnols enfermés par la tradition entre des barrières étroites, contraints de peindre des sujets religieux, pensant, travaillant entre les bûchers et les *in pace* de l'Inquisition, furent entraînés par degré, à se délecter dans la représentation des tortures. Puis, sur cette noble terre d'Ibérie, où l'oranger aux pétales neigeux et le grenadier aux rouges corolles réclament des soins aussi attentifs, la foi, l'honneur, l'amour, ces fleurs de l'âme, quoique bien différentes, voulaient le même arrosage de sang — la Foi qui suscita tant de sacrifices et qui mêla au parfum de l'encens l'odeur de chairs brûlées, l'honneur qui engendra de si nobles dévoûments au roi et à la patrie, l'amour qui créa une Chimène, mais qui eut aussi pour fille la jalousie sourde, aveugle et meurtrière.

MARCHANDE DE PASTÈQUES. — DESSIN DE DERBIER

Cet état d'esprit tout particulier et dont l'Espagne offre un exemple unique à cette époque caractérisera aussi les œuvres des poètes. Mais bientôt à côté d'un art dramatique mystique, exalté, se développe un art indépendant, aux tendances réalistes et qui choisit ses modèles tantôt parmi les figures héroïques, tantôt parmi les bourgeois des villes ou les habitants des campagnes.

Depuis des siècles déjà l'Espagne avait des troupes de comédiens plus ou moins nombreuses, mais toujours errantes qui couraient le pays à la recherche du pain quotidien plutôt qu'à la conquête d'une gloire peu nourrissante. Petites ou grandes, elles n'en colportaient pas moins les productions littéraires, ces *autos sacramentales* ou *naticiales* comparables à nos miracles ou à nos mystères, et aussi des tragédies, des comédies et des scènes très courtes nommées *pasos, farsas, entermeses*.

FEMMES DU GRAO. — D'APRÈS UNE PHOTOGRAPHIE.

Très souvent la troupe avait à sa tête l'auteur de ses pièces, si bien qu'en Espagne l'on désigne encore par le même nom un directeur de théâtre et un écrivain dramatique.

Et pourtant, au XVIe siècle, elles étaient bien modestes, ces troupes désirées, attendues, appréciées mais peu payées, si petites parfois que, faute d'un seul acteur, il ne restait plus personne. Un vieil auteur, Agostin de Rojas, dans huit degrés connaît le monde des comédiens ambulants et les classe suivant une hiérarchie rigoureuse. Tels les anges, les martyrs et les saints du portail de la cathédrale de Huesca. Malheur à qui tenterait de sortir de son ciel ou de sa sphère.

C'était d'abord le « *Bululu* » pauvre diable sans sou ni maille qui voyageait à pied et composait, à lui seul, toute sa compagnie. Il allait de village en village, frappait à la porte du curé et vantait sa marchandise dans un boniment approprié. Après avoir promis monts et merveilles, désigné par avance les entrées et les sorties des multiples acteurs qu'il devait représenter et choisi un coffre ou la table de cuisine en guise de tréteaux, il jouait devant un parterre composé, non de rois, mais du curé, de sa servante, du sacristain et du barbier, dépensant pour un si maigre auditoire toute sa provision d'esprit, d'ironie et de malice. Un plat de soupe et le coucher récompensaient tant d'efforts. Les jours où quatre ou cinq cuartos (le cuarto valait trois liards) tombaient dans son chapeau étaient marqués d'une croix blanche et le comédien partait content en promettant de revenir.

Le « *Naque* » se composait de deux acteurs. Son répertoire comprenait des farces et de courtes pièces appelées *entermeses* parce que les seigneurs désireux de régaler leurs invités d'une petite comédie digestive les faisaient parfois jouer entre les divers services d'un long repas. Aussi pauvres que le bululu, les deux compères allaient à pied, couchaient tout habillés dans les granges et les hangars des maisons où ils mendiaient l'hospitalité. Ils portaient péniblement quelques accessoires : tambourin pour annoncer leur arrivée et appeler le public, fausses barbes pour se donner des airs terribles, capes pour se draper avec noblesse et dignité. Les prétentions croissaient à la mesure du bagage et la troupe exigeait un demi-cuarto.

Avec la « *Gangarilla* » apparaît réellement une petite troupe. Elle comprend trois ou quatre personnages parmi lesquels un gracioso ou bouffon et un jeune garçon chargé des rôles de femme. Ceux-là demandent un cuarto tout entier, mais après marchandage ils transigent et dans les villages très pauvres ils doivent bien se contenter d'un tribut d'œufs et de sardines.

Dans le « *Cambaleo* » la femme apparaît pour la première fois. « C'est, dit un ancien auteur, une femme qui chante et cinq hommes qui pleurent. Une araignée porterait leur paquet de hardes. » Le répertoire offre déjà de la variété. Une comédie, deux autos, des entermeses leur permettent d'amuser le même public pendant trois ou quatre jours.

Autant le chêne altier domine l'hysope, autant l'acteur des Français a de mépris pour son demi-frère de l'Odéon, autant la « *Garnacha* » rabat l'orgueil du « Cambaleo ». La Garnacha compte cinq ou six hommes, une femme pour les premières amoureuses et un jeune garçon pour les secondes. Le répertoire s'étend, le bagage s'alourdit; un âne le porte en même temps que la femme. Elle demeure plus longtemps dans la même ville et charme les populations par des barbes variées, un unique manteau, trois justaucorps et une tunique pailletée qui lui fait beaucoup d'honneur. Les pièces doivent être composées de façon que le même acteur puisse se multiplier et se prêter à des transformations incessantes. Un seigneur entre-t-il en scène? Soyez certain qu'il ne tardera pas à se débarrasser de sa cape et de sa rapière en faveur du rival orgueilleux qui attend, de l'autre côté d'une courtine, le moment de faire à son tour une entrée somptueuse. Un enfant, valet de comédie, leur servira d'intermédiaire sous prétexte de débarrasser la scène d'accessoires inutiles.

Dans la « *Boxiganga* » la troupe s'est encore accrue. On a quatre bêtes de somme, vaillantes, à la robe reluisante. Deux d'entre elles sont réservées aux coffres et aux actrices; les hommes enfourchent les deux autres avant d'entrer en ville. La troupe se compose de dix personnes au moins. Elle joue la nuit aux flambeaux, se nourrit bien, loue, sans parler de celui des dames, un lit pour quatre hommes. Ses protagonistes sont aussi capricieux que le vent et aussi changeants que la lune. Déjà !

La « *Farandula* » est le dernier échelon avant la « *Compañia* » où les dames sont élégantes, les cavaliers arrogants et les valets plus impertinents que les maîtres.

L'objectif des *Compañias* était de jouer dans la capitale et d'étaler leurs grâces et leurs talents devant une cour dont les applaudissements et les largesses mettaient la troupe en vogue et en finance. Le droit de leur donner asile et de leur prêter leurs cloîtres en guise de théâtre fut d'abord concédé aux confrères de la Passion qui assistaient les prisonniers, enterraient les suppliciés et provoquaient les conversions et les pénitences. Puis les hôpitaux où l'on recevait les vieillards, les infirmes et les enfants obtinrent la même faveur. Dans l'un et l'autre cas la redevance que la troupe payait sur la recette était affectée à l'entretien des malheureux. C'est l'origine du droit des pauvres. Les réprésentations eurent lieu d'abord le dimanche, puis les mardis et les jeudis, enfin tous les jours.

Au début, les pièces devaient être religieuses ou du moins rigoureusement honnêtes, mais bientôt, comme les plus légères rendaient la recette plus lourde et le prélèvement des hôpitaux plus abondant, on se

L'AUDIENCIA. — D'APRÈS UNE PHOTOGRAPHIE.

montra moins sévère et tous les sujets furent acceptés. Entre temps la scène était portée du cloître dans une pièce close, puis de cette pièce dans une vaste salle aménagée en vue de sa destination. A Madrid, les deux fameux théâtres de la Cruz et del Principe n'eurent pas d'autre origine.

Les villes de Valence, de Tolède, de Séville ne furent point d'abord aussi favorisées que la capitale, mais elles avaient aussi leurs « corrales » où s'assemblait un peuple passionné pour les représentations dramatiques. L'amour du théâtre devint si grand que les poètes comiques se comptaient par milliers. Le roi, le président du Conseil de Castille, le théologien, le juge, le moine, la nonne, la camériste, l'artisan, tous faisaient des comédies et ceux qui ne les écrivaient pas n'échappaient pas à l'entraînement général. La sœur de Cervantes avait installé un théâtre dans le couvent où elle était religieuse ; aidée de ses compagnes elle y jouait des pièces de sa composition et s'y réservait les rôles de jeune bachelier. C'est dans le corral de la Olivera, fondé en 1591, que se forma « l'Académie des Nocturnes » qui accueillit la jeunesse de Lope de Vega et qui eut pour maître le grand Guillen de Castro. C'est entre ses murs surchargés de balcons, sur une estrade qu'une toile préservait du soleil, mais n'abritait point de la pluie que se forma cette école dramatique de Valence dont la renommée a franchi les frontières de l'Espagne.

Entre eux les « Nocturnes » se donnaient des noms mystérieux : Ténèbres, Veille, Repos, Silence, Ombre, Peur, Soupçon. Guillen de Castro s'appelait Secret. Beaucoup eurent du brillant, de la verve; la plupart aussi tombèrent dans la manière affectée de l'époque, dans le Gongorisme, du nom du poète Gongora qui le mit à la mode, mais leur compagnie restera grande à jamais, dominée qu'elle est par l'admirable figure de Guillen de Castro.

Guillen est un véritable Valencien; il était né en 1569. Son portrait peint par Ribalta se trouve au musée. De très noble famille, mais turbulent, orgueilleux, encore plus riche de défauts que de titres, il gaspilla sa fortune et perdit les situations que sa grande naissance et son incomparable talent lui permettaient d'occuper. Quand il mourut, à soixante-deux ans, il avait touché le fond de toutes les misères; on dut l'enterrer par charité. Mais il laissait un héritage de gloire si grand qu'il devait créer d'autres gloires.

A la suite de Voltaire, la critique a prétendu que Guillen de Castro devait son illustration à Corneille.

C'est une erreur grave. Dans les deux parties de *La jeunesse du Cid* se développe un drame complet, grandiose, magnifique, traversé par le souffle héroïque de la romance. Et si Corneille a transposé les événements, supprimé, modifié suivant son tempérament et les idées qui gouvernaient le public français, il n'a point tiré une perle précieuse d'une gangue sans valeur. Il a demandé à un chef-d'œuvre l'inspiration d'un autre chef-d'œuvre. Peut-être même a-t-il trop émondé. Comment ne pas regretter entre autres, la suppression de l'admirable épisode du Lépreux et comment expliquer qu'il n'ait pas recueilli cette scène digne d'être mise en parallèle avec les plus belles?

L'heureuse transformation que l'on observe à propos de l'art dramatique se produisit encore dans la musique, son inséparable compagne. Alors qu'au XVIe siècle les idées religieuses enrayaient le développement des sciences, tandis que les peintres et les sculpteurs se bornaient à composer des tableaux et des statues de sainteté et ne se dégageaient de cette contrainte que pour reproduire fort rarement les traits de quelques grands personnages, l'étude de l'harmonie et de la composition y prenaient un magnifique essor.

L'école de Salamanque avait eu Salinas; celle de Séville, Morales et Guerrero; Valence eut Comès. Il naquit en 1560 et ne fut inférieur à aucun de ses émules.

En résumé, l'Espagne fort exclusive quand il s'agissait de science ou même de sculpture et de peinture se montra très éclectique dans le domaine musical. Elle connut et aima tous les genres depuis le plus grave et le plus sévère jusqu'au plus léger et au plus gai, depuis les chants liturgiques, les passions, les résurrections, les autos, jusqu'aux cantarcillos plus ou moins inspirés des chants populaires, aux églogues dialoguées, sorte de pastorales et d'intermèdes en actions jusqu'aux farces de toute espèce.

FERDINAND VII, D'APRÈS LE PORTRAIT PEINT PAR GOYA.
(PHOTOGRAPHIE LAURENT À MADRID).

Certes, les pieux cantiques, les messes, les motets l'emportent toujours par leur nombre sur les pièces profanes. Pourtant dès le XVe siècle licence était donnée aux musiciens de chanter d'autre gloire que celle des cieux. La musique à quatre voix des *Versos fechos en loor del Condestable Miguel Lucas de Iranzo* et le chant qui commence par ces mots : *Lealtad!... o Lealtad!* furent écrits suivant l'indication du manuscrit en 1446. On sait que les pièces de Lope de Vega étaient accompagnées d'une musique de scène. Les partitions se sont perdues de compagnie avec la plupart d'entre elles ou bien elles dorment encore dans les archives poussiéreuses où on les retrouvera quelque jour.

Si Valence s'enorgueillit de ses peintres, de ses musiciens et de ses poètes, elle aurait encore le droit d'être fière de ses architectes. La Longa est un palais charmant, les tours du Miguelete et Sainte-Catherine sont intéressantes; quelle ville ne se parerait d'un tribunal comparable à l'Audiencia? La patrie du Cid a malheureusement des amis redoutables qui, au lieu de signaler les beaux édifices, se pâment devant les pâtisseries du palais de « Las dos aguas ». La seule critique que mériterait Valence, s'adresserait à son Université. Jadis elle fut très florissante; encore aujourd'hui elle est installée dans un véritable palais, elle possède une bibliothèque très riche en livres rares et en manuscrits précieux; elle est dirigée, j'en suis certaine, par des maîtres savants et zélés, mais elle n'est pas assez largement dotée pour marcher à grands pas dans la voie du progrès. Et pourtant elle a fait bien du chemin depuis le commencement du siècle. C'est à Valence que Ferdinand VII, après avoir recouvré le trône, installa une faculté supérieure de tauromachie. En même temps, et pour ne point distraire la jeunesse d'une étude aussi absorbante, il décréta la suppression de toutes les universités du royaume qui eussent fait concurrence à son enseignement favori. Le roi assistait souvent aux leçons et avait écrit, composé et transcrit lui-même le programme des cours en même temps qu'un règlement détaillé pour les maîtres et les élèves. Les droits et privilèges de l'aristocratie n'y étaient point méconnus, au contraire. Pourtant, comme le monarque s'était aperçu que les fils de gardiens de taureaux et, en général, les enfants du peuple avaient plus d'aptitudes et montraient plus de sang-froid, de courage et de vigueur que les fils de grande famille, il les y avait admis, bien qu'à contre-cœur, tout en indiquant que les nobles ne subiraient pas les punitions humiliantes réservées aux bourgeois et au écoliers sortis du peuple.

PORTE DEL CUARTE. — D'APRÈS UNE PHOTOGRAPHIE.

Dès le commencement de la leçon, chaque professeur était pourvu de deux paniers ; l'un contenait des boulettes de papier, l'autre des tomates pourries. Les fautes aristocratiques étaient signalées par une boule de papier qui frappait l'élève négligent ou étourdi sans le blesser ni laisser de trace sur ses vêtements; mais le maître relevait la moindre erreur des gens sans naissance en les bombardant de tomates dont le jus et la pulpe s'étalaient sur le coupable en tâches rousses et visqueuses.

Il me resterait encore à parler des jardins de la ville, de la glorieuse Glorieta. Les arbres et les fleurs y sont poudrés à frimas comme des marquis Louis XV. Quand on aime la nature et que l'on en possède le sens on finit par les reconnaître sous ce travestissement. Il serait certainement bien plus difficile de découvrir le Guadalaviar si la municipalité ou l'État n'avaient jeté quelques ponts pour en signaler la place. Pour moi, je n'ai vu qu'une sorte d'esplanade caillouteuse comprise entre des murailles ayant l'apparence de quais. A l'amont manœuvrait un régiment d'artillerie ; à l'aval, on avait installé un champ de foire où venaient s'approvisionner les organisateurs de courses de taureaux. Des tonneaux traînés à grand'peine emplissaient d'eau les abreuvoirs où les bêtes accouraient se désaltérer. Etait-ce bien le Guadalaviar? Un de ces hivers je m'assurerai qu'on n'a pas abusé de ma crédulité.

De la ville on ne saurait séparer son port, le Grao. Il est visité par de nombreux baigneurs qui viennent constater de temps à autre que la mer n'a pas suivi l'exemple du Guadalaviar. Les mauvaises fréquentations sont dangereuses. Si je ne parle pas du mouvement commercial, c'est que le port n'était pas très animé avant la dernière guerre. Les événements actuels n'augmenteront pas sa prospérité. Il faudrait pour accroître son activité approfondir les bassins, les rendre accessibles aux grands navires, tandis que ceux-ci sont contraints de mouiller au large et d'avoir recours à des gabaries pour décharger les marchandises. Dans ces conditions d'infériorité, il lui est difficile d'entrer en concurrence avec des ports mieux outillés.

Chère et noble Espagne ! Que tes fils endormis à la chaleur de ton soleil d'or soient victimes d'un climat énervant, que pénétrés à leur insu des doctrines fatalistes d'aïeux qu'ils renient, mais dont ils restent quand même les héritiers, ils s'abandonnent encore à l'apathie qui caractérise les nations orientales, hélas, on n'en saurait douter !

Il n'en faut pas moins saluer bien bas les héros enfantés par cette terre généreuse, ces patriotes épris d'idéal, ces derniers chevaliers qui ne savent même pas vendre chèrement leur vie, mais qui la donnent en pure perte, parce qu'il leur suffit de mourir pour la mère patrie vénérée et toujours chérie.

C'est pour ces vertus héroïques qu'on l'aimera toujours, c'est pour le sang qu'elle répand sans compter, pour sa fierté, pour sa poésie, pour sa foi, qu'elle restera grande dans le souvenir des hommes, alors que les succès des nations plus pratiques et que les triomphes des manieurs d'argent seront depuis longtemps oubliés.

MULETIERS VALENCIENS. — D'APRÈS UNE PHOTOGRAPHIE.

TABLE DES GRAVURES ET CARTES

CHAPITRE VII

CHAPITRE VIII

CHAPITRE IX

CHAPITRE X

CHAPITRE XI

CHAPITRE XII

TABLE DES MATIÈRES

ERRATA

	Au lieu de	Lisez
Pages 2.	— Viajeros, en tren	Viajeros, al tren.
— 37.	— Belping	Bellpuig.
— 43.	— San Iago	Santiago.
— 41.	— Rive gauche	Rive droite.
— 45.	— Légende de la gravure. — Détruite en 1887	Détruite en 1893.
— 57.	— Martin de Tudella	Martin de Tudela.
— 96.	— *Grille*	Grille.
— 123.	— Magistra	Magistrats.
— 126.	— Nos efforts aussi infructueux	Nos efforts, aussi fructueux.
— 128.	— La dialecte	Le dialecte.
— 135.	— Portante	Portant le.
— 140.	— dans huit degrés connaît	Connaît huit degrés dans.
— 144.	— Gabaris	Gabares.

Levallois-Perret. — Imp. Crété de l'Arbre, 55, rue Fromont

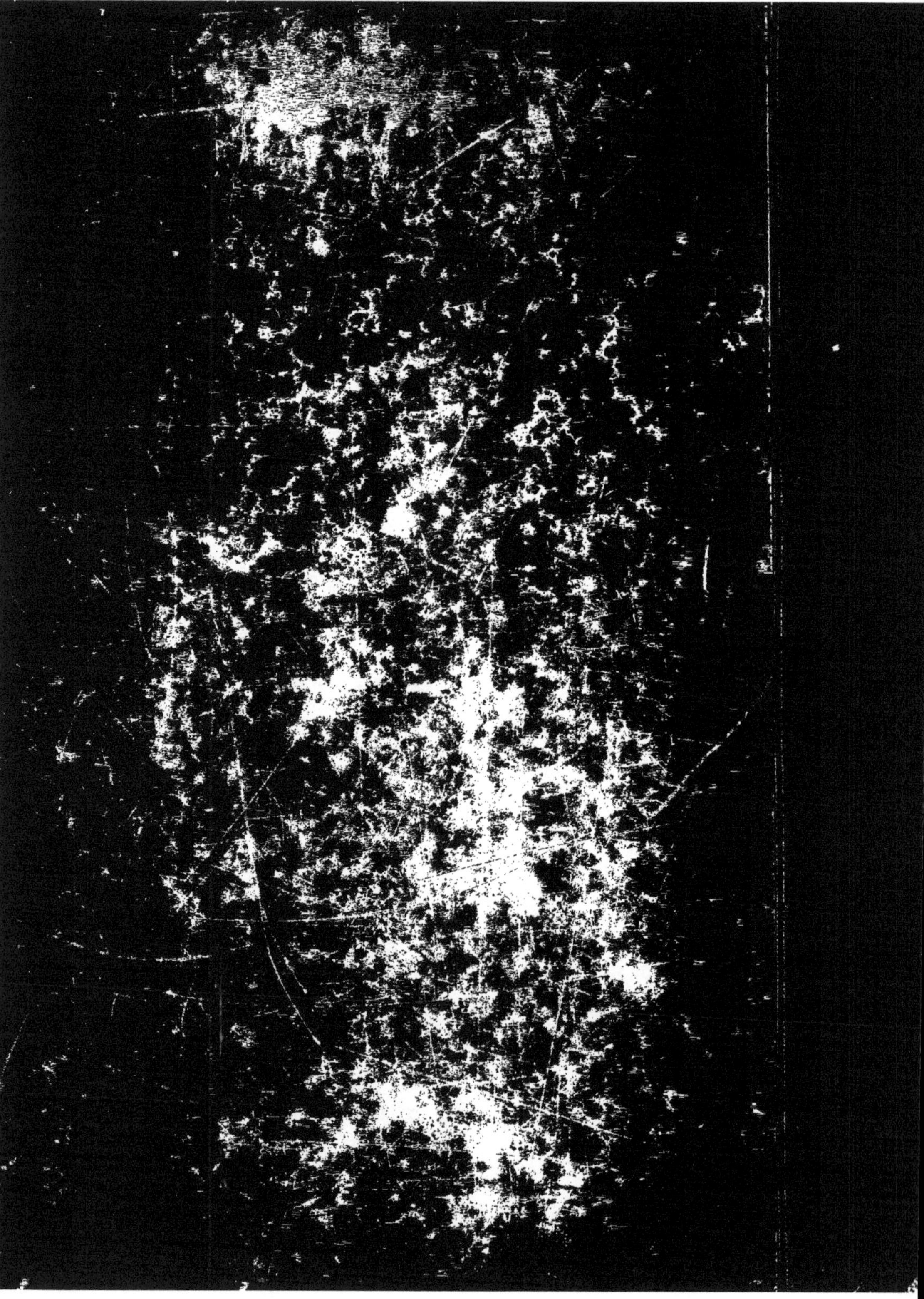

www.ingramcontent.com/pod-product-compliance
Ingram Content Group UK Ltd.
Pitfield, Milton Keynes, MK11 3LW, UK
UKHW021049200726
13857UKWH00003B/869

9 782012 875456